工业文化研学
国家创新体系的视角

严 鹏　陈文佳　刘玥　秦梦瑶 / 著

上海社会科学院出版社
SHANGHAI ACADEMY OF SOCIAL SCIENCES PRESS

前言

工业是现代经济的基础，工业革命开创了现代社会，工业文化对于国家兴衰起着举足轻重的作用。从根本上说，工业文化是一种教育，旨在使人们以正确的态度对待势不可当的工业化历史进程，认识到实业在经济生活中的基础地位，并形成劳动精神、创新精神、工匠精神等价值观，参与现代经济建设。本书意在从劳动教育、研学实践的角度出发，概述工业文化的基本知识，传播社会主义工业文化。本书是一本立足工业文化理论体系进行知识传授的工业文化研学教材。

一、工业文化与国家创新体系

工业是现代经济的基础。18世纪中叶首先出现于英国的工业革命开启了人类历史的新纪元，使人类社会由传统农业文明步入现代工业文明，直到今天，人类仍生活在工业社会里。在这一历史进程中，文化也发生了相应的变化，工业革命创造了与自己相匹配的工业文化。

工业的发展要靠创新。工业文化是一种肯定工业发展与工业化进程并以创新为基本内核的价值观体系。因此，工业文化是国家创新体系的一部分。国家创新体系的概念可追溯至19世纪的德国经济学家李斯特（Friedrich List）。在李斯特的时代，英国是第一个完成工业革命的发达国家，美国、德国相对英国而言都是欠发达的农业国。李斯特赞成保护本国处于萌芽的工业，并支持国家为实现和加快工业化与经济增长而制定一系列政策。李斯特明确预见了许多当代国家创新体系的理论，包括将技术引进与本地的技术活动相结合并以此实现技术积累，通过积极的干预政策来培育具有战略意义的新兴工业等。[1] 不过，直到20世纪80年代，国家创新体系这个概念才首次出现于弗里曼（Chris Freeman）一篇未公开发表的论文中。1985年，伦德瓦尔（Bengt-Åke Lundvall）在一本册子中使用了这一概念，提到了高校与产业之间的关系，此后，这一概念逐渐被广泛使用。中文文献有时将这一概念翻译为"体系"，有时则翻译为"系统"，但所指的是同一个事物。伦德瓦尔将国家创新体系的定义为"一个在国家层面上涵盖不同组织、机构和社会经济体内部组成，及彼此之间相互关联的、开放的、复杂的且不断演变的体系，这个体系决定了基于科学知识和技术经验学习过程中的创新能力建设的效率与方向"。[2] 国家创新体系的概念衍生于演化与创新经济学的基本理论。演化与创新经济学将知识的搜寻、学习与积累视为创新的基本机制，因此，所谓国家创新体系，就是一个国家通过各种途径促进知识流动以方便新知识产生的体系。国家创新体系的广义定义包含塑造人力资源和学习过程的国家体制和组织，其中，部分机构是从事教育培训的正式组织，旨在直接培养能力，另一些则是非正式机构，构成经验学习的主体。[3] 工业文化是一种重视创新与鼓励创新的价值观，并将创新引向具有战略意义的工业经济，故而工业文化是国家创新体系赖以运转的社会形态，也是国家创新体系内教育活动的重要内容。

工业文化是国家创新体系的组成部分，这意味着培育工业文化是建设国家创新体系的重要途径。世界历史表明，以重视制造业和崇尚劳动为内核的实业精神的盛衰，往往与国家经济的兴衰存在着相关性。实业精神便是工业文化作为价值观体系的核心内容。对于国家来说，

---

[1] 克利斯·弗里曼、罗克·苏特著，华宏勋等译：《工业创新经济学》，北京大学出版社2004年版，第372—373、399页。
[2] 克里斯蒂娜·查米纳德、本特-艾克·伦德瓦尔、莎古芙塔·哈尼夫著，上海市科学学研究所译：《国家创新体系概论》，上海交通大学出版社2019年版，第2页。
[3] 克里斯蒂娜·查米纳德、本特-艾克·伦德瓦尔、莎古芙塔·哈尼夫著，上海市科学学研究所译：《国家创新体系概论》，上海交通大学出版社2019年版，第7页。

培育工业文化是一种能够促进工业发展和延缓工业衰退的可操作性政策。培育工业文化本质上是一种教育活动，旨在使实业精神能够以各种方式得到传播，使青少年对工业产生兴趣，并树立劳动精神、创新精神、工匠精神等正确的价值观。工业文化是一个跨学科的概念，在以学科教学为主体的基础教育中，不存在正式的工业文化教学，只能以各种形式渗透工业文化，潜移默化地教育青少年。研学实践教育是课堂教学的重要补充。研学旅行为学生在家庭教育空间和学校教育空间之外开辟了更广阔的社会教育空间，能够将多样、零散、泛化的社会资源整合及转化为教育资源，更好地帮助学生成长。[①]对青少年来说，工业是相对陌生的领域，缺乏感性认知与直观认知，也就难以激发探索兴趣。因此，学校或社会机构通过工业文化研学将青少年学生带到工业劳动现场或工业遗产旧址，设计一定的课程去引导他们正确认识工业，培养他们基本的劳动观念，传授与其年龄相适宜的劳动技能，让他们在动手实践中激发创造性思维，是培育工业文化的有效途径。换言之，工业文化研学是构建国家创新体系的基本路径之一。

二、本教材的特点与使用建议

尽管工业文化早已产生，人们自觉地使用这个概念并利用这个概念来构建国家创新体系的时间却并不长。在教育领域里，研学实践或研学旅行在发达国家已有丰富的经验与成熟的体系，但在中国还是一种方兴未艾的新兴教育形式。因此，将工业文化与研学实践相结合的工业文化研学，同样存在着大量尚待拓展的空间。为此，本教材将从工业文化的基本概念出发，按照工业文化的理论体系，从工业文化的发展历程、工业文化的价值观、工业文化的相关产业及工业文化教育等方面概述工业文化的基础知识，使相关专业学生、研学行业从业者等广大读者对工业文化能有初步的了解。研学是理论学习与实践活动的结合，本教材也旨在为工业文化研学实践提供先导性的理论铺垫。

---

① 祝胜华、何永生主编：《研学旅行课程体系探索与践行》，华中科技大学出版社2018年版，第4—5页。

本教材的特点与使用建议包括：

（一）前沿研究与拓展性阅读材料相辅相成

本教材的撰写者既有在工业文化领域长期开展原创性理论研究的学者，又有在基础教育领域从事工业文化教育实践的一线教师，还有曾经参与工信部工业文化研学标准制定工作的研究人员，因此，教材讲授的知识建立在前沿研究的基础上。但为了更好地讲解知识，传播与普及工业文化，本教材在主干部分以精练的语言呈现基本概念等知识，在"拓展与延伸"模块中补充背景知识和案例，帮助读者更深入地理解相关知识。

（二）理论知识兼顾实践案例

研学实践包含广泛的类型，工业文化研学只是其中一种，大部分学校与机构都不会只开展一种类型的研学。因此，本教材并不以研学为主体，而是侧重于对工业文化知识的介绍，这样教材将具有更广泛的适用性，方便那些并不专门从事工业文化研学的从业者和实践者在需要时快速了解工业文化。教材正文进行理论讲解，附录中则收录一些较好的工业文化研学案例，可供实践者参考。附录所收案例，涵盖了中国工业化起点"江南造船"工业文化研学项目、老工业城市青岛的工业博物馆研学项目、福建泉州活态化国家工业遗产安溪茶厂研学项目、大国重器型企业大连光洋研学项目、四川"嘉阳小火车"研学项目以及参与制定工信部工业文化研学标准的武汉学知的研学项目，极具代表性，同时充分展现了对工信部所评国家工业遗产的活化利用，具有很高的参考价值。

（三）电子化教材与线上资源相结合

信息化是工业化进展到一定阶段后的产物，信息化与工业化的融合是工业经济与工业文化未来的发展方向。本教材除纸质实体书外，将推出电子版，方便读者存储、阅览，减轻读者缺乏空间存放纸质教材的负担。同时，建议读者在使用教材时，灵活使用线上资源。本教材为华中师范大学中国工业文化研究中心的教学与研究成果，读者可登录中心网站（http://gongyewenhua.ccnu.edu.cn/）获取关于工业文化的前沿信息和最新研究成果介绍。相信读者通过使用线上资源，能够从这本教材中获得更大收益。

目 录
CONTENTS

前 言 ………………………………………………………… 001

第一章　工业文化基本内涵 ………………………………… 001
　第一节　文化的基本概念 …………………………………… 001
　第二节　工业文化的基本概念 ……………………………… 009

第二章　工业文化发展历程 ………………………………… 019
　第一节　世界工业文化发展历程 …………………………… 019
　第二节　中国工业文化发展历程 …………………………… 030
　第三节　工业文化新动向 …………………………………… 047

第三章　工业文化价值观 …………………………………… 051
　第一节　企业家精神 ………………………………………… 052
　第二节　工匠精神 …………………………………………… 062
　第三节　劳模精神 …………………………………………… 075
　第四节　工业文学 …………………………………………… 087

第四章　工业文化产业 …………………………………………… 105
第一节　工业遗产 ………………………………………………… 105
第二节　工艺美术 ………………………………………………… 122
第三节　工业设计 ………………………………………………… 126
第四节　工业旅游 ………………………………………………… 130

第五章　工业文化教育 …………………………………………… 144
第一节　工业文化教育 …………………………………………… 144
第二节　工业文化与劳动教育 …………………………………… 153
第三节　工业文化研学 …………………………………………… 158

参考文献 …………………………………………………………… 165

附录　工业文化研学项目案例 …………………………………… 171
案例一　江南造船工业文化研学项目 …………………………… 171
案例二　青岛纺织谷工业文化研学项目 ………………………… 177
案例三　金石滩集团大连光洋工业文化研学项目 ……………… 187
案例四　安溪茶厂工业文化研学项目 …………………………… 189
案例五　嘉阳桫椤湖工业文化研学项目 ………………………… 196
案例六　武汉周黑鸭品牌工业文化研学项目 …………………… 221
案例七　春伦茉莉花文创园工业文化研学介绍 ………………… 226

第一章
工业文化基本内涵

世界上存在着多种多样的文化，工业文化是其中的一种。在不同的语境下，人们对"文化"一词的理解和用法是不一样的，因此，工业文化是一个包含着复杂内涵的概念。一般认为，文化具有两个层次的最基本的内涵。由此引申，工业文化也具有两种基本的内涵，其一是指工业社会特有的生活形态；其二是指与工业发展相关的价值观。工业文化具有协调工业社会的生活并促进工业经济发展的重要作用。本章将从文化的定义出发，介绍工业文化的基本概念与内涵。

第一节 文化的基本概念

"文化"是人们在日常生活中经常能听到的词语。人们能接触到各式各样带上"文化"两个字的词语，比如"中华文化""传统文化""美国文化""茶文化""企业文化""文化产业"等，但人们不一定能准确说出文化这个词的意思。究竟什么是文化？什么又是工业文化？在接触工业文化的基本知识前，需要先了解相关概念的定义和内涵。

一、对文化的不同定义

文化是一个常见又复杂的词语,学者们对文化一词有各种各样的定义。民国学者陈序经在《文化学概要》中是这么定义文化的:"文化既不外是人类适应各种自然现象或自然环境而努力于利用这些自然现象或自然环境的结果,文化也可以说是人类适应时境以满足其生活的努力的结果。"① 当时的另一位学者梁漱溟则说:"文化,就是吾人生活所依靠之一切。"不过,梁漱溟区分了狭义的文化和广义的文化,他认为"俗常以文字、文学、思想、学术、教育、出版等为文化,乃是狭义的",而"文化之本义,应在经济、政治,乃至一切无所不包"②。一位较早研究文化的西方学者将文化定义为"社会成员行为中的规则",换言之,文化"是众人行事的方法"③。文化史学家雅克·巴尔赞(Jacques Barzun)则说:"我所用的文化一词表示智性和精神产生的传统事物,表示思维所形成的兴趣和能力;总之,它表示曾被称为修养——自我修养——的努力。"④ 社会学家麦休尼斯(John Macionis)将文化视为社会的基础,他自己定义了文化:"文化是共同塑造人们生活方式的思维方式、行为方式和物质产品。"麦休尼斯将文化区分为非物质文化(nonmaterial culture)和物质文化(material culture),非物质文化指的是"一个社会的成员所创造的包括从艺术到禅宗在内的所有思想的总和",物质文化则是指"由一个社会的成员所创造的包括从扶手椅到拉锁在内的任何有形事物"⑤。翻开一本当代的文化理论研究教科书,会看到这样的定义:"文化是一种由

---

① 陈序经:《文化学概观》,岳麓书社2010年版,第32页。
② 梁漱溟:《中国文化要义》,上海人民出版社2011年版,第7页。
③ 菲利普·巴格比著,夏克等译:《文化与历史:文明比较研究导论》,商务印书馆2018年版,第139页。
④ 雅克·巴尔赞著,严忠志等译:《我们应有的文化》,浙江大学出版社2009年版,第2页。
⑤ 约翰·麦休尼斯著,风笑天等译:《社会学》,中国人民大学出版社2015年版,第62—63页。

特定的社会群体创造的想象和意义的集合。"① 文化人类学家克利福德·格尔茨（Clifford Geertz）也对文化采取了一种高度抽象化的认知方式："我主张的文化概念……实质上是一个符号学（semiotic）的概念。马克斯·韦伯提出，人是悬在由他自己所编织的意义之网中的动物，我本人也持相同的观点。于是，我以为所谓文化就是这样一些由人自己编织的意义之网，因此，对文化的分析不是一种寻求规律的实验科学，而是一种探求意义的解释科学。"② 对于文化的定义还可以举出很多例子，每一种定义的说法都不一样，总之，文化太复杂了！

但是，大多数学者都会同意，文化有不同层次的含义。英国学者特里·伊格尔顿（Terry Eagleton）指出，文化一词有4种含义最为突出："（1）大量的艺术性作品与知识性作品；（2）一个精神与智力发展的过程；（3）人们赖以生存的价值观、习俗、信仰以及象征实践；（4）一套完整的生活方式。"③

简单地说，广义的文化是指一个特定地区人们的生活形态，狭义的文化是指一个群体中的人们普遍持有的相同的思想与价值观，还有一种更为狭义的文化专指人类的精神创造及其产物。

二、文化的基本内涵

当文化被用来描述一个特定地区人们的生活形态时，包含了人们的衣、食、住、行，使用的器物，以及所思所想等。人类生活在不同的环境里，要在不同的条件下适应环境与改造环境，就会形成不同的生活方式。例如，沿海地区有些渔民靠捕鱼为生，一辈子生活在船里，这是一种文化；草原地区有些牧民靠放牧为生，住在可以移动的帐篷车里，什么地方的水草肥美就赶着牛羊群到什么地方去，这是另一种文化。两种文化极为不同，但对于两个地区的人来说，都能满足

---

① 杰夫·刘易斯著，郭镇之等译：《文化研究基础理论》，清华大学出版社2013年版，第15页。
② 克利福德·格尔茨著，韩莉译：《文化的解释》，译林出版社2014年版，第5页。
③ 特里·伊格尔顿著，张舒语译：《论文化》，中信出版集团2018年版，第1页。

最基本的生活需求。随着社会与技术的发展，文化也会发生变化。例如，前面提到的渔民，本来生活在靠人力操纵的木船里，但慢慢地用上了靠机器驱动的船，也就上岸居住，只在劳动时下海捕鱼，他们的文化就发生改变了。再如，从前的牧民骑马放牧，现在却开起了摩托车，住进了固定的房子，不再随着季节而搬家，这也是一种文化的变迁。显而易见，在文化变迁的背后，是生活方式本身也发生了变化。

当文化被用来描述一个群体中的人们普遍持有的相同的思想与价值观时，指的就是一定空间里的人们在一段时间里形成的某些固定的想法。例如，在古代的某些社会里，人们不鼓励女孩子抛头露面，认为女孩子不需要学习，也不需要如男孩子那样创建事业，这种观念就是一种文化。相反，在现代社会里，女性被认为和男性同等重要，女孩子不仅被要求接受义务教育，而且有机会从事工程师、科学家、医生、政治家、艺术家等在过去只有男性才能从事的职业，这就是一种完全不同的文化。在这两种文化的背后，起决定性作用的是人们的思想观念。

当文化被用来描述人类的精神创造及其产物时，指的是文学、美术、音乐、电影等等人们必须运用脑力完成的创造性活动，以及这些活动最后形成的作品，比如小说、诗歌、油画、流行歌曲、舞蹈等。

> **拓展与延伸**
>
> **文化理论如何理解文化？**
>
> 杰夫·刘易斯在《文化研究基础理论》中这样定义文化："文化是一种由特定的社会群体创造的想象和意义的集合。"这是一个十分抽象的定义，但非常符合"文化"一词给人的第一印象。在这个定义中，"想象"与"意义"是两个关键词。"想象"，意味着文化是一种相当主观性的人类思维活动；"意义"，则表明文化具有价值判断的属性，为特定的社会人群区分了"好"或"不好"、"重要"或"不重要"的行为准则。事实上，一旦牵涉价值判断，"特定的社会群体"就成为不可或缺的前提条件了。简单地说，对一些人"好"或"重要"的事情，对另一些人来说可能"不好"或"不重要"。例如，在一些文化中，女性在公共场所穿着暴露并不是什么大问题，

但在另一些文化中，女性的身体不得在外界示人。这个日常生活中很寻常的小例子，深刻地表明了文化附着于不同的人群，同一件事情，可以被不同的人赋予完全相反的价值。然而，无论是衣着暴露，还是全身遮掩，这种行为的背后，都涉及当事人对某种更为抽象的观念的认同，也就是说，涉及对这个世界的规则的不同"想象"。这里使用"想象"一词，体现了一种中立性，毕竟，有些是非对错很容易分辨，而有些观念引发的差异，难以分出高下。同时要强调的是，一个人的想法可能非常独特，但并不构成文化，文化必须是一群人所持有的大体相同的观念，而这种观念又可以通过大体相同的行为反映出来。总之，文化是不同的人群对于世界的一套看法，并影响到行为。

摘编自严鹏：《富强求索——工业文化与中国复兴》，电子工业出版社 2016 年版，第 2 页。

文化具有不同的层次，所以，人们在使用文化这个词语时，可能说的是不同的意思。例如，当提到"荆楚文化"时，指湖北地区人们与别处不太一样的生活方式和所思所想。当提到"儒家文化"时，既可以指以"仁"为核心概念的孔子的学说及其发展出的一套思想观念，也可以指在这种思想观念指导下的人们的生活方式。当提到"高雅文化"时，一般就会联想到那些严肃的，甚至不好懂的文艺作品。文化的复杂性，就体现在这里。但总的来说，文化只有两方面最基本的内涵，其一是指某种特定的生活方式；其二是指某种特定的价值观。

拓展与延伸
高雅文化与文化资本

文化一词有时特指"高雅文化"。西方学术界的文化理论对高雅文化与非高雅文化的区分极为明确。在西方社会中，按照真正的高雅文化的标准，柴可夫斯基的音乐作品如《胡桃夹子》和《天鹅湖》，也属于"低俗文化"的一部分，这显示出高雅文化作为一种艺术鉴赏力是和阶级或阶层密不可分的。毕竟，高雅文化原本是贵族阶层发展起来的文化。文化是一种集体心态，是一种会影响身于其中的个人的场域。文化的这种特性被法国社会学家布尔迪厄（Pierre Bourdieu）揭示得很清楚。布尔迪厄通过研究法国教育，提出了"文化资本"理论，即某些文化只有通过家庭教育的潜移默化才能够获得，而这种"继承所得的文化资本"又造成了事实上的社会阶层再生产。例如，一个工人的儿子可能只有在学校里才能接触到有限的古典文化，而一个教授的13岁女儿可以在家中"无意识地，也没有花费气力地"受到高雅文化的熏陶，从而表现出"广博的文化教养"。当大学以高雅文化作为录取学生的标准时，哪一种学生更易成功是显而易见的。文化资本理论指出了文化、教育与社会分层之间存在着密切的关系，是重要的社会学理论。

摘编自严鹏：《富强竞赛——工业文化与国家兴衰》，电子工业出版社2017年版，第8页。

文化不是静态的，会随着时间而变化。推动文化变迁的根本动力是社会的变革，当生产力的进步改变了社会的组织形态之后，社会的生活方式和价值观体系就会出现相应的变化。社会的整体性变化被社会学家称为社会变迁。麦休尼斯指出，社会变迁的过程有4个主要特征：（1）社会变迁时刻都在进行，即使那些似乎很稳定的事物也随着社会的变迁而改变，但一些社会比另一些变化得快，而在特定社会里，一些文化要素比另一些变化得快；（2）社会变迁有时是蓄意的，但多数情况下是无计划的；（3）社会变迁的好坏是有争议的；（4）一些变化比另一些变化重要，一些变化的重要性非常短暂，另外一些变化则会改变整个世界。① 从宏观角度审视人类历史，由工业革命引发的现代社会的形成，是具有最深远意义的社会变迁。社会学家吉登斯（Anthony Giddens）打了个形象的比方："如果我们将人类存在的整个跨度看作是一天的24个小时，那么农业出现于这一天的23时56分——差4分钟到达午夜——而文明则出现在23时57分……现代

---

① 约翰·麦休尼斯著，风笑天等译：《社会学》，中国人民大学出版社2015年版，第633—634页。

社会的发展只是到 23 点 59 分 30 秒才开始。然而，可以说人类在这一天最后 30 秒带来了比此前所有时代更为快速的社会及环境的变迁。社会学家称这一时期为现代性，它见证了社会生活的更为迅速的全球化。"① 因此，人类社会的演变可以分为前现代社会与现代社会这两个阶段。表 1-1 为前现代社会的类型。

表 1-1 前现代社会的类型

类　　型	存在时期	经济特征
狩猎与采集社会	公元前 50000 年至今，日渐濒临消失	人数不多，人们以狩猎、捕鱼和采集可食植物为生
小规模农耕社会	公元前 12000 年至今，目前大部分属于更大政治实体的一部分，它们的明显特征正在消失	以小的农业共同体为基础，没有城镇或城市 以农业为生，常常以狩猎和采集作为补充
游牧社会	公元前 12000 年至今，今天大部分属于更大的国家；传统生活方式正在被瓦解	依靠饲养牲畜来维持生计
传统社会（文明）	公元前 6000 年至 19 世纪，所有的传统文明都已经消失	主要基于农业 一些城市依赖贸易和制造业

资料来源：整理自安东尼·吉登斯、菲利普·萨顿：《社会学》，北京大学出版社 2015 年版，第 105 页。

在 19 世纪以前，狩猎与采集社会、游牧社会和小规模农耕社会，与拥有大规模农业经济的传统社会是并存的，但只有传统社会发展出了真正的文明。史学大师布罗代尔（Fernand Braudel）指出，文明一般指与野蛮状态相对立的状态。② 传统社会从经济角度看就是农业社会，吉登斯指出："即便在最为发达的传统文明中，大多数人依然从事土地耕作。"③ 也就是说，人类文明在大部分历史时期里都处于农业

---

① 安东尼·吉登斯、菲利普·萨顿著，赵旭东等译：《社会学》，北京大学出版社 2015 年版，第 103 页。
② 布罗代尔著，常绍民等译，《文明史：人类五千年文明的传承与交流》，中信出版社 2014 年版，第 36 页。
③ 安东尼·吉登斯、菲利普·萨顿著，赵旭东等译：《社会学》，北京大学出版社 2015 年版，第 112 页。

社会阶段。19世纪以后，工业革命改变了世界，工业社会逐渐取代了农业社会，而工业社会常常被称作"现代社会"或"发达社会"。恰如吉登斯所言，工业社会"与以前任何一种社会秩序都截然不同"，因为"今天工业社会的一个核心特征就是，大部分被雇用的人口都在工厂、办公室、商店和公共事业机构工作，而非从事农业生产"。[①]世界各地的传统社会都发展出了高度复杂的文化，随着传统农业社会向现代工业社会变迁，新形态的文化开始出现了。

> **拓展与延伸**
>
> ### 什么是现代化？
>
> 现代化研究专家罗荣渠指出，现代化是一个包罗宏富、多层次、多阶段的历史过程，从不同的角度研究会形成不同的观点。广义而言，现代化作为一个世界性的历史过程，是指人类社会从工业革命以来所经历的一场急剧变革，这一变革以工业化为推动力，导致传统的农业社会向现代工业社会的全球性的大转变过程，它使工业主义渗透到经济、政治、文化、思想各个领域，引起深刻的相应变化。狭义而言，现代化又不是一个自然的社会演变过程，它是落后国家采取高效率的途径，通过有计划的经济技术改造和学习世界先进，带动广泛的社会变革，以迅速赶上先进工业国和适应现代世界环境的发展过程。
>
> 摘编自罗荣渠：《现代化新论——世界与中国的现代化进程》，商务印书馆2004年版，第17页。

不过，文化的变迁是个复杂的过程，并不与社会变迁完全同步。作为一个复杂的系统，文化内部各个部分的变化速率也不一样。社会学家威廉·奥格本（William Ogburn）就发现，在社会的文化系统中，技术的进步一般很快，物质文化比如物品的新要素的出现，要快于非物质文化比如观念所能赶上的速度。奥格本把这种不一致性称为"文

[①] 安东尼·吉登斯、菲利普·萨顿著，赵旭东等译：《社会学》，北京大学出版社2015年版，第112页。

化堕距"(culture lag),即由于某些文化要素的变迁快于其他要素,扰乱了一个文化体系。① 文化堕距的存在会带来很多社会问题。

第二节 工业文化的基本概念

工业文化是多种类型的人类文化中的一种。由于文化具有不同的内涵,工业文化的概念与内涵也存在着层次上的差异。

一、工业的定义与分类

在认识工业文化前,有必要先了解什么是工业。

人类要靠劳动从自然界获取资源才能够生存。人与动物的区别,就在于人类不仅能够有意识地使用工具去劳动,还能够有意识地制造工具。因此,从人类诞生之初,制造就是人类最重要的属性之一。所谓制造,指的是通过物理手段或化学手段使原材料变成人们所需要的产品。人们衣食住行的各种用品都离不开制造。原始社会的人将石头打磨成斧子,将动物骨头做成缝兽皮衣服用的针,将泥土烧制成器皿,都属于制造。随着历史的进步,从18世纪中叶起,人们开始用机器来制造物品,人类的制造能力有了极大的提升,这种新的制造活动就被称为工业,以区别于过去靠手工劳作的制造活动。所以,工业在本质上就是人类利用自然的劳动的一种形式,为的是满足人类生存与生活的需要。于是,工业被定义为:"以机器和机器体系为劳动手段,从事自然资源的开采,对采掘品和农产品进行加工和再加工的物质生产部门,统计上,工业领域通常包括对自然资源的开采、对农副产品的加工和再加工、对采掘品的加工和再加工以及对工业品的修理和翻新等部门。"②

---

① 约翰·麦休尼斯著,风笑天等译:《社会学》,中国人民大学出版社2015年版,第77页。
② 金碚主编:《新编工业经济学》,经济管理出版社2005年版,第15页。

人类的衣食住行既然都离不开工业，工业包含的门类就一定很多了。不过，人们给工业划分种类也存在着不同的标准。以原材料的性质和来源为标准，工业部门可以分为采掘工业和加工工业。采掘工业是指直接从自然界获取原料和燃料的部门，其劳动对象直接取自自然界，包括矿物的开采等。比如，铁矿石是一种自然资源，工人们将铁矿石从矿山挖出来，就是直接从自然界获取原料，所以铁矿开采就是一种采掘工业。加工工业是指对从采掘工业或农业取得的原料进行不同层次的加工和再加工的工业，根据加工和再加工的程度不同，又可以分为加工直接原料的原材料工业和加工间接原料的制造工业。比如，铁矿石开采出来后，钢铁厂将铁矿石炼成铁和钢，就是对铁矿石进行直接加工了，钢铁工业便是一种原材料工业。钢铁厂炼出的铁和钢，送到机械厂，被工人们加工后，用来造机器，相比于铁矿石，铁和钢只能被称为间接原料，而对这一间接原料进行加工的机械工业就属于制造工业了。

制造工业不等于制造业，人们日常所说的制造业的含义约等于加工工业，但也包含不使用机器的手工业。制造业是工业的主体，很多时候，人们会把制造业与工业等同起来。制造业的定义是指对原材料进行加工或再加工，以及对零部件装配的工业部门的总称。[①] 人们通常说的"中国制造"，也就是中国的制造业生产的产品了。制造业的种类很多，每个国家的分类标准是不一样的。目前，中国国家统计局将制造业划分为 30 个行业：（1）农副食品加工业，（2）食品制造业，（3）酒、饮料和精制茶制造业，（4）烟草制品业，（5）纺织业，（6）纺织服装、服饰业，（7）皮革、毛皮、羽毛及其制品和制鞋业，（8）木材加工和木、竹、藤、棕、草制品业，（9）家具制造业，（10）造纸和纸制品业，（11）印刷和记录媒介复制业，（12）文教、工美、体育和娱乐用品制造业，（13）石油加工、炼焦和核燃料加工业，（14）化学原料和化学制品制造业，（15）医药制造业，（16）化学纤维制造业，（17）橡胶和塑料制品业，（18）非金属矿物制品业，（19）黑色金属冶炼和压延加工业，（20）金属制品业，（21）通用设

---

① 金碚主编：《新编工业经济学》，经济管理出版社 2005 年版，第 51 页。

备制造业，(22)专用设备制造业，(23)汽车制造业，(24)铁路、船舶、航空航天和其他运输设备制造业，(25)电气机械和器材制造业，(26)计算机、通信和其他电子设备制造业，(27)仪器仪表制造业，(28)其他制造业，(29)废弃资源综合利用业，(30)金属制品、机械和设备修理业。在每个行业之下，还有为数众多的细分行业。尽管制造业包含了不使用机器的手工业，但今天的制造业的主体是使用机器的工业。

很显然，制造业的30个行业和人们生活的方方面面都有着直接的关系。农副食品加工业、食品制造业等行业为人们提供了日常饮食，纺织业、纺织服装业等行业为人们提供了穿着的衣饰，家具制造业满足了人们居住中的需求，文教、工美、体育和娱乐用品制造业等行业使人们的学习和娱乐有了保障，医药制造业为人们的健康着想，汽车制造业和铁路、船舶等运输设备制造业生产了人们出行必不可少的交通工具，计算机、通信和其他电子设备制造业的产品是现代人类办公与生活中不可缺少的物品。这些都是制造业与人们生活显而易见的关联。还有许多行业，虽然人们在日常生活当中不容易感知得到，却也发挥着巨大的影响。石油加工业为不少交通工具提供了燃料，化学原料和化学制品制造业是医药制造业原料的重要来源，化学纤维制造业为纺织服装业提供了原料，通用设备制造业和专用设备制造业生产着所有行业都需要的机器，黑色金属冶炼和压延加工业则为机器的生产供应了钢铁原料。因此，制造业和每个普通人的日常生活息息相关，人们离不开制造业，制造业的各个行业本身又构成一个整体，环环相扣，像一片生长着各种植物的大森林，有着自己的生态系统。

除了采掘工业与加工工业外，还有一种被称为能源工业的重要工业类别。能源是指可以直接或经转换提供给人类所需的光、热、动力等任一形式能量的载能体资源。能源可以分为一次能源和二次能源。一次能源是指以自然形式存在、不需要加工或转换，可以直接使用的能源，如煤炭、原油、天然气、水电、太阳能、地热能、生物质能等。二次能源则指一次能源经过加工、转换得到的能源，如汽油、煤油、柴油等是对石油、天然气等一次能源进行精选和炼制后得到的二次能源。炼焦、发电、供热以及气化和液化等则是由一次能源变成二次能源的能源转换过程。从学会用火开始,人类社会就离不开能源。到了今天,由于社会组织高度复杂,能源更是人类须臾不可或缺的。但能源需要被生产出来,生产能源的经济部门就是能源工业。因此,能源工业的定义是指为国民经济提供燃料和动力的基础工业,其中包括煤炭、电力、石油和天然气等多个能源生产行业。①

表 1-2 反映了工业的分类,以及加工工业、制造工业和制造业这几个概念的联系与区别。

表 1-2 工业的分类

工业的分类	采掘工业		
	加工工业	原材料工业	制造业 (包含手工业)
		制造工业	
	能源工业		

了解了什么是工业以后,接下来就可以追问:什么是工业文化?

二、工业文化的概念与内涵

工业文化简单地说就是和工业有关的文化。由于文化具有不同的层次性,工业文化也具有不同的含义。

和对于文化的定义一样,人们对工业文化的定义也各不相同。比较权威的著作也将工业文化划分为广义和狭义两种。广义的工业文化是指工业社会的文化,它具有典型的工业时代的特征,是人类文化发展演变的一个阶段。狭义的工业文化是与工业生产活动紧密联系在一起的文化。常见的工业文化的定义是从狭义角度给出的:"工业文化是伴随着工业化进程而形成的,包含工业发展中的物质文化、制度文化和精神文化的总和。对于工业文化的形成与创造来说,工业物质文化是基础和前提;工业制度文化是协调和保障;工业精神文化是核心和根本。"② 由此可见,工业文化也是一个相当复杂的系统。

---

① 金碚主编:《新编工业经济学》,经济管理出版社 2005 年版,第 71 页。
② 王新哲、孙星、罗民:《工业文化》,电子工业出版社 2016 年版,第 39—40 页。

广义的工业文化是指工业社会或工业化社会里人们的生活形态。工业社会的一大特色是广泛使用机器，这体现了工业生产力的发展水平。机器一方面属于工业社会的物质文化；另一方面也带来了人们生产与生活方式的改变，由此又带来了整个社会的文化变迁。例如，在过去，当人们出行只能靠马车和帆船时，出一趟远门非常不容易，花费时间长，还不安全，大多数人一辈子也就出不了几次远门，活动的范围有限，认识的世界也很狭窄。当铁路、轮船、汽车和飞机发明出来以后，人们的旅行大大便捷起来，出远门变得比较容易，人们越来越方便地去遥远的地方工作乃至安家，出门游玩的人也多了起来，于是，不仅经济日益繁荣，人们的眼界也发生了完全不一样的变化。这就是新的工业文化，是一种建立在工业生产力基础上的生活方式。

狭义的工业文化是指伴随着工业的发展，人们逐渐形成的与工业社会相适应的思想和价值观。人们凭借着一定的思想和观念去从事生产劳动，而生产劳动的技术与组织条件的改变也会反过来影响人们头脑中的想法。这一思想与行为的互动过程在人类的社会生活中反复发生，最终固定成一种特殊的文化。文化"让人们感到理所当然，并有着一些既定的程序。"[①] 例如，在农业社会里，人们的时间观念比较松散，日出而作，日落而息，由于生产力水平有限，人们也没有很强烈的掌握时间的必要性。但是，当工业发展起来以后，一方面，新的便捷的计时工具被发明出来，人们有了随时随地精确认识时间的可能性；另一方面，工厂里的生产活动被更加严密地组织起来了，每一个生产环节都要求精准的衔接，巨大的生产力又使得工作时间与产量相挂钩，这就使工厂提出了精确掌握时间的要求。于是，在工厂里工作的人们对时间有了新的认识，不仅更遵守时间，甚至还喊出了"时间就是金钱"的口号。当这种新的观念被很多人接受时，一种新的文化就形成了，这种新的文化又会影响更多人的观念与行为，整个工业社会就变得与农业社会不一样了。因此，工业文化又是一种与工业社会相适应的思想观念。

如前所述，文化除了广义和狭义的区分外，还有一种更狭义的界

---

① 特里·伊格尔顿著，张舒语译：《论文化》，中信出版集团2018年版，第6页。

定,指的是人类精神创造的产物,在今天的市场经济社会里,这些产物也可以视为文化产品。工业文化同样有自己的产品,包括工业文学作品、工业美术作品、工业设计作品等。这些工业文化产品,或者反映了工业与工业社会题材,或者创作过程必须借助于工业技术,或者本身就是某种工业产品。工业文化产品也是工业文化的组成部分之一,是工业文化具体且有形的呈现。

表1-3对工业文化概念的不同层次进行了展示。

表1-3 工业文化概念的层次

	层 次	内 涵
工业文化	广义	工业社会的生活形态
	狭义	与工业社会相适应的思想与价值观
	产品	工业社会的精神创造产物

与文化一样,工业文化也可以分为3个层次。其中,广义的工业文化是最根本的工业文化,它涵盖的是工业时代里人类最基本的社会生活形态,在这种社会生活中,人们形成的与工业生产相适应的思想和价值观,就是狭义的工业文化。而工业文化产品,是工业社会的人们根据自己的观念创造出来的,它是广义与狭义工业文化的产物,又是广义与狭义工业文化的具体体现。

在工业文化各个层次的内涵中,价值观尤为重要。伊格尔顿在区分"文明"和"文化"的概念时,指出"文明"一词更倾向物质层面,"文化"一词则侧重精神层面。他引述了一种人们普遍持有的观点:"在工业化社会中,许多被认为是非文化的事物,实际上是说它们没什么显著的价值。比方说,煤矿和纺织厂在物质上是必需的,但它们不处于精神自由的层面。它们不仅在描述义(descriptive)上是非文化的,而且在判断义(normative)上也是非文化的。也就是说,在那些由煤矿和纺织厂构成的生活中,人们还有大量的精神需求没有得到满足。"[①]尽管这种观点不无偏颇,但我们可以认为,"工业文明"

---

① 特里·伊格尔顿著,张舒语译:《论文化》,中信出版集团2018年版,第10页。

指的是人们步入工业时代后所创造的所有物质与精神生活的总和，而"工业文化"更侧重于这种生活体系的精神内核。

当工业社会逐渐成熟后，人们对工业文化的认识更加深化，工业文化所包含的内容也更加广泛。所谓工业哲学、工业美学，不管其是否存在真实的实体，都被视为工业的文化。作为一种政策，在当前的中国，工业遗产、工业旅游、工业设计、工艺美术等产业，同样被纳入工业文化的范畴内。表1-4试对不同分类标准的工业文化类型进行归纳：

表1-4 工业文化的主要类型

	分类标准	具体类型
工业文化的类型	社会学的文化内涵	物质工业文化 非物质工业文化
	工业文化的层级	工业物质文化 工业制度文化 工业精神文化
	工业文化的功能	经济安全的工业文化 经济创新的工业文化
	工业文化的实用性考虑	硬科技工业文化 软实力工业文化

值得注意的是，近年来，中国社会对于工业文化的实用性考虑较多，在这种视野下，工业文化可以分为硬科技工业文化和软实力工业文化。所谓硬科技工业文化，是指在生产领域能够促进企业发展进而解决"卡脖子"技术问题的组织文化及其相关机制，包括创新精神等。所谓软实力工业文化，则指在营销领域能够促进企业形成品牌并获取较高附加值的手段与机制。

三、工业文化的功能与意义

文化虽然听上去挺玄妙，但对于社会生活却有着实实在在的作用。一方面，社会是由不同的人聚集在一起组成的，社会要想有秩序，不同的个体就必须形成一定的共识，共同遵循一定的规则，这种规则既包括具有强制约束力的法律，也包括人们在日常交往中习以为常的文化。例如，假如一个社会的文化非常强调诚信，而人们也确实在行为中贯彻了诚信的文化，那么当他们互相交往时，就会自觉维护彼此的利益，也乐于长期往来，社会的经济发展就能充满活力。反过来，假如一个社会的文化中缺失了诚信，人们的交往在无形中就会增添许多障碍，最后受损的还是社会中的每一个成员。另一方面，社会成员的行为受到头脑中思想观念的指挥，文化就是一个社会中最大多数成员所共同拥有的思想观念，也就决定了社会中最大多数成员的行为，进而影响到整个社会的发展。例如，当一个社会的文化歧视女性，认为女孩子不应该接受教育时，这个社会就不仅会缺少半数高素质劳动力，而且会缺乏能够影响下一代的高素质母亲，这就会极大的抑制社会经济发展的活力以及社会可持续发展的潜力。美国学者福山（Francis Fukuyama）指出："选择受文化影响，且来源于习惯。"[1] 文化的功能及其重要意义就体现在这里。

工业文化作为一种文化，同样有它的功能及其对于社会的意义。正如有人指出的那样："工业文化是保证工业社会正常运行的'润滑剂'，或者说，复杂的工业社会得以顺畅运行是因为背后隐藏着一只平衡的手，即工业文化，这只手时刻在调节生产关系、经济关系，以及人与人、人与社会、人与自然之间的关系。"[2]

首先，工业文化作为工业社会的生活形态，起着将分散的独立个体凝聚为一个有机社会的作用。劳动分工是社会经济发展的基础，经济越发展，社会对于专业化的职业的需求越高，人们所掌握的技能越专门化，生产越有效率，这是工业社会经济进步的一般原则。但是，工业发展也需要将掌握着专门技能的每一个个体组织起来，使每一个人的单个劳动组合成为一个有意义的整体。这种组织协调就意味着人们要遵循一套共同的规范，工业文化就是这样一种规范。

其次，工业文化作为与工业社会相适应的思想和价值观，直接促

---

[1] 弗朗西斯·福山著，郭华译：《信任：社会美德与创造经济繁荣》，广西师范大学出版社 2016 年版，第 36 页。
[2] 王新哲、孙星、罗民：《工业文化》，电子工业出版社 2016 年版，第 187 页。

进工业经济的发展。工业发展需要人的参与，也就会受到参与者头脑中的习惯性思维等观念的影响。在经济活动中，人们会根据头脑中的观念进行决策，从不同的行为中加以选择，于是，不同的观念就会把人们引向不同的活动，最后就会产生不同的结果。在人们的思想与价值观中，有一些想法和观念很适合工业的发展，比如企业家精神、工匠精神、劳模精神等实业精神，这些思想与价值观就是工业文化。反过来说，那些保守、懒散、贪图安逸的思想与价值观，对工业发展不仅没有帮助，反而可能会阻碍工业发展。

最后，工业文化的产品可以丰富人们的精神生活，愉悦人们的身心，满足人们高层次的精神追求。在工业带来生产力大发展的现代社会里，人们的生活不只是停留于物质的消费与享受，当吃饱穿暖以后，人们就会有更多闲暇去提升自我，追求精神上的消费与享受。工业文化的产品可以满足人们的这种需求。例如，对于家用电器，过去人们只要求实用，可以满足最基本的使用功能，但随着人们收入水平的提升，他们也会希望家用电器的外形更加美观，这就必须借助于工业设计了。再如，工业文学作品通过描绘人们的工业活动，可以传播企业家精神、工匠精神、劳模精神等价值观，鼓舞人们更好的投身于工作中，以巨大的勇气去面对生活。由于技术尚不够成熟、工业化时间过短等原因，现代工业发展也伴随着环境污染、社会失调等问题，那些揭露问题的工业文学作品也能够使人们正视工业社会的弊病，从而去寻求解决问题的办法，促使工业社会不断进步。

总而言之，工业文化对于塑造人们的社会生活、促进工业的发展以及满足人们精神世界的需求都有着重要的作用，是现代社会正常运转所不可缺少的"软件"。工业文化的这种重要作用，是人们了解与学习工业文化的意义所在。

拓展与延伸

价值观的不同作用

大航海时代掀开了世界近代史的序幕，在地理大发现中冲在最前列的葡萄牙与西班牙也成为了15世纪欧洲最富裕、最强大的国家。西班牙靠武力在美洲建立了庞大的殖民帝国，从美洲开采的白银被源源不断运回西班牙,让西班牙有钱去组建强大的军队,称霸欧洲。但是,当时的西班牙人不太看重劳动,一心追求的是战士的荣耀,从美洲运回的白银,又用来购买欧洲其他国家制造的产品了。西班牙人说:"让伦敦心甘情愿地织造她那些好织物;荷兰生产她的条纹布;佛罗伦萨制作她的衣服;西印度人缝制海狸皮和羊驼绒;米兰人织锦缎,意大利和佛兰德斯人纺亚麻线……只要我们的首都能够享用它们;唯一能确证的是,所有的国家都在为马德里训练技工,马德里就是议会中的女王,全世界都服侍她,她不服侍任何人。"马德里是西班牙的首都,从这段洋洋自得的话可以看到,当时的西班牙人不重视技术与制造业,等着用靠武力获取的白银去购买其他国家的工匠生产的产品。可是,白银总有匮乏的一天,当西班牙将白银大把大把地花完后,就没有其他创造财富的方式了,而那些重视劳动致富的国家,开始超过西班牙,最终在战场上也打败了西班牙。

在挑战西班牙的国家中,荷兰在17世纪取代西班牙成为了欧洲霸主。荷兰的工匠在纺织业、伐木业和造船业等方面实现了一系列创新。而荷兰人信仰的基督教新教,教导他们勤劳是一种美德。英国人威廉·配第如此描述荷兰人:"他们相信劳动和勤勉是自己对神的义务。"另一位英国人弗朗西斯·培根则说:"往往出现这样一种情况:'劳动比产品更宝贵',即工作和运输比原材料更宝贵,更能使一个国家致富,荷兰人就是明显的例子,因为他们有着世界上最好的地上矿藏。"培根说的"最好的地上矿藏"指的就是用劳动去发展制造业和贸易。1676年,罗马教廷的一位大使造访荷兰,称该国普遍的风俗是"挣钱多、花销少,其他的做法被认为是可耻的挥霍"。靠着勤劳与节俭,荷兰人迎来了一个黄金时代。可是,当荷兰成为欧洲霸主时,社会的价值观也开始出现变化。一个有危机感的荷兰人抱怨国家的统治阶层:"统治者不是商人,他们不去海上冒险,而是从房屋、土地和证券中获得收入,从而使海洋落入他人之手。"整个国家的风气也越来越追求安逸与享乐。果然,荷兰在与英国和法国的竞争中落败了。

摘编自严鹏:《富强竞赛——工业文化与国家兴衰》,电子工业出版社2017年版,第35—48页。

第二章
工业文化发展历程

人类自诞生之初就开始使用工具,就有了最原始的手工业,但是,人类真正进入工业社会的时间非常短,迄今为止还没有超过300年。在18世纪中叶的英国,爆发了一场悄无声息的革命,改变了人们的工作方式与生活方式,使人类历史跨入一个新的阶段,这一变革就被称为"工业革命"。工业革命不只创造了现代工业,还缔造了整个工业社会。由于工业具有生产力上的巨大优越性,从19世纪中叶开始,工业革命在世界上一个又一个地区扩散,所有希望实现富强的国家都努力拥抱工业文化,踏上了发展工业的征程。本章将简单勾勒工业文化的发展历程。

第一节 世界工业文化发展历程

世界各地的人们在步入文明社会以后,都发展出了制造各种生产工具的手工业,但是,以使用机器生产为特点的现代工业,却首先诞生于18世纪的英国,然后向全世界扩散。工业社会是现代工业创造的,工业文化的主体与核心是工业社会的文化。

一、工业革命的爆发

工业革命起源于 18 世纪中叶的英国。恩格斯曾这样评价英国的工业革命:"初看起来,革命的世纪并没有使英国发生多大变化便过去了。在大陆上,整个旧世界被摧毁,历时 25 年的战争净化了空气,而在英国,一切依然风平浪静,无论是国家还是教会,都没有受到任何威胁。但是,英国自上一世纪中叶以来经历了一次比其他任何国家经历的变革意义更重大的变革;这种变革越是不声不响地进行,它的影响也就越大……英国的革命是社会革命,因此比任何其他一种革命都更广泛,更有深远影响。"[①] 不同于政治革命,工业革命缺乏类似于攻占巴士底狱之类的戏剧性标志,因此很难精确地断定其起止日期。不过,大部分学者都同意,英国工业革命开始于 1750 年左右,到 1850 年前后,英国已经完成了工业革命,工业革命开始向其他国家扩散。

拓展与延伸

马克思、恩格斯在《共产党宣言》里对工业革命的描述

生产的不断变革,一切社会状况不停的动荡,永远的不安定和变动,这就是资产阶级时代不同于过去一切时代的地方。

资产阶级,由于开拓了世界市场,使一切国家的生产和消费都成为世界性的了……古老的民族工业被消灭了,并且每天都还在被消灭。它们被新的工业排挤掉了,新的工业的建立已经成为一切文明民族的生命攸关的问题;这些工业所加工的,已经不是本地的原料,而是来自极其遥远的地区的原料;它们的产品不仅供本国消费,而且同时供世界各地消费……过去那种地方的和民族的自给自足和闭关自守状态,被各民族的各方面的互相往来和各方面的互相依赖所代替了。物质的生产是如此,精神的生产也是如此。各民族的精

[①] 马克思、恩格斯著,中央编译局译:《马克思恩格斯文集》第 1 卷,人民出版社 2009 年版,第 87 页。

神产品成了公共的财产。民族的片面性和局限性日益成为不可能，于是由许多种民族的和地方的文学形成了一种世界的文学。

资产阶级，由于一切生产工具的迅速改进，由于交通的极其便利，把一切民族甚至最野蛮的民族都卷到文明中来了。它的商品的低廉价格，是它用来摧毁一切万里长城、征服野蛮人最顽强的仇外心理的重炮。它迫使一切民族——如果它们不想灭亡的话——采用资产阶级的生产方式；它迫使它们在自己那里推行所谓的文明，即变成资产者。一句话，它按照自己的面貌为自己创造出一个世界。

资产阶级使农村屈服于城市的统治。它创立了巨大的城市，使城市人口比农村人口大大增加起来，因而使很大一部分居民脱离了农村生活的愚昧状态。正像它使农村从属于城市一样，它使未开化和半开化的国家从属于文明的国家，使农民的民族从属于资产阶级的民族，使东方从属于西方。

资产阶级在它的不到一百年的阶级统治中所创造的生产力，比过去一切世代创造的全部生产力还要多，还要大。自然力的征服，机器的采用，化学在工业和农业中的应用，轮船的行驶，铁路的通行，电报的使用，整个整个大陆的开垦，河川的通航，仿佛用法术从地下呼唤出来的大量人口，——过去哪一个世纪料想到在社会劳动力蕴藏有这样的生产力呢？

摘录自马克思、恩格斯著，中央编译局译：《共产党宣言》，人民出版社1997年版，第30—32页。

英国工业革命又被称为第一次工业革命，是人类工业革命的第一波浪潮。工业革命最突出的特征是一大批技术发明涌现出来，使人类用机器生产代替了手工劳动，严格意义上的工业便由此诞生了。英国工业革命的技术革新最初发生在棉纺织业里，最早的发明实际上只是提高了效率和增加了产量，仍然是靠手工操作的。后来，出现了水力驱动的纺纱机，再后来，人们又尝试着靠蒸汽来驱动机器。因此，瓦特对蒸汽机的改良意义重大。在瓦特之前，英国人已经用蒸汽机从矿井里抽水，瓦特的改良使蒸汽机能从事更多的工作，这就使工业有了革命性的变化。由于这些靠水力和蒸汽驱动的机器体积庞大，人们不得不为它们单独搭建房屋，并把工人集中到机器旁边劳作，工厂就这样诞生了。而在从前的英国，人们通常在自己的家里纺纱织布或从事其他制造活动。为了精确地制造蒸汽机，瓦特必须使用被称为"机床"的机器，此后，机床的种类越来越多，使用范围越来越广，人们终于实现了用机器来制造机器，工业革命在英国就基本完成了。除了在工厂里用到蒸汽机外，人们还想办法把蒸汽机用到交通工具上，这就有了铁路和轮船的发明。铁路和轮船极大地缩短了旅行的时间，方便了人们的出行，也就使贸易往来更加便利，全球各地都被工业革命的新发明连结起来了。随着工业革命的爆发，英国社会也产生了新的价值观，现代意义上的工业文化逐渐形成了。

英国工业革命催生了工厂制度。工厂制度的出现，使传统工匠转变为现代工匠，也就是产业工人。工厂制度是一种集中管理的制造活动组织方式。蒸汽机的使用，使以工厂为组织形式的制造活动极大的克服了空间与时间的束缚。从空间上说，蒸汽机几乎不受自然环境与自然条件的影响，其设置所要面对的制约主要是燃料运输等经济成本，这就大大地扩展了制造场所的可选择范围。从时间上说，蒸汽机既不像水力和风力那样受季节和天气的制约，又不像人力和兽力那样很容易因疲劳而达到极限，可以保障较长时间不间断的工作，这就使制造活动在时间上也突破了限制。由于蒸汽机必须安置于工厂中，因此，制造业对于空间与时间的革命性征服，是由工厂制度实现的。制造活动的集中带来了对于劳动和工作的新的组织安排，而这种组织安排又体现于工厂对于制造活动时间的控制。在工厂兴起前的手工业中，劳动者通常就在自己家里从事制造活动，可以相当自由而随意地安排自己的时间。在工厂里，每一名劳动者必须与其他劳动者协作，为了将聚集在一起的众多劳动者安排妥当，工厂设置了劳动纪律，而纪律必然意味着劳动者不能随心所欲。

拓展与延伸

工厂制度对劳动者工作与生活的改变

19世纪中叶的一名爱好写诗的英国织工对比了进入工厂做工前后的生活变化，哀叹："那时我在一间小屋子里工作，眺望卢丹登教堂的院子。在午餐时分，我常常出去，漫步在四野和灌木林中，倾听着夏天的鸟儿的歌唱……有时，幻想着某个因失恋而痛不欲生的姑娘……对着无情的风哭泣。这种幻想激动了我，于是赶忙回家去写（诗）……但，一切都完了，我必须在喳喳的机器声中不断工作。"不断工作，这是蒸汽机带来的新的制造活动模式，也体现了工厂的纪律在很大程度上就是对制造者劳动时间的规划与控制。工厂的纪律通过文本化的规章制度得到确立。19世纪中期英国的一份报告摘录了当时一家工厂的规章制度中的部分条款：

"第一条：每天早上引擎开动10分钟后，工厂大门将关闭，此后直到用餐时间，任何织工不许入内。在此期间，任何织工如果不在场，将按每台织机3便士的标准扣其看管织机台数的工钱。

第二条：当引擎开动时，织工在其他任何时间如果不在场，将按每台织机每小时3便士的标准扣钱；如果织工未经工头允许离开房间，将从工资里扣3便士……

第九条：所有的梭子、刷子、油罐、纺车、窗户等，如有损坏，将由织工赔偿。

第十一条：任何在纱厂里的人员如果被看到互相交谈、吹口哨或者唱歌，将罚款6便士……

第十二条：杆盘每次坏掉要扣1便士……

第十六条：每台纺车损坏时，将视其规格罚款，从1先令到2便士至6便士。任何织工如果在工作时间被看到离开岗位，将罚款6便士。"

此处摘录的工厂规章，严格规定了织工的工作时间，对工作时间内织工的行为进行了严密的管控，并以扣钱和罚款作为规章落实的保障。这类规章制度不可能不引发仍然保留有农业社会制造业习惯的制造者的抱怨。然而，工厂兴起后，利用其技术与组织优势，在市场竞争中不断击溃着手工业。因此，尽管极不情愿，但从前手工业中的制造者为了生存，不得不进入工厂干活，也就必须接受工厂的纪律。

摘编自严鹏：《工匠革命：制造业的精神与文化变迁》，电子工业出版社2020年版，第46—47页。

二、工业革命的全球扩散

英国凭借工业革命成为了世界体系的霸主,向其他国家展示了工业对于富强的重要意义,这种示范效应使工业革命向世界各地扩散,由此形成了工业革命的第二波浪潮。欧洲大陆的比利时和法国,以及英国的前殖民地美国,都是除英国之外较早经历工业革命的国家。此后,随着德国完成统一,德国的工业革命进程后来居上。俄罗斯、中国、日本等国家也启动了各自的工业化进程。到20世纪初,美国和德国成功地撼动了英国"世界工厂"的地位。美国与德国工业的赶超,得益于两国工业技术与组织的创新。英国工业革命的发明有很多来自工匠的实践,但随着科学与工业日益紧密的结合,美国与德国取得了优势。在技术上,电的广泛运用,使工业发展有了新的动能,并通过电报与电话等新发明使人类的通讯方式发生了革命,进一步便利了人与人之间的沟通与交流。在组织上,大企业凭借规模效应带来的竞争力不断成长,大批量生产与大批量销售成为工业革命的新特征。凭借着对工业文化的坚守与创新,美国和德国的工业迅速崛起,令忽

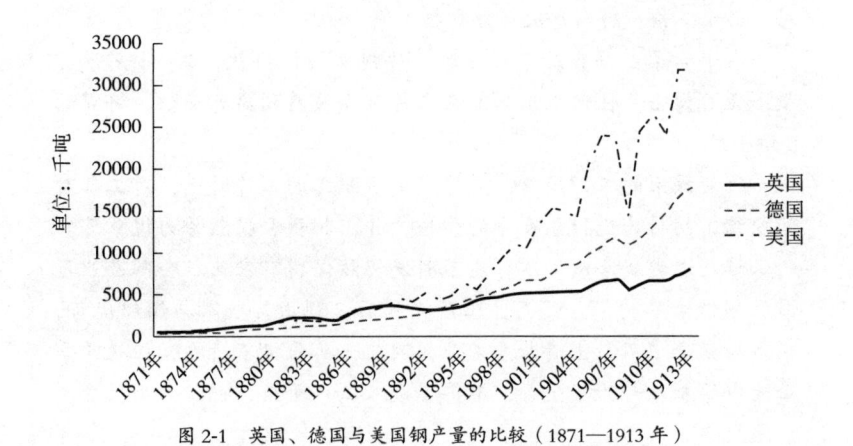

图 2-1 英国、德国与美国钢产量的比较(1871—1913年)

资料来源:整理自米切尔编,贺力平译:《帕尔格雷夫世界历史统计(美洲卷1750—1993年)》,经济科学出版社2002年版,第369页;米切尔编,贺力平译:《帕尔格雷夫世界历史统计(欧洲卷1750—1993年)》,经济科学出版社2002年版,第488—489页。

略了工业文化的英国相形见绌。钢铁是19世纪后期最重要的工业产品之一。图2-1为英国、德国与美国在19世纪末至20世纪初钢产量的变化，反映了三国工业竞争力的变动。

拓展与延伸

英国与德国教育的对比及其对工业发展的影响

在19世纪40年代，德国普鲁士的一位校长的生活被外国观察者描绘为："普鲁士的校长……能获得充分的支持。政府授予他这一职位，同时对他的行为也提出了要求。这个职位给他提供了房子和花园，鼓励他享受周围生活中的一切舒适，保证他准时拿到工资，规定每一个孩子所要接受的教育，要求所有适龄儿童都定期上学，还有一个严格的视察和监督体系。"与之相较，英国不仅缺乏义务教育，而且社会并不尊师重教，一位勋爵把校长描述成"*其他职业挑剩下的渣子*"。教师成为英国上流社会公开嘲笑与歧视的职业。1850年代，教师在英国的地位极其低下，一份报告公开宣称，教师这个职业不适于"进取心强、志向远大的年轻人"。

在19世纪的英国，学校课程仍然侧重于传统的古典教育，自然科学没有什么地位。英国科学家赫胥黎曾抱怨英国学校教育的落后："你不会学到一件你想学会的东西，离开学校后你会直接开始经营自己的生意……你或许会成为一个制造商，但是你却根本不能理解你的蒸汽机的工作原理或者所使用的原材料的性质。"但是，德国最强大的邦国普鲁士却建立了多层次的教育体系，既包括传统的文科学校，也包括以科学技术为导向的新式学校。1872年，一个英国代表团访问德国和瑞士后，发现这两个国家学习高级化学并在慕尼黑大学做研究的学生，比全英格兰所有大学和学院的化学学生的总和还多。1904—1905年，德国的大学每年授予差不多400名学生博士学位或研究生毕业证书，而直到1908年，全英国的大学和技术学院只有不到300名学生学习相关科学的四年制课程。1902年，英国大学里学习工程的学生有1433人，但德国仅6所顶级高校的工程专业学生就有7130人。1912年，德国11所理工专科学校每年毕业约3000名工程师，同一时期整个英格兰和威尔士对应的毕业生人数全部加起来才530人,而且这些人几乎没受过任何研究训练。

　　第一次世界大战爆发前,英国政府已经警觉,在特殊钢、机床和化工产品等战略物资方面,英国的制造能力与技术水平逐渐落后于德国,甚至依赖从德国这一竞争对手进口,严重影响到了英国的国家安全。

　　摘编自严鹏:《富强竞赛——工业文化与国家兴衰》,电子工业出版社2017年版,第92—94、122—124页。

　　作为一个前殖民地,美国一直存在着人口对比自然资源相对富余的比较优势,这种优势在19世纪尤为明显。为了解决劳动力相对不足的问题,19世纪初的美国一方面靠移民来补充人口,并向西部边疆扩张;另一方面靠劳动节约型机械发明的创新,来满足工农业生产需求。机械化是美国制造业演化的主线之一。1851年,美国军火制造商塞缪尔·柯尔特(Samuel Colt)对英国议会夸下海口:"没有什么是不能用机器造出来的。"尽管英国才是工业革命的故乡,美国的不少机械发明也是从英国引进的,但到了19世纪中叶,美国制造业的机械化程度已经令英国制造商刮目相看。以机械化为基础,美国企业发展出了一种在生产上以可互换零件为基础的标准化体系。这套体系具有鲜明的美国特色,是实现大规模生产(mass production)的基础,因此被英国人称为"美国体系"。到了20世纪初,美国的福特汽车公司将"美国体系"的优势发挥到了极致。

　　19世纪新兴工业强国的崛起与老牌工业强国的相对衰落,打破了资本主义世界体系的势力均衡,最后诱发了第一次世界大战。在大战中建立的苏联,以计划经济手段开辟了一条新的工业革命的路子,在短期内取得了巨大的成效,积累了日后对抗德国法西斯的部分物质基础。第二次世界大战结束后,在战争期间出于军事目的而发展出来的一些新技术,如航空航天技术、电子计算机技术、核技术等,在战后开花结果,推动了新的技术革命。与此同时,亚非拉国家纷纷独立,也推动了工业革命在地理上的新扩散,工业革命迎来了第三次大的浪潮。在20世纪后半期,除了老牌工业强国继续利用新技术发展外,最为成功的工业革命发生在东亚地区。对工业文化的执着与创新,令日本在经济上对美国急起直追。轿车是"二战"后最重要的耐用消费品,其生产与销售牵引了发达国家经济的发展。日本的丰田公司通过发展"精益生产"方式,在市场竞争中逐渐取得优势地位。图2-2 反映了日本轿车生产赶超美国的过程。

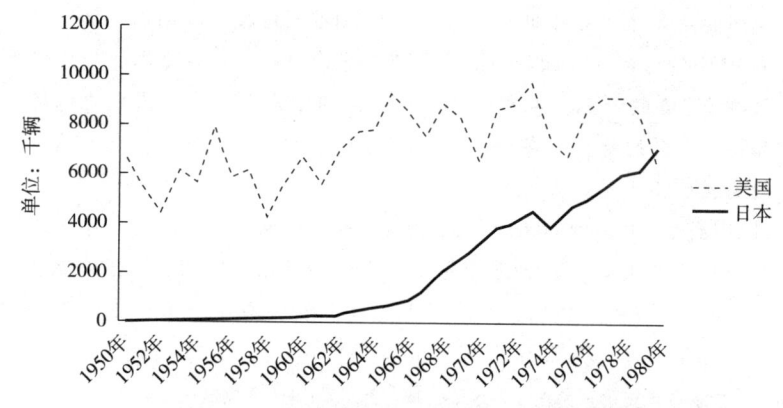

图 2-2 美国与日本轿车产量的比较(1950—1980 年)

资料来源:整理自米切尔编,贺力平译:《帕尔格雷夫世界历史统计(美洲卷1750—1993 年)》,第 403 页;米切尔编,贺力平译:《帕尔格雷夫世界历史统计(亚洲、非洲和大洋洲卷1750—1993 年)》,经济科学出版社 2002 年版,第 493 页。

第二次世界大战后,世界又出现了新的工业革命,工业化增加了信息化的新内涵。信息化体现为计算机工业的兴起,而计算机工业的发达又建立在半导体工业的基础上。芯片成为与蒸汽机、钢铁、汽车一样影响了世界历史进程的工业产品。芯片产业诞生于美国,最初由通信产业里的贝尔实验室提供了基本技术,但其产业化依靠的是德州仪器公司、仙童半导体公司等专门化的企业。德州仪器公司在一段时间里是芯片制造业创新的主要驱动力量,但到了 20 世纪 70 年代后,从仙童公司分化出来的英特尔公司成为了产业的领跑者,其优势地位一直持续到 90 年代。

拓展与延伸

20 世纪 80 年代半导体工业的全球竞争

微电子工业是作为一个纯美国的工业萌生的,所有创造这个工业的主要科学进展——晶体管、半导体芯片、大大小小的计算机——都是美国的发明。从20世纪50年代起，美国的半导体工业在世界市场上就处于霸主地位，当时半导体刚进入商业化应用，这种状态一直持续到20世纪70年代后期。在20世纪70年代中期，美国的半导体工业在世界市场上占有60%的份额，在国内市场上拥有95%的份额，在欧洲市场上占有一半的份额，但在日本市场上仅仅拥有1/4的份额。在那以后，半导体的生产在全球范围内都保持着持续上升的势头，在1987年其产值达到约300亿美元，然而这时的美国已不再是这股增长势头的带头人了。1987年美国半导体在世界市场上所占的份额已缩小到40%，同一时期内，欧洲的半导体工业处境也不大好，在世界市场上所占的份额在10年间从15%缩减至10%。而这10年间，日本半导体工业在世界市场上所占的份额几乎翻了一番，从28%增加至50%。

摘编自迈克尔·德托佐斯等署，惠永正等译：《美国制造——如何从渐次衰落到重振雄风》，科学技术文献出版社1998年版，第9、228—229页。

工业革命的本质是生产力变革。表2-1显示了18世纪以来工业生产力的变革与阶段。

表2-1 工业生产力的变革与阶段

技术和组织创新集群	经济支柱部门和其他主导部门	核心投入和其他关键投入	交通运输和通讯基础设施	管理和组织变革	繁荣时期	调整危机时期
工业机械化（水力）	棉纺织 铁制品 水车 漂白剂	铁 棉花 煤	运河 收费公路 轮船	工厂系统 企业家合伙制	1780—1815	1815—1848
工业和运输机械化（蒸汽）	铁路 铁路设备 蒸汽机 机床 碱业	铁 煤	铁路 电报 蒸汽船	合股公司与有责任心的手工工人签订再承包合同	1848—1873	1873—1895
工业、运输和家庭电气化	电气设备 重型机械 重化工 钢制品	钢 铜 合金	钢轨 钢制舰船 电话	专门人才管理系统 泰勒主义 巨型企业	1895—1918	1918—1940

(续表)

技术和组织创新集群	经济支柱部门和其他主导部门	核心投入和其他关键投入	交通运输和通讯基础设施	管理和组织变革	繁荣时期	调整危机时期
运输、民用经济和战争动力化机动化	汽车 卡车 拖拉机 坦克 柴油机 飞机 炼油厂	石油 天然气 合成材料	无线电 高速公路 机场 航线	大规模生产 消费 福特主义 层级制	1941—1973	1973—
国民经济计算机化	计算机 软件 电信设备 生物技术	芯片（集成电路）	信息高速公路（互联网）	内联网、局域网和全球网	未知	未知

资料来源：克里斯·弗里曼、弗朗西斯科·卢桑著，沈宏亮等译：《光阴似箭：从工业革命到信息革命》，中国人民大学出版社2007年版，第145—146页。

进入21世纪后，工业革命在全球范围内仍然如火如荼。一些人认为，一场新的工业革命已经到来了。例如，德国提出了"工业4.0"这个概念，表示人类正在进入第四次工业革命。这场新的工业革命的突出特征，是信息技术与工业的高度融合。尽管人们对新的工业革命的认识还存在分歧，工业领域的实践也不断改变着人们的看法，但是，各国政府都认识到，只有抓住新的工业革命的机遇，才能迎来新的发展，而这也是工业革命的历史给予我们的启示。

拓展与延伸

工业4.0

工业4.0这个概念是德国人在2013年汉诺威工业博览会上提出的，迄今缺乏统一的定义。一位德国作者认为："数年以来，工业界一直处于一场重大而根本性的变革之中。这一变革在德国被称为工业4.0。德国政府已经宣布工业4.0为其高科技战略之核心部分，旨在确保德国未来的工业生产基地的地位。变革的核心在于工业、工业产品和服务的全面交叉渗透。这种渗透借助于软件，通过在互联网和其他网络上实现产品及服务的网络化而实现。"另一位德国作者

> 则这样描述:"德国创造出了一个词叫做'工业4.0',定位于以蒸汽机、大规模流水线生产和电气自动化为标志的前三次工业革命之后的第四次工业革命。该理念意在通过充分利用嵌入式控制系统,实现创新交互式生产技术的联网,相互通信,即物理信息融合系统(Cyber-Physical System),将制造业向智能化转型。"他进一步解释称:"在'工业4.0'的理念中,产品本身就是生产过程中一个十分活跃的元素。这个理念也可以用'智能工厂'来解释,也就是说在这个工厂中,数字世界与物理世界无缝融合。"简单地说,工业4.0意味着传统上具有实体性的制造活动,被高度信息化了。
>
> 摘编自乌尔里希·森德勒主编,邓敏等译:《工业4.0:即将来袭的第四次工业革命》,机械工业出版社2014年版,第1—2、42—43页。

第二节　中国工业文化发展历程

从远古时代开始,中华民族就发展出了精湛的制造技艺,中国的手工业也就是传统工业,长期享誉世界。但是,由于种种原因,中华民族没有抓住第一次工业革命的历史机遇,被列强用坚船利炮敲开国门,从高附加值制成品输出国沦为低附加值原材料输出国。然而,中国的有识之士,为了国家富强,主动学习先进的工业文化,开始办工厂、修铁路,改变了中国的命运。中华人民共和国成立后,工业文化在中国得到了更大的发展,在自力更生的工业文化推动下,中国建立了完整的工业体系。改革开放后,中国的工业文化焕发新的生机,乘着市场经济与全球化的东风,"中国制造"重新风靡世界。

一、中国传统工业文化

中国古代是一个传统手工业大国,从很早的时候开始,中国生产的丝绸、瓷器等手工业制造品就享誉世界。连接东西方文明的丝绸之路,将中国制造的产品运往西亚、欧洲各地。大航海时代开启后,中国制造的产品销遍全球。古罗马人非常喜欢中国的丝绸,也只有贵族妇女才能够穿戴。中国的瓷器在18世纪风靡欧洲，带动了法国宫廷的时尚，对洛可可艺术风格的形成有很大影响。为了购买中国的茶叶与丝绸等产品，欧洲人支付了大量的白银。有学者估算，到了清代中期，中国的手工业产量份额占世界第一。

拓展与延伸

丝与茶：中国传统手工业的辉煌

丝绸产业曾长期为中国所独有。古罗马人并不知晓丝绸的生产原理，他们只能想象在遥远的东方有一个赛里斯国，那里的人从树叶上采集羊毛，织成丝绸，再通过中亚、西亚的一系列国家辗转卖到罗马。大诗人维吉尔（Vigile）在《田园诗》中这么形容赛里斯人："叫我怎么说呢？赛里斯人从他们那里的树叶上采集下了非常纤细的羊毛。"以博物学家著称的老普林尼（Pline L'Ancien）则说："赛里斯人，这一民族以他们森林里所产的羊毛而名震遐迩。他们向树木喷水而冲刷下树叶上的白色绒毛，然后再由他们的妻室来完成纺线和织布这两道工序。由于在遥远的地区有人完成了如此复杂的劳动，罗马的贵妇人们才能够穿上透明的衣衫而出现于大庭广众之中。赛里斯人本来是文质彬彬的，但在这件事情上却显得野蛮。他们不与别人交往，坐等贸易找上门来成交。"到了东罗马帝国时代，据说皇帝查士丁尼想要阻止罗马人从宿敌波斯人手中购买丝绸，于是，一些来自印度的僧侣将蚕卵从中国带到了拜占庭孵化成虫，并用桑叶喂养幼虫，从此以后，西方人也开始生产丝绸了。但是中国丝绸的高品质直到19世纪初仍吸引着外国商人。毛纺织业是18世纪英国制造业称雄欧洲的主导部门，1786年，英国毛织品已经在中国打开市场，但英国东印度公司称这些毛织品"无法与中国的丝织品竞争"。直到1821年，英国已接近完成工业革命，但在中国出售的英国棉纺织品全部售出亏损35%。当年西方国家从广州输入中国的纺织品仍以毛织品为大宗，共计3276692元，而从广州输出生丝1974998元、丝织品3015764元、南京布1317626元。

茶与丝一样，亦为中国特产。唐人陆羽著有《茶经》，称"茶者，南方之嘉木也"，并将中国人饮茶的历史上溯至神农氏。明朝人所著《茶疏》谓:"江南之茶,唐人首称阳羡,宋人最重建州,于今贡茶两地独多。阳羡仅有其名,建茶亦非最上,惟有武夷雨前最胜。"可见中国古人对各地所产茶叶多有品评。到了清代,江苏、浙江、安徽、江西、福建等省广泛种有茶叶。随着时间的推移,中国所产的茶叶,与丝绸等制造品一起,成为了世界市场上的畅销货。1720年,英国商船"埃塞克斯号"从广州启航,运回英国的货物有茶叶2281箱、110桶及202包,瓷器112箱及500捆,白铅260担,还有丝织品32箱。据估计,每箱茶叶不下250磅,评论者称:"显然,该项商品在中国贸易上又进一步占优胜的地位。"茶叶逐渐成为中国出口的最重要的产品,而西方人直到鸦片战争后才通过商业间谍了解到中国制茶工艺的奥秘,并窃取相关技术。

摘编自严鹏:《简明中国工业史(1815—2015)》,电子工业出版社2018年版,第19、23—24、34—35页。

但是,从先秦时代开始,中国就形成了重本抑末的经济思想。所谓"本",指的是农业,"末"指的是工商业。对于农业社会来说,重视农业本无可厚非,然而,抑制工商业的心态与政策造成了束缚生产力发展的负面影响。在传统重本抑末观念的支配下,朝廷对于发展手工业不重视,社会上也存在着轻视工匠的文化氛围。明朝初期,凭借着强大的造船能力,中国实现了郑和下西洋的壮举,但由于朝廷政策的转变,到明朝后期,制造大型海船的技术已经失传,而同一时期的西方国家开始了全球扩张。

拓展与延伸

清朝皇帝对待手工业的态度

康熙南巡至虎丘时,曾对侍臣说:"向闻吴阊繁盛,今观其风土,大略尚虚华,安侠乐,逐末者众,力田者寡,遂致家鲜盖藏,人情浇薄。为政者当使之去奢返朴,事事务本,庶几家给人足,可挽颓风,渐摩既久,自有熙皞气象。"清代江南的手工业与商业从农业吸引了大量劳动力,这本是江南作为中国经济中心的高度发展的表现,但在康熙眼中,却成了不务正业。雍正皇帝则对内阁大臣们说:"朕观四民之业,士之外,农为最贵。凡士工商贾,皆赖食于农,以故农为天下之本务,而工贾皆其末也。今若于器用服玩争尚华巧,必将多用工匠,市肆中多一工作之人,则田亩中少一耕稼之人。……朕深揆人情物理之源,知奢俭一端,关系民生风俗者至大,故欲中外臣民黜奢贱末,专力于本,人人自厚其生,自正其德,则天下共享太平之乐矣。"雍正希望市场中少一些工匠而田地里多一些农民,他认为这样才会天下太平。

摘编自严鹏:《简明中国工业史(1815—2015)》,电子工业出版社 2018 年版,第 32 页。

二、中国近代工业文化

出于种种原因,中国错失了工业革命的机会。而凭借着工业革命打造的坚船利炮,1840 年,英国对中国发动了鸦片战争,撬开了中国的国门。工业革命不只武装了英国的军队,还使英国制造的产品更加廉价。鸦片战争后,西方列强与中国签订了不平等条约,使中国丧失了关税自主权,列强的工业品在中国市场上更加容易销售,冲击了中国传统的手工业。一些有着悠久历史传统的中国手工业,因为在生产效率上不如西方使用机器生产的工业,逐渐走向衰落。但是,鸦片战争的战败只激起了清朝内部的林则徐、魏源等一小部分人开眼看世界,整个清朝的统治阶级仍然浑浑噩噩,没有意识到世界已经进入工业时代。

拓展与延伸

林则徐对西方工业力量的认识

鸦片战争令大清帝国遭遇了可耻的失败,也刺激了一部分有识之士开眼看世界。在战争中处于冲突最前线的林则徐,战后在被发配伊犁的路上,写信给友人总结战败教训,称:"剿夷而不谋船、炮、水军,是自取败也。"他详尽描述了当日中国陆上守军与英军舰队的技术差距如何导致战场上的劣势:"岸上之城郭庐庐、弁兵营垒皆有定位者也,水中之船无定位者也。彼以无定攻有定,便无一炮虚发。我以有定攻无定,舟一躲闪,则炮子落水矣。彼之大炮远及十里内外,若我炮不能及彼,彼炮先已及我,是器不良也。彼之放炮,如内地之放排枪,连声不断,我放一炮后,须辗转移时,再放一炮,是技不熟也。"因此,林则徐以为要打败英国人,须做到"八字要言":"器良、技熟、胆壮、心齐。"然而,林则徐感慨:"第一要大炮得用,今此一物置之不讲,真令岳、韩束手,奈何,奈何!"根据林则徐的描述,在当时的战场上,英国人驾着军舰与中国的岸上炮台对攻,然而,中国炮台每发一炮,英舰就能迅速闪躲,使中国军队的攻击落空,中国炮台则无法躲避英舰的轰击。更有甚者,英国的舰炮射程远远超过中国的岸炮,这使英舰能在安全的距离上对中国炮台发动攻击。痛定思痛,林则徐认为与英军对抗,首先就要有旗鼓相当的大炮,否则,即使有岳飞、韩世忠那样的良将,亦只能束手无策,徒叹奈何。林则徐已经直观地认识到了坚船利炮这一英国工业文化物质载体的威力,也就有了要引入这一文化的浅白认识,尽管这一引进还只停留在武器本身。这一思想,也就是魏源所总结的"师夷长技以制夷"主张。与林则徐相仿,魏源提出的建议是在广东办厂仿造西洋坚船利炮:"请于广东虎门外之沙角、大角二处,置造船厂一、火器局一,行取佛兰西、弥利坚二国各来夷目一二人,分携西洋工匠至粤,司造船械,并延西洋柁师,司教行船演炮之法,如钦天监夷官之例。而选闽粤巧匠精兵以习之,工匠习其铸造,精兵习其驾驶攻击。"遗憾的是,在当时的清帝国,林则徐与魏源的思想如空谷足音,应者寥寥。整个帝国,仍然沉浸在天朝的迷梦中。中国工业化的启动,迟到了二十年。

摘编自严鹏:《富强求索——工业文化与中国复兴》,电子工业出版社2016年版,第36—37页。

鸦片战争后,清政府面临着内忧外患的局面。一方面,太平天国起义沉重地打击了清朝的统治;另一方面,英国与法国发动的第二次鸦片战争,不仅一度侵占了北京,劫掠了圆明园,而且逼迫清政府签订了新的不平等条约。在镇压太平天国和对抗英法侵略的过程中,清朝内部的一批官员认识到了洋枪洋炮的威力，希望能够通过仿造洋枪洋炮来维护清朝的统治。这批官员被称为洋务派，他们中的代表性人物有曾国藩、李鸿章、左宗棠等，他们所从事的事业被称为"洋务运动"。1865 年，洋务派在上海创办了造枪炮与轮船的江南制造局，1866 年，又在福州创办了造轮船的船政局，这是中国工业化的开端。因此，中国的工业革命是从军工领域里兴起的，洋务派在不少地方都创办了学造洋枪洋炮的兵工厂。江南制造局与福州船政局培养了一批工业人才，还通过翻译西方的书籍，引进了西方的自然科学。真正意义上的工业文化由此在中国诞生。

后来，洋务派又在航运、煤矿、纺织等民用领域里创办了一批企业。为了给清政府计划修的铁路提供钢轨，洋务派官员张之洞还创办了汉阳铁厂，汉阳铁厂创办初期是当时亚洲最大的现代化钢铁企业。除了办工业，洋务派还建海军。一时之间，清朝看上去似乎成为了一个强国。

拓展与延伸

江南制造局与中国工业文化

1860 年，曾国藩在奏章中说"将来师夷智以造炮制船，尤可期永远之利"，次年，他就在安庆创办了安庆内军械所。其时，清廷已与英法议和，曾国藩在《复陈购买外洋船炮折》中称："况今日和议既成，中外贸易，有无交通，购买外洋器物，尤属名正言顺。购成之后，访募覃思之士，智巧之匠；始而演习，继而试造。不过一二年，火轮船必为中外官民通行之物，可以剿发逆，可以勤远略。"曾国藩的意见是，中国可以先从西方购买轮船与枪炮，然后寻访能工巧匠，试着仿造，这样不过一两年，西洋机器也就成为中国的寻常之物了。事后来看，曾国藩过于乐观地低估工业发展的难度了，但他的从引进到仿造的思路是正确的。而曾国藩也确实为安庆内军械所寻觅到了智巧之匠——徐寿与华蘅芳。1862 年 8 月，徐、华二人在安庆内军械所制成了中国第一台实用的蒸汽机，曾国藩观此"火轮船之机"试演后，在日记中难掩喜悦之情："窃喜洋人之智巧，我中国人亦能为之，彼不能傲我以其所不知矣。"要与洋人并驾齐驱，不能让洋人因为他们的技术优势而傲视中国人,这种自强之心是中国工业文化萌生之初即携带的基因,也是推动中国工业发展的持续性重要力量。在轮机制造的基础上,1862年底,安庆内军械所造出了一条小轮船。此后该所迁往南京,又于1865年造出了一条"长50余尺、每小时能行20余里"的木质轮船,曾国藩见了大为欣喜,赐名曰"黄鹄"。燕雀安知鸿鹄之志,"黄鹄"一名,清楚明白地显露了曾国藩推动中国工业发展的志向,而这一志向在当时的中国,也确实不被大多数人所理解。

对以曾国藩为首的洋务派来说,安庆内军械所和此后李鸿章创办的上海、苏州洋炮局,不过是小试牛刀,真正的工业大手笔是1865年创办于上海的江南制造局,而该局的创立与"中国留学生之父"容闳有直接关系。1863年,容闳进言想办机器厂的曾国藩,希望他不要办一个如安庆内军械所那样单纯的兵工厂,而"应先立一母厂,再由母厂以造出其他各种机器厂",这个"母厂"当系拥有"制器之器"的"机器厂",即"非专为制造枪炮者,乃能造成制枪炮之各种机械者"。对容闳的建议,曾国藩表示支持,并给了他极大的自由度出国购买建厂所需设备。而这家1865年设立于上海的机器厂,就是今天江南造船厂的前身江南制造局。

1868年,江南制造局造出第一艘轮船"恬吉号"后,曾国藩奏称:"查制造轮船,以汽炉、机器、船壳三项为大宗。从前上海洋厂自制造轮船,其汽炉、机器均系购自外洋,带至内地装配船壳,从未有自构式样造成重大机器、汽炉全具者。""恬吉号"则不然,"其汽炉、船壳两项,均系厂中自造,机器则购买旧者修整参用"。可见,曾国藩并不满足于像此前上海的外资企业那样只是组装进口零部件,而是要求江南制造局逐渐掌握完整的制造能力。更为可贵的是,曾国藩还认识到了科学原理与技术知识是制造能力的基础,积极促成江南制造局从事西方书籍的翻译活动。他称:"盖翻译一事,系制造之根本。洋人制器出于算学,其中奥妙皆有图说可寻。特以彼此文义扞格不通,故虽日习其器,究不明夫用器与制器之所以然。"所谓"制器之所以然",是指机器制造技术背后的理论知识,它是外在之技术转化为制造人员内在之能力的重要基础。而技术只

> 有成为能力的一部分，工业制造活动才具有可持续性。因此，曾国藩的认识相当具有远见。曾国藩的见解，与容闳的影响或有一定关系。据容闳自述，他曾于1867年趁曾国藩视察制造局时，"劝其于厂旁立一兵工学校，招中国学生肄业其中，授以机器工程上之理论与实验，以期中国将来不必需用外国机械及外国工程师"。据称曾国藩"极赞许"，并很快实施。于是，江南制造局不仅实现了为中国"制器"，还将"格致"——西方科学与技术知识——带入中国。可以说，江南制造局的创立，其"制器"与"格致"两个面向的展开，正是现代工业文化在中国萌生的具体体现。
>
> 摘编自严鹏：《富强求索——工业文化与中国复兴》，电子工业出版社2016年版，第41—52页。

然而，甲午战争暴露了洋务运动的弱点，日本打败中国后，逼迫中国签订的《马关条约》更加具有不平等性，并威胁到中国的工业化。因此，清政府开始鼓励民间投资工业，开办工厂的状元张謇成为社会的模范与榜样，荣宗敬、荣德生兄弟等一批企业家在市场上涌现出来。

> **拓展与延伸**
>
> **中国工业化初期遇到的文化阻力**
>
> 　　1853年，张謇出生于江苏海门常乐镇一个富农兼小商人家庭，屡受挫折后，1894年高中状元。第二年，清朝在甲午战争中败于日本，割地赔款，张謇为洋务重臣张之洞起草了《条陈立国自强疏》，阐述了发展工业以救亡的主张："世人皆言外洋以商务立国，此皮毛之论也，不知外洋富民强国之本实在于工。讲格致，通化学，用机器，精制造，化粗为精，化少为多，化贱为贵，而后商贾有懋迁之资，有倍蓰之利。"在张之洞的推动下，张謇回到家乡南通，办起了大生纱厂。张謇后来写道，他接受张之洞的委派筹办工厂后，"不自量度，冒昧肩承，中更人情久乖，益以商市之变，千磨百折，忍侮蒙讥，首尾五载，幸未终溃"。过去，儒生士人在中国一直是"士农工商"的所谓"四民"之首，更何况张謇这种状元，社会地位自然

尊崇，远远高于排在"四民"末位的"工"与"商"，办工厂对张謇来说就意味着自降身份，因此得不到当时国人的理解，受到不少非议、讥笑与侮辱。所以，张謇在追述其办厂历程时，如此写道："若謇之含垢忍尤，遭闵受侮，千磨百折，以成此区区工商之事者，其危苦独心喻之，固不能尽其百一也。"为了国家富强，张謇毅然决然地投身到了中国工业化的事业中。

荣宗敬、荣德生兄弟出生于无锡一个小康之家，虽都入过私塾，但很早就放弃了科举，而学习做生意。1900年，26岁的荣德生萌生了强烈的创业念头，"专心在做一新事业上着想。各种已有事业，无一不想"，开始看《事业》杂志、《美十大富豪传》等，并常到书店选"事业可观之书"。后来，兄弟俩开始在无锡办保兴面粉厂。当荣氏兄弟在无锡忙着建厂时，被地方绅士数十人联名告到了衙门，说荣氏私圈公地，又说建了工厂后，高烟囱会影响好风水，要求官方从速阻止建厂。幸好一位股东在官场有门路，此事最终被平息，荣德生与地方绅士和解了事。1901年底，保兴面粉厂急速将烟囱竖起，并于12月试车。然而，烟囱竖起来后，社会上即传出谣言，说"竖时用童男女祭造，方竖得起"。荣德生后来无可奈何地感慨："彼时风气如此，难怪反对有人也。"更有甚者，无锡著名的餐馆拱北楼的老食客，都是绅士，说什么"机器面粉不如土粉，不可用"，各点心店亦闻风附和，不买机器磨的面粉。于是，保兴经营了一年，虽没有亏损，但也没有盈余。不过，荣氏兄弟没有气馁，坚持将工厂办了下去，后来事业越做越大，成为近代中国的"面粉大王"与"棉纱大王"。

摘编自严鹏：《富强求索——工业文化与中国复兴》，电子工业出版社2016年版，第71—77、87—90页。

辛亥革命推翻了清王朝，1912年中华民国成立，1914年第一次世界大战爆发，西方列强放松了对中国市场的控制，中国的民族工业尤其是轻工业迎来了发展的春天。但随着战争的结束，中国的民族工业又开始承受压力。在当时的中国社会，尽管还有人反对中国发展工业，但工业化基本上已经成为很多人的共识。一些新的拥有一定技术能力的企业也开始兴起，比如范旭东经营的化工企业。1937年，日本发动全面侵华战争后，工业的重要性更是得到中国社会各界的广泛认同，一大批东部地区的工业企业搬迁到西部大后方，为支援抗战做出了贡献。

拓展与延伸

"以农立国"还是"以工立国"？

民国成立后的1920年代，中国出现了一批反对发展工业的知识分子，并在思想界掀起了一场"以农立国"还是"以工立国"的大论战。在第一次世界大战前，西方文明支配了全球，工业化的飞速发展看来将使人类进入一个持续进步的时代。但是，第一次世界大战打碎了这种幻觉。战争的残酷杀戮摧毁了不少欧洲人的自信心，而一直以来向西方学习的一部分中国人，也开始变得无所适从，由一味地推崇西方现代文明转向质疑、反思与批判。在这种氛围之下，反对由西方文明最先孕育出来的工业文化也就成为某些中国人的必然逻辑了。

一般认为，政治家章士钊的文章是这场大辩论的引子。1923年8月，章士钊发表了《业治与农》。在这篇佶屈聱牙的文章中，章士钊称第一次世界大战系"英德两国，为争工业之霸权，创开古今未有之大战局"，这证明了"当世工业国所贻于人民之苦痛何若，昭哉可观"，进一步说，"世界真工业制之已崩坏难于收拾也如彼"。在西方似乎已经表明工业文化危害极大之情况下，中国人要发展工业，在章士钊看来，实在"不智之甚"，且"未成为工业国而先受其习之毒"。章士钊的文章登出来后，立即有人撰文反驳。当年9月，孙倬章发表了《农业与中国》，10月，杨杏佛发表了《中国能长为农国乎》，皆对章士钊的观点提出了批评。而章氏于11月发表《农国辨》予以回应。在这篇文章中，章士钊从中国先哲老子的观点出发，区分了农业国与工业国的不同文化特质："农国讲节欲，勉无为，知足戒争，一言蔽之，老子之书，为用极宏，以不如此不足以消息盈虚，咸得其宜也。工国则反之，纵欲有为，无足贵争，皆其特质。事事积极，人人积极，无所谓招损。"应该说，章士钊对于农业国消极无为、工业国积极进取的文化特质还是把握得很准的，但是，他对于消极无为文化的推崇显然是有问题的。而他认为中国"乍经鸦片战争之大创，锐意维新"是"以犬羊之质，服虎豹之文"，最后只能"外强中干"，而西方工业文化经过世界大战后，"今也王气已收"，更不值得学习。

1923年10月，学者董时进发表了《论中国不宜工业化》，与章士钊的《业治与农》遥相呼应。不过，与章士钊不同的是，董时进的文章更具理性。首先，与章士钊一样，董时进也认为在当时的世界上，"工国运命，已濒厄境"。至于为什么工业国快完蛋了，董时进给出的解释是，世界市场是有限的，各国工业早已产能过剩，整个地球已无法再消化。基于这个极其简单的理由，董时进问道："中国处此工国多余之时，尚可工业化乎？"继而，他又指出，即使中国如德国之于英国那样成为一个"打倒他工业国"的"后进工业国之健者"，也需要两个条件：一为兵力，二为经济力。他再次悲观地问道："二者我有其一乎？"于是，中国既无必要工业化，也没有能力工业化。反过来，董时进认为农业的优点在于"能使其经营者为独立稳定之生活"，其弱点虽为"不易致大富"，却正好"可以补贫富悬殊之弊"。总之，他认为"有长远之农史、广大之农地、良善之农民"的中国就是应该发挥长处，而不要强行发展工业"与西人为我占劣势之竞争"。应该说，比起章士钊那些玄之又玄的理由，董时进的立论尚称正常。对于董时进的观点，中共早期领导人物恽代英发表了《中国可以不工业化乎》进行批驳。恽代英指出，农业所需的生产工具都是由工业提供的，而工业国有"进步的机器、伟大的工厂"，加工的农产品"成本低、成品良"，纯农业国无法与之竞争，势必使衣食所需依赖工业国，丧失独立自主。而且，中国作为农业国在与工业列强的贸易中处于不利地位，"入口超过出口将三万万元，则是总共有产生将三万万元之农人工人，俱为外国工业所压迫而至于失业，亦何怪国内军队土匪之充斥，而尚许农业为独立稳定之生活耶"。董时进认为工业国会产生失业等社会问题，农业国则不会，但恽代英指出这与当时中国的情况完全不相符合。总之，若不发展工业而只发展农业，中国将成为一个"永只得以原料供给其所谓母国"的殖民地，并"永只得销售其所谓母国之成品，而不得自己制造"，其结果将导致"母国之人经济上处处占取优势，而殖民地之土人，必至劳苦而不能自给"。恽代英的反驳可谓切中要害。

1939年岁末，经济学家周宪文在一篇文章中写道："农业国家，只有殖民地的前途，无法走上独立自主的道路，此所以目光尖锐的日本军阀的御用学者，曾经大声疾呼，主张'日本工业，中国农业，彼此合作，共存共荣'。存心出卖国家民族的汉奸，对他们讲了也无益，一切懂得'国家至上，民族至上'的爱国同胞，必须知道这是敌人要我们子子孙孙做他奴隶的阴谋诡计！到了今日，中国要想独立自主，中国人要想挺起腰来做'人'，就得不避艰苦，向工业，尤其是向重工业迎头赶上去，必知此，方可把中国从根救起。"当时，日本发动的全面侵华战争已持续近两年，国民政府退守西部大后方，东部地区大片国土沦丧，战争进入相持阶段。这时，后方知识界忽然又传出了"以农立国"的调子，周宪文见此不得不撰文批驳。然而，这一波以农立国与以工立国的论战已届这场大辩论的尾声，战争的残酷事实已经清楚地教育了大多数中国人：以农立国只会引来工业化强邻的入侵。日本侵略者的炮火为论战画上了句号。

摘编自严鹏：《富强求索——工业文化与中国复兴》，电子工业出版社2016年版，第105—108、125—126页。

三、中华人民共和国工业文化的发展

1949年，中华人民共和国成立，中国的工业化进入新的阶段。为了迅速改变中国近代以来长期积贫积弱的面貌，中华人民共和国采用计划经济的手段，将资源集中起来，优先发展具有基础性作用并与国防有直接关系的重工业。靠着自力更生、艰苦奋斗，中国的工业有了很大的发展，取得了举世瞩目的成就。在中华人民共和国工业化进程中，形成了"大庆精神""两弹一星精神"等优秀的社会主义工业文化，使中国初步建立起了门类齐全的完整工业体系，摆脱了对资本主义国家的经济依附。但是，在被封锁的环境下，受到计划经济体制的束缚，中国的工业化也出现过曲折，工业发展水平与世界先进国家相比仍有差距。

> **拓展与延伸**
>
> **1949年《中国人民政治协商会议共同纲领》的工业化蓝图**
>
> 第三条："中华人民共和国必须取消帝国主义国家在中国的一切特权，没收官僚资本归人民的国家所有，有步骤地将封建半封建的土地所有制改变为农民的土地所有制，保护国家的公共财产和合作社的财产，保护工人、农民、小资产阶级和民族资产阶级的经济利益及其私有财产，发展新民主主义的人民经济，稳步地变农业国为工业国。"
>
> 第三十五条："关于工业：应以有计划有步骤地恢复和发展重工业为重点，例如矿业、钢铁业、动力工业、机器制造业、电器工业和主要化学工业等，以创立国家工业化的基础。同时，应恢复和增加纺织业及其他有利于国计民生的轻工业的生产，以供应人民日常消费的需要。"
>
> 摘录自中共中央文献研究室编：《建国以来重要文献选编》第1册，中央文献出版社2011年版，第2、8页。

在计划经济时代，三线建设是中国工业化浓墨重彩的一笔。三线建设指的是，从1964年至1980年，中国在内地的十几个省、自治区开展的一场以战备为中心、以工业交通和国防科技工业为基础的大规模基本建设。三线建设的主要项目包括攀枝花钢铁工业基地、六盘水煤炭基地、成昆铁路、重庆常规兵器工业基地、陕西航空工业基地、酒泉钢铁厂、十堰第二汽车制造厂、德阳装备制造业基地等。

> **拓展与延伸**
>
> **三线建设中的艰苦奋斗**
>
> 在三线建设中，工业与交通部门的广大职工舍家为国，从东部的大城市来到西部的山区，无私奉献，形成了特殊的三线建设精神。例如，在修建成昆铁路时，某些外国专家断言"成昆铁路不能

修,就是修起了,不久也会变成一堆烂铁",但是,中国建设者不迷信权威,在大西南的复杂地质环境中,挖隧道,架桥梁,创造了全球铁路建设史上的奇迹。当时,铁道兵第五师承担的是攀枝花境内铁路的修筑,在施工过程中,官兵们吃苦耐劳,流汗流血,不少人献出了自己宝贵的生命。仅据攀枝花市民政部门所掌握的不完全数字,就有235名铁道兵战士献身攀枝花,用生命铸就了三线建设的丰碑!铁道兵第五师第23团所属的第11连战士刘体民,在塌方的生死关头,为了让战友早脱险,自己被埋80分钟才被救出。刘体民说:"我们不怕苦,是为人民不受苦;我们不怕死,是为人民得幸福!"正如那首脍炙人口的歌曲《铁道兵志在四方》唱的那样:

> 背上了那个行装,扛起那个枪,
> 雄壮的那个队伍浩浩荡荡。
> 同志呀,你要问我们哪里去呀,
> 我们要到祖国最需要的地方。
> 离别了天山千里雪,
> 但见那大海呀万顷浪,
> 才听塞外牛羊叫,
> 又闻那个江南稻花儿香。
> 同志们哪迈开大步呀,向前走啊,
> 铁道兵战士志在四方!
> 背上了那个行装,扛起那个枪,
> 雄壮的那个队伍浩浩荡荡。
> 同志呀,你要问我们哪里去呀,
> 我们要到祖国最需要的地方。
> 劈高山填大海,
> 锦绣山河织上那铁路网,
> 今天汗水洒下地,
> 明朝那个鲜花齐开放。
> 同志们哪迈开大步呀,向前走啊,
> 铁道兵战士志在四方!

> 与铁道兵战士一样，无数从经济发达的一、二线地区内迁三线的企业职工，为内地工业建设奉献了自己的青春与人生。例如，四川自贡的长征机床厂是北京第一机床厂一分为二入川建成的，用该厂领导顾金池的话说："从北京入川参加三线建设，如果没有公而忘私的精神，是难以办到的。"当时入川的800名干部职工，不少人生在北京、长在北京，从来都没有想到过要离开或会离开北京。而按当时的政策规定，不只是职工个人要上三线，全家都要随迁，时间上也很紧迫，通知下发3日内就要动身起程。在个人利益和国家利益发生矛盾的情况下，绝大多数职工都能做到使个人利益服从党和国家的利益。到达自贡后，在一片荒地上，职工们住的是两层架子床的集体宿舍，为加快建厂进度，经常每天工作12个小时以上。由于厂区条件差，没有吊车等设备，10多米长的钢屋架在露天地上焊接，每焊好一面还得靠人力翻一面，有时夜间焊完一面，就得将职工从睡梦中叫醒。在安装供厂区用的高压输电线路时，因为是野外作业，又适逢冬季，职工们常常冒着冰冷的雨雪，穿着湿漉漉的衣服干活。到了夜间没有电灯，就把厂里仅有的一辆小汽车开去，用车灯照明。没有卷扬机，就靠十几口、几十口人手拉电线。然而，条件虽然艰苦，大家却没有怨言，而把"为毛主席争光，为党和国家争光，为首都工人阶级争光"当作座右铭。
>
> 摘编自严鹏：《富强求索——工业文化与中国复兴》，电子工业出版社2016年版，第186—189页。

1978年改革开放以后，中国的工业化获得新的动力，乡镇企业与民营企业异军突起，国企改革不断深化。在社会主义市场经济机制引领下，中国工业在规模与总量上已经成为世界第一。在改革开放进程中，中国的工业文化也有了新的发展，形成了以"时间就是金钱，效率就是生命"价值观为内涵的"蛇口精神"等新的适应市场经济的工业文化，有力地推动了中国工业的崛起。

拓展与延伸

招商局：改革开放的"拓荒牛"

招商局是晚清洋务派创立于 1872 年的航运企业，新中国成立后成为交通部驻港企业。1978 年，交通部确定了招商局经营发展的战略，即以航运为中心进行多种经营，给予 5 年利润不上缴和 500 万美元贷款自主权的优惠政策，让招商局自我经营发展。不久，香港招商局常务副董事长袁庚提出利用香港的资金、技术和国内廉价的土地、劳动力的有利条件，创办工业区的设想。招商局的设想得到了中央的批准，设在深圳的蛇口工业区于 1979 年 7 月开始破土动工。蛇口工业区开发伊始，招商局就提出了"以发展工业为主"的方针。此后，又更完整地提出"三个为主"的方针："产业结构以工业为主、资金来源以外资为主、产品市场以外销为主"。因此，蛇口工业区成为了一块发展外向型经济的试验田。在早期投资项目中，雇工人数最多的企业为日本在中国开办的第一家独资企业三洋电机（蛇口）有限公司，1983 年总投资 4300 万港元，有职工 1017 人，到 1985 年 8 月，职工已发展到 3000 余人，厂内设有制造半导体、扬声器、彩色电视机和印刷线路版的生产线。三洋电机的大坪昌二 1984 年到深圳赴任，称当时"水、电等设施正在建设中，经常遇到因不能及时满足急剧增加的需要而发生的停电停水的现象"，以至于"从日本来的三洋本部的领导们在视察工程时竟因突然停电吓出一身冷汗"，而且那时"电话、传真都不能直通日本。传真是通过香港中转，而打电话必须到香港"。可见当时蛇口是在完全不具备工业发展基础的条件下进行建设的。但是，蛇口人喊出了"时间就是金钱，效率就是生命"的口号，以一种新的市场化的观念推进着工业区的建设。1982 年，蛇口工业区工业总产值 1603 万元，其中出口值 1106 万元，占比 69%，到 1985 年，该区工业总产值增至 76050 万元，出口值 54969 万元，出口值占比 72%。在极短的时间里，蛇口工业区形成了一种新的工业文化，并成为初具规模的工业出口基地。

摘编自严鹏：《简明中国工业史（1815—2015）》，电子工业出版社 2018 年版，第 231—233 页。

随着 2001 年中国加入世界贸易组织，中国工业的产品以"中国制造"之名重新畅销于全球。一批堪称"大国重器"的重大技术装备也取得了突破。但是，中国工业依然存在着大而不强的问题，不少核心技术仍然欠缺，具有国际竞争力的一流企业数量仍然偏少，在新时代仍然有着艰巨的发展任务。图 2-3 为 1980—2016 年中国初级产品与工业制成品出口值的比较。很显然，中国已经摆脱了对初级产品出口的依赖，成为了工业制成品生产与出口大国。但是，在新的国际形势下，中国工业的转型升级仍然任重道远，中国工业需要优良的工业文化来提升竞争力。

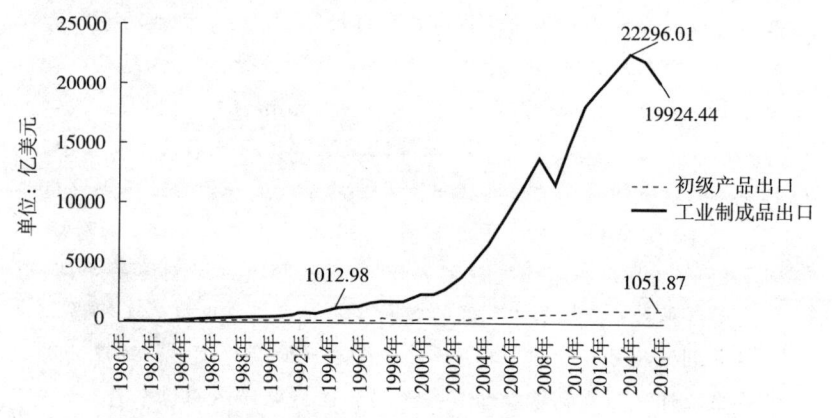

图 2-3　中国的初级产品与工业制成品出口值（1980—2016 年）

资料来源：整理自国家统计局贸易外经统计司：《中国贸易外经统计年鉴 2017》，中国统计出版社 2017 年版，第 520 页。

拓展与延伸

华为的成长

在改革开放后中国兴起的企业中，任正非创立的华为表现极为突出。1992 年，华为开发了 0.35 微米集成电路，研制成功了 CC08 大容量数字程控交换机。1996 年 8 月，华为在深圳开通了中国第一个商业网。1997 年，华为研制成功国产商用 GSM 数字蜂窝移动通信系统。在技术上不断取得突破的同时，华为的销售额也从 1993 年的 4 亿元增长到 1997 年的 41 亿元。在 1999 年华为公司内部的"创业创新"大讨论中，任正非对研发部门的会议表示"很兴奋"，指出："我们的国家和公司正在兴旺时期，只要自我批判的创新精神坚持下去，再过五至十年，你们在祖国的土地上、世界的舞台上就会站立起来。大家想一想，五六年以前……（华为员工）对交换机了解有多少？也就是用万用表在测量一台40门的小交换机……（华为员工）还不知道什么是交换机，那个时候是在什么困难条件下进行开发呢？事实上，公司几乎没有钱买仪器，买万用表……但是现在我们公司的交换机已经可以跟世界著名的公司在市场上进行较量了，在许多功能业务上比他们还多，只不过我们的质量还没有他们的稳定。"华为重视创新的企业文化赢得了回报。2016年，华为手机与OPPO、vivo、小米并称国产手机四大品牌，共同占据中国56.9%的市场份额。同年，中国积极参与5G标准的制定，华为Polar Code方案被确定为5G控制信道eMBB场景编码方案，标志着中国在通信基础技术方案影响力进一步增强。

摘编自严鹏：《简明中国工业史（1815—2015）》，电子工业出版社2018年版本，第366—367页。

第三节　工业文化新动向

工业具有革命性，工业社会仍然在向前发展，工业文化充满勃勃生机。自英国工业革命以来，现代经济的发展常常具有不可预测性，一种新技术的突破有可能颠覆既有的生产模式，进而带动社会组织的改变，在这个过程中，也会发生相应的文化变迁。因此，工业文化的未来充满各种可能性。但是，只要人类继续依赖工业进行物质生产，工业文化的前途就不可限量。工业的发展离不开技术创新，技术创新不仅通过工业自身的革命而影响到工业文化的发展，还直接改变着工业文化的形式与内容。例如，电影是工业技术创造的现代产业，本身就属于一种工业文化，而电影作为一种新载体，也赋予了工业文学等既存的工业文化以新的表现形式。因此，工业文化的前沿领域与工业技术的新动向密不可分。本节将简单介绍两种工业技术的新动向，作为认识当代工业文化前沿的一种参考。

一、智能制造

自 2008 年国际金融危机发生以来，随着物联网、大数据、云计算为代表的新一代信息通信技术的快速发展，以及与先进制造技术的融合创新发展，全球兴起了以智能制造为代表的新一轮产业变革。智能制造涉及内容十分丰富、领域非常广泛，目前国内外均处在探索阶段。智能制造具有较强综合性，不仅是单一技术和装备的突破和应用，而且是制造技术与信息技术的深度融合与创新集成，更是发展模式的创新和转变。

智能制造依托于智能装备，主要的智能装备技术包括传感器及仪器仪表、嵌入式系统、控制系统、人机交互系统、增材制造、工业机器人。传感器及仪器仪表是智能制造的基础技术和装备核心，因为在利用信息的过程中，首先要解决的就是获取准确可靠的信息，而传感器及仪器仪表是获取自然和生产领域中信息的最主要途径与手段。嵌入式系统是一种完全嵌入受控器件内部，为特定应用而设计的专用计算机系统，为控制、监视或辅助设备、机器或用于工厂运作的设备。作为智能制造技术的主要特征，信息化、自动化和智能化成为关键所在，而作为工业自动化技术的核心，控制系统在这场智能革命中将发挥重要的作用。随着计算机技术、通信技术和控制技术的发展，控制系统的结构已经从最初的计算机集中控制系统发展为第二代的分布式控制系统，以及现在流行的现场总线控制系统。人机交互系统是指计算机要理解人类的语言和动作。增材制造技术是通过计算机辅助设计数据，全程由计算机控制将材料逐层累加制造实体零件的技术，相对于传统的材料去除（切削加工）技术，是一种"自下而上"材料累加的制造方法，可实现许多过去难以制造的复杂结构零件的成形，大大减少加工工序，缩短加工周期。工业机器人是集现代制造技术、新型材料技术和信息控制技术为一体的代表性产品，涉及的关键技术包括传感器融合、人机交互、认知和学习系统、视觉理解系统、定位系统、移动和运动技术、抓取和操作、动力系统、机器人协同、纳米机器人及系统集成等。①

智能制造体现于智能工厂，智能工厂是以打通企业生产经营全部流程为着眼点，充分利用自动化技术和信息技术交互融合等新一轮高技术革命带来的新的解决方案，通过数据互通、柔性制造、人机交互、复杂系统及信息分析等手段，实现从产品设计到销售，从设备控制到企业资源管理所有环节的信息快速交换、传递、存储、处理和无缝智能化集成。②

其他的智能制造技术还包括智能服务、工业软件与大数据、工业互联网等。

二、虚拟现实与增强现实

虚拟现实，英文为"Virtual Reality"，简称"VR"，是当今的热门技术。从字面上很容易理解，这是一种打造引人入胜的虚拟现实环境的技术。虚拟现实技术依赖于相关的硬件设备，当前最主要的设备是头戴式显示器（简称"头显"）。头显是虚拟现实体验的核心部件，简单地说，通过戴上头显，人们可以在虚拟的世界中获得现实般的体验。头显视野范围宽广，基本涵盖了人类正常的视野范围，使人们可以忘记自己戴着设备，进而沉浸于虚拟世界之中。同时，头显还采用立体 3D 环绕技术，为两只眼睛分别提供了不同的成像，模拟现实中获取信息的方式，带来真实的 3D 深度知觉。头显通过置于用户前方的一个独立摄像头或激光扫描仪来追踪用户头部的位置，这个摄像头不仅可以收集现实世界中头部运动的信息，还可以作为控制输入使用，当用户前倾、后仰、左右或上下运动时，摄像头会将这些运动转化为控制输入信息。③目前，虚拟现实技术主要应用于游戏、娱乐、

---

① 辛国斌、田世宏主编：《国家智能制造标准体系建设指南（2015年版）解读》，电子工业出版社2016年版，第134、139、144、153、161、167页。

② 辛国斌、田世宏主编：《国家智能制造标准体系建设指南（2015年版）解读》，电子工业出版社2016年版，第175页。

③ 斯凯·奈特著，仙颜信息技术译：《虚拟现实：下一个产业浪潮之巅》，中国人民大学出版社2016年版，第4—5页。

影视等产业，该技术在军事、医疗和教育等领域也有着广阔的发展前景。一位作者这样畅想虚拟现实运用于教育的前景："VR 教室——无论是否有一间实体教室，孩子们都可以连接到网上虚拟教室。教室的环境可以是多种多样的，最好是对当天课程有所帮助的环境。孩子们可以在宇宙中的任何一个地方进行实地考察，或者去各种专门设计的教室学习。"①

增强现实，英文为"Augmented Reality"，简称"AR"，也是当今的热门技术。通俗地讲，增强现实可以理解为将影像叠加在现实世界中，从而提供相关方便功能或快乐体验的技术。例如，当采用增强现实技术评价家具布局方案时，当我们在室内举起平板电脑，虚拟的家具就会叠加显现在摄像机拍摄的影像上，从而可以对其大小、样式、布置等进行斟酌评判。增强现实的硬件设备也有头盔显示器，分为两种，一种是使用者只能看到计算机影像但无法看到外界的密闭型；另一种是两者都能同时看到的透视型。②增强现实目前主要也是在游戏、时装秀等休闲领域得到应用。

2021 年开始席卷全球的火热概念"元宇宙"（Metaverse），目前正处于起步阶段，其今后发展所依赖的起点性技术，就是虚拟现实与增强现实。

---

① 斯凯·奈特著，仙颜信息技术译：《虚拟现实：下一个产业浪潮之巅》，中国人民大学出版社 2016 年版，第 91 页。
② 藏田武志等著，刘继红等译：《增强现实（AR）技术权威指南》，电子工业出版社 2018 年版，第 33—34 页。

第三章
工业文化价值观

  狭义的工业文化是指与工业社会相适应的思想和价值观,这种意义上的工业文化又可以称为工业文化价值观,其核心是工业精神。所谓价值观,是指人们基于自身的追求对行为和行为结果进行评价的基本观点。人们在日常生活中总要在不同的行为之间做出选择,也一定会区分不同行为的重要程度,然后选择做那些被认为更加重要的事情。人们评判事情重要程度的一整套标准就是价值观。因此,一个人的价值观会影响人的成长,一个社会的价值观会决定社会的发展。工业文化价值观就是一些会影响工业发展的观念,突出体现在工业精神方面。工业精神是指在工业化过程中产生和发展,为工业生产活动提供深层次动力和支持的一种社会共同的价值观。[1] 在当下的中国,企业家精神、工匠精神和劳模精神是最基本的工业精神,它们分别对应的最主要的思想价值观念是创新与诚信、敬业与专注以及奉献与投入。工业文学是工业文化在精神层面的重要反映,甚至是工业文化的自我表达,往往宣扬了一定的价值观,故本章也对工业文学进行一个基本的介绍。

---

[1] 王新哲、孙星、罗民:《工业文化》,电子工业出版社2016年版,第233—234页。

第一节　企业家精神

人们在市场经济中每天都要和企业打交道。企业生产了人们生活需要的产品，当人们踏入社会后，大部分人要靠在企业里工作来谋生。因此，企业是市场经济的主体，也是工业社会里最普遍的经济组织。企业间的相互竞争是市场经济最基本的特点。企业需要人来经营管理，那些依靠创新带领企业赢得市场竞争的人就是企业家。在健康的工业社会里，企业家必须坚守诚信。企业家精神不仅是企业领导者必备的品质，也是工业社会里一种普遍需要的素质。

一、企业家精神的概念

工业发展是一种经济活动，任何经济活动都是由人在一定观念的指导下采取的行为。与一般的经济活动不同的是，工业发展是一种特别强调创新的行为。从本质上看，工业革命就是人类历史上的一次大规模创新。创新必须由一定的主体来实施，这一主体就是企业家，而企业家所具有的勇于创新的观念就是企业家精神。从经济学角度说，这是企业家精神这一概念的本义。

出生于奥地利后来移居美国的经济学家熊彼特（Joseph A. Schumpeter）是早期提出企业家精神的学者之一。熊彼特就把企业家精神视为创新的冲动与意志。值得注意的是，熊彼特区分了企业家与资本家。一方面，那些不从事创新的企业经营管理者，并不被熊彼特视为企业家；另一方面，在市场经济中，只要一个人有创新行为，不管其财力与地位如何，都被熊彼特界定为企业家。换言之，企业家是工业社会的一种职能而非一种特定的阶层。因此，企业家精神是一种工业社会的基本价值观和素养，而不是只存在于企业经营管理者身上。

拓展与延伸

熊彼特对企业家精神的论述

出生于奥地利的经济学家熊彼特是最早研究企业家精神的学者之一，在他的著作《经济发展理论》里，有不少关于企业家精神的论述：

　　我们把新组合的实现称为"企业"；把职能是实现新组合的人们称为"企业家"。

　　虽然在习惯了的循环流转中，每一个人能迅速地、合理地行动，因为他对于他的行为根据确有把握，并受到所有其他人的与这一循环流转相适应的行为的支持……但是，一旦他面临一种新的任务时，他就不能单纯只是这样去做……虽然他在自己熟悉的循环流转中是顺着潮流游泳，如果他想要改变这种循环流转的渠道，他就是在逆着潮流游泳。从前的助力现在变成了阻力。过去熟知的数据，现在变成了未知数。

　　典型的企业家，比起其他类型的人来，是更加以自我为中心的，因为他比起其他类型的人来，不那么依靠传统和社会关系；因为他的独特任务——从理论上讲以及从历史上讲——恰恰在于打破旧传统、创造新传统。

摘录自约瑟夫·熊彼特著，何畏等译：《经济发展理论》，商务印书馆2015年版，第85、91、105页。

自熊彼特之后，人们对企业家精神有各种各样的定义，但创新通常是不可或缺的关键要素。2017年9月8日，《中共中央、国务院关于营造企业家健康成长环境弘扬优秀企业家精神更好发挥企业家作用的意见》正式出台，明确指出当代中国优秀企业家精神的基本要求包括：爱国敬业、遵纪守法、艰苦奋斗、创新发展、专注品质、追求卓越、履行责任、敢于担当、服务社会等。

从晚清洋务运动开始，中国的工业化进程就涌现出了一大批具有企业家精神的担当者，推动着中国工业从无到有、从小到大的成长与发展。企业家精神是一个社会的稀缺资源，是经济可持续发展的动力源泉。

二、企业家精神中的创新与诚信

　　工业的发展总是体现为各种新奇的变化。取代手工劳动的机器被发明出来是一种新变化，在大地上修建前所未有的铁路是一种新变化，汽车代替了马车是一种新变化，智能手机淘汰了数码相机是一种新变化……新奇的变化无处不在，这就是工业社会最大的特点之一。在农业社会里也会有一些新的变化，但是，变化的速度和程度是远远不能和工业社会相提并论的。在一些农村地区，很多农具使用了上千年，基本上没什么式样上的变化。但在工厂里，新的机器设备不断被发明出来，功能和性能日新月异，并淘汰着旧的设备。这些新奇的变化就是创新。创新是工业社会的基本特征。

那么，创新是由谁来实现的呢？人们很容易想到的是科学家与工程师。技术上的发明创造的确往往是由科学家与工程师完成的，但是，一种发明能否推广开来，还需要经过市场的检验。有时候，一些技术上很成功的发明，或者因为不实用，或者因为成本太高，而没有办法广泛使用。从经济角度说，不能得到应用的发明就是不成功的。因此，发明和创新存在着区别。经济学家区分了发明与创新："发明是指首次提出一种新产品或新工艺的想法；而创新则是首次尝试将这个想法付诸实施。"① 创新是那些一定能给社会带来变化的新的创造。市场对于发明创造的检验要在交易中完成，消费者只有购买和使用了新的产品后，才能评判它是否具有生命力，才能决定创新是否成功。企业是市场交易的主体，所以，企业也是创新的主体。企业要靠向消费者提供新的产品和服务来实现创新。在企业中，对创新等活动进行决策的人是企业家，因此，创新是由企业家推动的。企业家是在一种观念的驱使下去推动创新的，这种观念就是企业家精神。反过来说，企业家精神的核心内涵之一就是创新。

熊彼特指出，经济活动中的创新有 5 种主要的形式：（1）采用一种新的产品；（2）采用一种新的生产方法；（3）开辟一个新的市场；（4）控制原材料或半制成品的一种新的供应来源；（5）实现一种工业的新的组织。② 这是对创新类型的经典阐述。为了实现创新，企业通

---

① 詹·法格博格、戴维·莫利等主编，柳卸林等译：《牛津创新手册》，知识产权出版社 2009 年版，第 5 页。
② 约瑟夫·熊彼特：《经济发展理论》，商务印书馆 2019 年版，第 76 页。

常需要将各种知识、能力、技能和资源组合起来，企业家就是负责组合各种必要资源的人。① 实现创新就是发挥企业家精神的过程，而发挥企业家精神依赖于企业家的品质。企业家的品质，在很大程度上是一种特殊的人格特质与心理状态。

首先，企业家必须有敢于打破常规的勇气。创新就是要去打破常规，而这恰恰需要勇气。常规是一种绝大部分人都会遵循的规则，而且行之有效，具有相当的合理性。在这种情况下，打破常规不仅需要自己在观念上能够突破既有的认识，还要面对别人的质疑乃至嘲讽，这就需要有勇气去迈出第一步。同时，创新其实具有高度的不确定性，也有很大的失败的风险，想要创新，也必须有去承担风险的勇气。因此，勇气是企业家最首要的品质，也是一切创新所依赖的心理基础。

拓展与延伸

"汽车疯子"李书福

中国民营汽车企业吉利的创办者李书福是浙江台州人，1979年在台州路桥做小五金生意，1984年开始为杭州的冰箱厂家做蒸发器配件，并成立了黄岩县石曲冰箱配件厂。冰箱厂下马后，1990年，李书福成立黄岩市吉利装潢材料厂，开发镁铝曲板装饰材料，1993年，该厂更名为黄岩市吉利（集团）公司。1994年，李书福进入摩托车行业。1996年，黄岩市吉利集团更名为浙江吉利集团公司。就在那一年，李书福决心造汽车。当时，出于政策等各种原因，民营企业造汽车被认为是不可能的事情。1997年，李书福收购了四川德阳一家濒临破产的国有汽车工厂，取得了进入汽车行业的资质。1998年，吉利依靠钣金工模仿天津夏利车型，手工敲打出了第一款"豪情"牌两厢车。李书福大胆地说："造汽车有什么难的，不就是摩托车再加两个轮子吗？"正是凭借这种豪情，吉利闯入了几乎被合资企业垄断的轿车工业，并逐渐成长为中国汽车工业最具竞争力

---

① 詹·法格博格、戴维·莫利等主编，柳卸林等译：《牛津创新手册》，知识产权出版社2009年版，第5页。

的企业之一。《彭博商业周刊》(中文版)以生动的特写记录了这一段历史:"2001年12月央视财经频道《对话》的一期节目上,李书福担任主宾,联想控股董事长柳传志在台下担任嘉宾,当柳传志听到坐在台上的李书福说要自己造汽车时,他觉得很可笑,当即就给李书福起了个外号叫'汽车疯子'。2018年2月的一次企业家论坛上,柳传志感慨道,17年前他看错了李书福,他说:'今天"疯子"怎么了?买了沃尔沃,今天又成了奔驰的大股东,这不是给中国企业家长脸吗?'"而李书福本人的一句话对企业家精神有着接近于经典理论的诠释:"什么叫创新,就是人家都反对你还坚持去做。如果你和大家的观点一致,这叫创新吗?"

摘编自严鹏:《改革开放与中国工业崛起的机制及问题》,彭南生、严鹏主编:《工业文化研究》第2辑,社会科学文献出版社2018年版,第21页。

其次,企业家必须有坚韧不拔的毅力。有勇气去创新只是迈出了第一步。但是,创新要取得成功,往往需要付出极大的努力,这就需要有坚韧不拔的毅力。大多数人之所以接受常规,正因为创新是艰难的,是必须持续投入的,而这种投入可能会经历非常久的时间才有回报。工业领域内的创新尤其如此。在这样一种长时间付出与投入的过程中,坚韧不拔的毅力就成为维持付出与投入的心理基础。因此,毅力是企业家的重要品质,使勇气能够贯穿于整个创新过程。在中国工业化进程中,爱国主义也一直构成企业家精神的重要内核。中国的工业化是在西方列强坚船利炮的刺激下开启的,追赶世界先进,实现民族复兴,也就成为了中国工业化强大的精神动力。爱国主义的高尚情感推动着一批又一批中国企业家为中国的工业发展而不懈奋斗。

拓展与延伸
大连光洋研发高档数控机床

大连光洋创立于1993年,最初并不从事机床制造。公司董事长于德海在接受采访时解释了进军机床行业的原因:"国外卖给中国的高档机床,在机床样本的后面都有这样一句话:该产品受政府管制,不得用于航空航天、军事、国防。这些机床都带有定位装置,你买来以后做什么产品、放在什么位置，都在人家的眼里。如果日后机床要移动位置，必须要向人家申请，由国外派人来给你移动……这个事情对于中国技术人员来说，是一个很大的刺激。我用钱买你的东西，为什么还要受你限制？有时我对员工讲，这就好比我家里有两个炉灶，我到商店买了一口锅，商店说这口锅只能在其中一个灶上用，在另一个灶上用就不行。购买高档机床对我们的限制，往小里说是侮辱人，往大里说是侮辱一个国家。"面对这样的刺激，于德海下定决心要研发中国自己的数控系统，他说："我想，任何一个有良知的中国技术人员都会被这种方式激起骨子里的一种热情，就是一定要研发出自己的数控系统。我们为什么要搞数控系统，这是一个很重要的原因。一个国家，尤其像中国这样一个大国，不能没有自己的高档数控系统，也不能没有自己的高档数控机床。什么是动力？这就是动力。"经过努力，大连光洋已经具备自主制造高档数控机床的能力，其产品广泛供应国内军工企业与先进制造业企业。

摘编自严鹏：《富强求索——工业文化与中国复兴》，电子工业出版社2016年版，第219—220页。

最后，企业家必须有将知识转化为创意的能力。创新意味着打破常规，有时候，天马行空的幻想和突然而至的灵感，对于创新有非常重要的作用。但是，在现代工业社会里，在大多数情况下，创新必须建立在既有知识的基础上。既有知识属于常规的一部分，因此，光具备既有知识还不够，必须有能够将既有知识转化为创意的能力，才能够实现创新。将知识转化为创意的能力可以经过有意识的系统训练来培养，关键就在于要勤于学习与思考，能够形成知识的迁移能力。创新不是无源之水、无本之木，将既有知识转化为新创意的能力是创新的实际条件。

拓展与延伸

中国高铁的自主创新

高铁被誉为中国的一张"国家名片"，也是中国工业自主创新的重要体现。高铁，是高速铁路的简称，在不同的历史时期，"高速的数值表征不尽相同。1964年10月，世界上第一条真正意义的现代高速铁路日本东海道新干线建成运营。国际铁路联盟将高速铁路定义为："是指通过改造原有线路（直线化、轨距标准化），使运行速度达到200公里/小时以上，或者专门修建新的'高速新线'，使运行速度达到250公里/小时以上的铁路系统。"2000年，中国铁道部在颁布的《铁路主要技术政策》中，明确了"在经济发达、客流集中的运输通道，修建速度300公里/小时左右的高速铁路"。从实际应用情况看，较为公认的是国际铁路联盟的分类标准。

早在20世纪90年代初，当铁道部有意建设高速铁路时，与之配套的高速列车的研制工作就被提上议程。2000年，研制时速270公里的高速列车"中华之星"被列为国家项目，参加单位有中国南车集团的株洲电力机车有限公司（简称"株机厂"）、青岛四方机车车辆股份有限公司（简称"四方厂"）、株洲电力机车研究所有限公司（简称"株洲所"）、中国北车集团的大同电力机车有限公司（简称"大同厂"）、长春轨道客车股份有限公司（简称"长客厂"）以及铁道科学研究院等单位。中国南车与中国北车后来合并为中国中车，但此时还是两家独立的央企。2000年9月21日，"中华之星"在株洲下线。由于种种原因，2003年之后，中国开始以引进技术的方式加快高铁发展。当时，铁道部明确了南车集团四方公司和北车集团长客公司作为引进动车组技术的两家企业，对此表示浓厚兴趣的企业则有"日本大联合"（由川崎重工、三菱电机、日立等企业组成）、德国西门子公司、法国阿尔斯通公司和加拿大庞巴迪公司。铁道部采取了竞争性谈判的方式，南车集团选择了日本企业，阿尔斯通与北车集团长客公司合作，在铁道部的撮合下，西门子公司则与北车集团的唐山机车车辆有限公司（简称"唐车公司"）合作，由此确立了中国高速列车的技术来源。

技术引进确实在短时间内使中国的高铁技术得到大幅度提升，然而，中国高铁能够在技术引进的基础上迅速实现跨越式发展，得益于由国家经数十年打造的工业体系，也得益于此前自主研制"中华之星"等探索。起初，日本川崎重工在E2-1000型动车组的基础上，将6辆动车降至4辆动车，再转让给南车集团四方公司，这就是 CRH2A 动车组。因此，CRH2A 的技术模式基本上就是从日本引进的，中方的工程师参加的联合设计仅是针对中国铁路不同于日本的某些界限或环境特点而进行的适应性改进。四方公司的 CRH2B 型在 CRH2A 型 8 辆车编组的基础上改为 16 辆编组，CRH2C-1 型则是在 CRH2A 型的基础上将 8 辆编组中的 4 辆动力车改为 6 辆动力车，从而具备了提速到时速 300 公里的动力。这些改进都是南车自行设计完成的。原中国南车集团总经理赵小刚回忆："事实上，CRH2A 型电动车组的引进主要集中在制造技术上，日方对设计技术是讳莫如深的，一批批的中方技术人员到日本学习，当问及设计问题时，日方一般都闭口不答。实际上，我们了解日方的设计理念、原则和方法，主要是为了弄清楚我们与他们到底有什么不同而已。"后来，CRH2C-1 型电动车组在武广高铁上进行了拉通试验，列车车体承受了巨大的气动压力，根据实测数据，四方公司的设计人员针对日本车的弱点对车体铝合金结构和隔音、减震、降噪技术进行了颠覆性设计，有效解决了引进车型车体共振和气动变形过大的问题，对牵涉安全的关键部件转向架也进行了创新设计，使改进后的 CRH2C-2 型与引进的 CRH2A 型完全不同了。2008 年 2 月，科技部、铁道部联合立项，共同组织研发、运营时速为 380 公里的新一代高速列车，并将其型号定为 CRH380A，由南车集团研制。赵小刚介绍 CRH380A 的技术来源时称："具体来说，技术的四大组成部分中，设计技术、试验技术是本土研发的；制造技术是引进技术的延伸，针对中国大批量生产的特点做了较大的改进与创新；服务技术本打算从日本铁路公司引进，但因价格太高作罢，所以绝大部分技术是自生的。"因此，中国高速列车的研制，确实将技术引进与自主创新结合起来了。

摘编自严鹏：《简明中国工业史（1815—2015）》，电子工业出版社 2018 年版，第 349—353 页。

除了创新之外，诚信也是企业家精神的核心之一。社会是由人与人之间的交往关系构成的，市场经济下的经济行为也可以视为一种互利的交往，这是市场机制赖以存在的基石。诚信的重要性在于，它使交往关系中的人们的利益都得到保障，从而使人们愿意将交往关系持续下去。对企业来说，它与客户或消费者之间的主要交往关系，就是其产品出售并实现价值的过程，也就是企业生存的基础。只有当企业坚守诚信时，它与客户或消费者之间的交往关系才能反复发生并长期维持，从而在确保客户或消费者权益的同时，为企业自身带来生存所需的利润。尤为重要的是，企业必须克服使客户或消费者利益受损的短期获利行为的诱惑，构建能使企业长期获得回报的关系。因此，企业家精神中也包含了诚信这一重要的价值观。

从更高层面说，诚信有助于构建具有高信任度氛围的文化，从而促进一个社会的经济发展。福山指出："对于塑造着社会的工业经济的本质，社会资本有着深刻的影响。如果在同一行当中工作的人们因为共同遵守的道德准则体系而互相信任的话，那么商业成本就会降低。这样的社会更能够在组织结构上实现创新，因为高度信任使各种社会关系得以形成。"[1] 个人的诚信是社会信任度的基础，企业家由于其特殊的身份，在构筑社会信任度的过程中起着重要的作用。因此，诚信是重要的企业家精神。

拓展与延伸

鲁冠球把退货产品当废铁处理

中国民营企业家鲁冠球在改革开放初期创办的杭州万向节总厂，创业时只是一个7人的铁匠铺，资产才4000元。在激烈的市场竞争中，靠着"以丰补歉"的忧患意识和"未雨绸缪"的超前意识，企业规模不断扩大。该厂产品万向节是汽车所用易损零部件，早在1980年，一些国企就因进口车型的万向节批量小、利润薄、工艺复杂，而不愿生产。但是，鲁冠球利用这一形势，进入该行业，使自己的工厂成为独家生产进口汽车万向节的企业。他回忆了早期生产万向节克服的困难："没有图纸、样品，就派人到各地，同开进口车的驾驶员商量，从车上把万向节拆下来，连夜画好图纸，天亮以前再把万向节

---

[1] 弗朗西斯·福山著，郭华译：《信任：社会美德与创造经济繁荣》，广西师范大学出版社2016年版，第30页。

装上。等产品试制好后,免费赠送使用,再根据用户的意见改进、提高。就这样共生产了70余件进口车型万向节,填补了国内市场空白,使进口汽车万向节国产化,赢得了用户。小批量进口车万向节的销售,也带动了大批量国产车万向节的销售。"当时,对起点较低的中国企业来说,向国外出口产品不一定具有经济性。鲁冠球回忆:"如我厂首次向美国出口的万向节,不仅规格特殊,工艺复杂,费工、费时,而且产品质量要求严格,时间要求紧,废品率和成本都很高。在价格上,每套产品的外销价比内销价要低7~8元。以20万套计算,利润就要减少150万元。可见出口越多越不合算。"因此,该厂领导班子在出口问题上"经过好一番争论,才逐步统一了思想认识"。而由于当时该厂生产的万向节连国内市场都供不应求,一些人也认为出口战略风险大,是"肥肉不吃啃骨头"。鲁冠球执意出口的动机,在他1986年写的文章里得到了阐明:"我国汽车的年产量为40万辆,保有量为300万辆,万向节的国内市场已趋饱和,而日本、美国的年产量是1000万辆,光美国的轿车保有量就达1亿6000万辆。所以,最根本的出路是扩大出口。而且,我认为,赚外国人的钱才是真本事。"事实上,鲁冠球通过出国考察,发现国外企业虽然技术先进、自动化程度高,但支付工人的工资相对也高,而"我们在生产手段上落后于他们,但工资、费用和产品的综合成本比他们低,而且他们有些产品的质量并不比我们高,是完全可以竞争一番的"。

不过,出口绝非坦途。鲁冠球逐步意识到:"产品要到国际上去闯荡,必须具有竞争力,最根本的是要靠质优价廉。而要使产品质优价廉,就必须着眼于企业内部,完善各项工作,提高企业整体素质,练出真本领。"为此,他采取的措施包括:(1)推行现代化管理,包括做好标准化和计量工作,推行全面质量管理等。在1980年企业自我整顿时,该厂把已发到用户手中的3万套不合标准的万向节全部退了回来,开现场会,当作废铁卖掉,损失43万元,震动了职工,提高了他们的质量意识,也赢得了用户的信任。(2)努力提高职工素质。该厂于1980年改革了招工制度,凡进厂职工都要求达到高中或初中毕业文化程度,对在厂职工也采取了多渠道方法提升素质,如输送代培大学生、商调引进工程技术人员、联办职业班、自办职工业余技术学校和电大班等。(3)加速设备的更新改造。从1980年起,该厂每年把税后利润的80%用于更新设备,同时不惜重金请吉林工大等单位专门设计了用电脑控制的万向节磨损、静扭、疲劳试验台,以有效地控制和保证产品的内在质量。

而在市场中遭遇的挫折,则被鲁冠球豪迈地视为"缴学费"。1984年,杭州万向节总厂的产品首次批量出口美国,由于职工操作一时不能适应,产量上不去,结果出口1万套亏损10万余元。次年,美商要求该厂增加生产10个样品,却没有图纸,实际试制时间也只有1个月。该厂为了取得国外用户的信任,组织力量如期如数出口。企业职工在这个过程中经受了一次锻炼,用鲁冠球的话说:"生产规格特殊的出口产品无疑是对职工的技术素质进行一次'考试';工艺复杂要求高是对职工质量意识的'再检验';交货时间短可以进一步改变我们农民职工队伍自由散漫、不重时效的'老习惯'。"正因为鲁冠球主动让企业通过出口在国际市场上"见世面、受锻炼",杭州万向节总厂成长壮大,由1984年出口万向节1万套,发展到1990年出口72.71万套,成为中国汽车零部件行业出口创汇大户,并最终成长为具有世界竞争力的跨国企业。无论是把退货产品当废铁处理,还是按合同规定亏本生产出口产品,都体现了鲁冠球的诚信,而这种为客户利益着想的诚信,最终使鲁冠球自己的企业赢得了发展。

摘编自严鹏:《简明中国工业史(1815—2015)》,电子工业出版社2018年版,第253—255页。

第二节　工匠精神

在陕西历史博物馆里陈列的秦朝兵器上,刻着制作兵器的工匠姓名,这就是中国古代的"物勒工名"制度。《礼记》中的《月令篇》记载:"物勒工名,以考其诚,工有不当,必行其罪,以究其情。"[1]

---

[1] 工业和信息化部工业文化发展中心:《工匠精神——中国制造品质革命之魂》,人民出版社2016年版,第9页。

意思是说，工匠必须把自己的名字刻在自己制作的产品上，一旦产品发现问题，就要追究该名工匠的责任。可以想象，靠着这样严格的制度，秦国的工匠们兢兢业业地打造出了优良的兵器，使大秦的军队所向披靡，统一了天下。"物勒工名"体现的就是中国传统的工匠精神。在今天的工业文化中，工匠精神是工业精神重要的组成部分，是劳动者最基本的工作态度，因而也是工业社会一种具有普遍意义的品德。

一、工匠精神的概念

在生活中经常可以听到"工匠精神"这个词，究竟什么是工匠精神呢？人们对工匠精神有不同的表述。有的人指出，工匠精神倡导的是一种理念、一种态度、一种行为方式，甚至社会价值观："工匠精神体现在制造业的诠释，是指某个领域的精专深化，当工人们注之以精湛的专业技能、敬业的态度、追求完美的执着，既尊重生产规律又敢于创新……如此生产的产品之可贵处就不仅仅在于物品的使用价值，更有工人融入其中的精神价值。"[1] 有的人则认为，工匠精神是工匠对自己生产的产品精雕细琢、精益求精，追求完美和极致的精神理念："工匠精神是一种态度、一种信仰、一种追求、一种品质、一种财富；工匠精神也是一份挚爱、一份专注、一份坚持、一份执着、一份诚信。它是一种对工作精益求精、追求完美与极致的精神理念与工作伦理品质，包含了严谨细致的工作态度，坚守专注的意志品质，自我否定的创新精神以及精益求精的工作品质。"[2] 因此，工匠精神就是一种人们在工作中所持有的态度。

拓展与延伸

秦国的工匠精神

春秋战国时代，中国分裂为众多诸侯国，地处西陲的秦国在漫

---

[1] 工业和信息化部工业文化发展中心：《工匠精神——中国制造品质革命之魂》，人民出版社 2016 年版，第 3 页。
[2] 王新哲、孙星、罗民：《工业文化》，电子工业出版社 2016 年版，第 245—246 页。

长的兼并战争中不断壮大，最终一统天下。秦国的成功既归因于商鞅变法，又离不开精良兵器的供给。而秦国实行的物勒工名制度，保证了兵器制造的质量。所谓物勒工名，《吕氏春秋》在论述"孟冬之月"时曰："是月也，工师效功，陈祭器，按度程，无或作为淫巧，以荡上心，必功致为上。物勒工名，以考其诚。工有不当，必行其罪，以穷其情。"学者对"物勒工名，以考其诚"作的注解称："物，器也。勒铭工姓名著于器，使不得诈巧，故曰以考其诚。梁玉绳曰：'后世制器镌某造，盖始于秦。'"意思是，从秦国开始，中国就有了让工匠把名字刻在自己制造的产品上的制度，而这项制度便于对产品质量进行追责，令工匠不敢弄虚作假。至于"工有不当，必行其罪，以穷其情"的注解则为："不当，不功致也，故行其罪，以穷断其诈巧之情。"意思是，工匠制造的产品如果质量不好，就是工作没有尽力，要判定其有罪，用这种惩罚机制来断绝工匠敷衍作假念头的产生。因此，物勒工名是一种严格乃至严酷的质量保障制度。

商鞅变法以后，秦国建立了严密的法律体系，用来管控社会。物勒工名制度也是通过法律来确保其有效性的。出土简牍对于秦律的记载反映了这一点。实际上，秦国建立了一套由刑罚来维系的工匠与制造业管理制度。

首先，秦国将具有高超技艺的工匠视为一种战略资源加以保护，工匠在秦国的劳动者中具有相对特殊的地位。秦律曰："隶臣有巧可以为工者，勿以为仆、养。"意思是，隶臣当中有具备技艺可以当工匠的，就不要让他们去当给人赶车、做饭的仆役。为了培育工匠，秦国建立了完善的工匠训练制度，并依靠法律予以保障。秦律曰："新工初工事，一岁半红，其后岁赋红与故等。工师善教之，故工一岁而成，新工二岁而成。能先期成学者谒上，上且有以赏之。盈期不成学者，籍书而上内史。"这项规定是指，新工匠开始工作时，第一年的产出要求达到规定产量的一半，第二年开始的产量要与老工匠的数额相等。工师作为负责人，要认真教导工匠，使做过工的工匠一年学成技艺，使没有经验的新工匠两年学成技艺。能够提前学成的工匠，要向上级报告，上级会有所奖励。到期仍不能学成的工匠，则应该把名字记下来上报内史。很显然，秦国建立了奖惩并重的工匠训练制度。

其次，秦国制定了严格的生产纪律与产品规范，并通过严厉的刑罚措施来督促工匠保证产品质量。一条秦律写道："非岁红及毋命书，敢为它器，工师及丞赀各二甲。"这条是说，如果不是当年度应生产的产品，又没有朝廷的命令，而工匠敢擅自制作其他器物的，负责管理的工师和丞都要受罚。又有一条秦律写道："为器同物者，其小大、短长、广亦必等。"这条规定了制造同一种器物的大小、长短和宽度必须相同。可见，秦国的制造业追求统一的产品规格。这种规范化的制造要求，依靠严厉的刑罚措施落实。在年度考评中，产品质量被评为下等的工匠及其监管者都要受到惩罚。秦律曰："省殿，赀工师一甲，丞及曹长一盾，徒络组廿给。省三岁比殿，赀工师二甲，丞、曹长一甲，徒络组五十给。"有一条秦律这么规定："工择榦，榦可用而久以为不可用，赀二甲。工久榦曰不可用，负久者，久者谒用之，而赀工曰不可者二甲。"意思是，工匠选择夯墙用的立木时，如果立木本可以使用而标上不可使用的记号，工匠要受罚；如果工匠在立木上标记认为不可使用，以致不能满足装设者的需要，但装设者经过报批后仍然使用了，就要惩罚认为不可使用的工匠。秦法之细密可见一斑。与物勒工名制度一样，秦国主要依靠各种明确而严厉的惩罚措施来约束工匠，进而保障制造业的品质。

摘编自严鹏：《工匠革命：制造业的精神与文化变迁》，电子工业出版社2020年版，第18—20页。

工匠是机器时代前从事制造业的人，在手工生产的时代，工匠的技艺与技能决定了产品的品质。工匠的技艺与技能一方面要靠刻苦学习和反复实践才能掌握；另一方面，在实际制造的过程中，工匠的心理状态会极大程度的影响到技艺与技能的发挥。工匠精神就是工匠从事制造活动时的正面的心理状态。由于在工业革命前，世界各国都有自己的手工业，因此，工匠精神不仅存在于古代中国，也存在于世界各地。改良蒸汽机的瓦特最初其实就是一名修理机器的英国工匠，可见，工匠在历史上扮演着重要的角色。

拓展与延伸

"蚂蚁啃骨头"：工人技艺对机器设备的补充

20世纪60年代，上海的江南造船厂制造1.2万吨水压机是当时中国工业的一大壮举，也充分体现了在现代工业的制造过程中，工人高超的技艺能够弥补缺乏先进机器设备的不足。在制造1.2万吨水压机时，由于缺乏设备，工人们采取了和一般工艺规程相反的办法，用简陋设备"以小干大""以粗干精"。例如，要加工大平面，就需要大刨床。1.2万吨水压机的下横梁有3米多高，8米宽，10米多长，江南造船厂只有几台移动式铣床，根本放不下这么大的工作件。于是，工人们创造了一种叫作"蚂蚁啃骨头"的办法，不是把工件放在机床上，而是把机床吊到工件上去加工。但是，这种移动式机床加工铸铁件很好用，加工韧性比较大的钢板就不行了。为此，工人们自己改进几台老机床，从废料堆里找到一批皮带轮毛坯，连夜加工出来装在铣床上，接着又改变了铣刀的角度，解决了加工出来的平面毛毛糙糙的问题。针对机床床身太软的问题，工人们通过细致观察，掌握了机床的性能，发现只要床身底下垫得合适，加工出来的平直度就非常好。1.2万吨水压机造成后，被安装于上海重型机器厂，1962年6月22日正式开工。而凭借参与制造1.2万吨水压机的经验，上海企业又被国家安排制造"九大设备"中的大型合金钢板冷轧机。江南造船厂制造1.2万吨水压机的经验，充分说明技艺高超的工人是制造业不可或缺的现代工匠。

摘编自严鹏：《简明中国工业史（1815—2015）》，电子工业出版社2018年版，第182页。

工业革命以后，机器生产取代手工劳作，传统工匠也逐渐被现代工人所替代，但工匠精神的合理内核却保留在了现代工业文化中。因为无论是用机器生产还是用手工劳作，制造的过程在本质上还是人根据自己的观念去改变材料，观念与态度依然在制造的过程中发挥着作用。一个工人是以精益求精的态度去生产，还是以马马虎虎的态度去生产，结果会是不一样的，而这种结果就直接影响到产品的品质。因此，工匠精神在工业时代依旧是产品品质的保障。实际上，工匠精神也是诚信在工作中的具体体现,是劳动者对自己的劳动与产品负责任的态度。从历史上看,企业坚持工匠精神并不容易,需要强化教育并采取制度、技术等各种手段。

拓展与延伸

日本与德国企业工匠精神的衰退

2017年10月8日,日本第三大钢铁企业神户制钢承认长期篡改部分铝、铜制品出厂数据,冒充达标产品流向市场,其波及的客户达近200家企业,而使用其非达标品作为原料的不乏丰田汽车、新干线、日本国产喷气式支线客机等日本知名产品。据报道,神户制钢的涉事工厂在产品出厂前就已经发现某些方面不达标,却在产品检查证明书中修改强度和尺寸等数据。一时间,舆论哗然。最为令人震惊的是,神户制钢副社长梅原尚人提到,部分产品从10年前开始就一直沿用篡改后的数据,篡改数据也并非个别人所为,而是获得管理层默许,是公司整体性问题。至于篡改数据的原因,系"迫于按期交货的压力"。神户制钢创立于1905年,曾接受海军工厂的技术指导,自1915年后发展迅猛,1921年资本由最初的140万日元扩充至2000万日元。第二次世界大战结束后,经过调整,神户制钢的生产稳步扩张。神户制钢属于二战后崛起的日本制造业企业之一。神户制钢的老员工光井二雄在20世纪70年代曾这样回忆:"时光飞逝,转眼已经是第39年了。从我进公司开始就一直生产铜管(只干过这个)。我回忆起了,在1953年还没有建立工程管理制度之前,我一个人负担着整个工程管理的责任拼命工作的场景。战前我们还在使用手工的工具,和今天完全不能比。现在我们的设备好了,也能生产出好的产品了。"这段回忆反映了神户制钢的铜管生产经历了机械化的制造方式变革过程,也反映了企业的管理制度是逐渐完善的,还折射出企业老员工昂扬奋进的精神状态。因此,神户制钢完全可以被视为日本工匠精神的一个代表性企业。然而,据2018年第三方机构的调查,早在20世纪70年代,神户制钢数据造假的问题就已经出现了。更为严重的是,质量造假的日本制造业企业并不是只有神户制钢一家。就在神户制钢丑闻曝光前,日本已经曝出高田安全气囊问题、三菱燃油效率造假等丑闻。对日本制造业来说，祸不单行的是，2017年11月28日，东丽公司也承认其子公司存在篡改产品强度质检数据问题。该生产轮胎增强材料的东丽子公司自2008年4月至2016年7月，将不符合强度标准的产品作为合格产品提供给客户，造假时间长达8年，涉及产品149件，受害企业13家。然而，问题不止出在日本一国。另一个塑造了工匠精神形象的国家德国，2015年曝光了大众汽车尾气检测造假丑闻。这一丑闻与神户制钢和东丽公司的丑闻具有相同的性质，也令人质疑大众汽车是否真的具有追求卓越品质以及诚实守信的工匠精神。

其实，如果不算神户制钢从20世纪70年代就开始的数据造假，近年来曝出丑闻的东丽公司、大众汽车、波音公司等一系列老牌制造业企业的问题，带有很大的共性。所有的丑闻都涉及相关企业为了降低成本而不惜牺牲品质，而所有相关企业弄虚作假的动机，都是为了应对以"量"为核心的市场竞争。例如，神户制钢给出的造假理由是"迫于按期交货的压力"，虽然这种理由非常牵强，但现实就是，在激烈的市场竞争中，如果不能满足客户的交货期要求，就会被别的供应商替代掉。而按期交货之所以成为压力，正是由于市场的需求量大导致了生产的规模与速度必须跟上。因此，假如说工匠精神的盛行一时是建立在"质"的竞争的基础上，那么，当"量"的压力大到企业必须降低成本但又不能兼顾品质时，已有的工匠精神就会衰退。要想解决这一难题，唯有在制造方式上寻求创新，使企业能够进行高品质的大规模生产，同时满足质与量的要求。但很显然，那些曝出丑闻的企业并没有在制造方式创新上付出艰苦的努力，而是采取了最简便的欺骗与投机行为。

摘编自严鹏：《工匠革命：制造业的精神与文化变迁》，电子工业出版社2020年版，第292—295页。

在今天的工业时代，社会依然需要工匠精神，而工匠精神也体现在方方面面，不仅存在于工业生产和制造活动中，也存在于其他形式的工作中。同时，人们也发展出了各种新的制度、方法、手段与措施来保障工匠精神的贯彻与落实。这些制度与方法等也是工业文化的重要组成部分。

拓展与延伸

零缺陷工程管理

零缺陷工程管理是当代工程管理领域内的创新。零缺陷工程管理是指基于具体工程项目宗旨、使命和目标，以"第一次将正确的事情做正确"的零缺陷思维为工作理念，综合运用系统工程管理的各种思想、理论和方法，利用相关工程管理和技术手段，从项目构思、设计、施工到运维的全过程管理活动。零缺陷工程管理不是说工程项目实施过程中不出现缺陷，而是从人的价值层面、精神领域入手，通过改变人们做人、做事的思维方式，引导团队成员"心行一致"，将"要我做对"变为"我要做对"，并且"第一次就做对"，以使"缺陷"越来越少，并最终实现"零缺陷"。

摘编自王新哲编著：《零缺陷工程管理》，电子工业出版社2014年版，第14页。

工匠精神产生于制造业，从一开始就是为了保证产品的品质，在未来也仍将如此。在制造业的演化进程中，18世纪兴起的现代机床工具工业，成为了在制造活动中代替手的最主要的工具，而20世纪兴起的计算机产业，则成为了代替大脑的最主要的工具。制造活动是手脑并用的活动，从逻辑上说，代替手的工具与代替大脑的工具结合在一起，具有演化上的可能性。而在实际历史中，第二次世界大战后兴起的数控机床，实现了这一可能性。数控机床作为同时代替脑与手的工具，是人类自开始制作与运用工具从事制造活动以来的核心诉求的实现。工具的价值与意义本身就在于帮助人类解除肉体施加的限制与负担，对自动化的梦想与追求是工业文化的恒久主题之一，数控机床大大实现了自动化的梦想与追求。数控机床赋予了工匠精神以新的内涵，展现了工匠精神通过物质工具和技术手段来实现的可能性。从本质上说，工匠精神是一种控制制造过程以使产品符合特定品质要求的手段。要使产品品质符合特定要求，就要让制造过程符合特定要求，而无论是制造者的工作态度、规范制造者工作态度的制度还是让制造者的技艺稳定发挥的工具，都是对制造过程实施控制的手段，其目标与功能是一致的。换言之，本质意义上的工匠精神作为一种控制产品品质的工业文化，是一个通过工作态度、规章制度与生产工具来控制制造过程的体系。然而，在工匠精神的体系中，工作态度与规章制度受到人的肉体的制约，在精确性、稳定性与持续性方面均存在天然极限与较大的衰退可能性，而生产工具则不存在这种制约。于是，从逻辑上说，将工作态度与规章制度所具备的功能，转化为信息编入生产工具，就能够打破肉体束缚，由生产工具更稳定与更持久地精确控制制造过程，实现工匠精神最本质的追求。正如工具变革是制造活动变革的主旋律，工匠精神作为影响制造活动的因素，也可以通过工具化的变革来更有效的发挥其功用。因此，从工业文化的角度说，数控机床就是工匠精神工具化的体现。表3-1分析了工匠精神的本质意义及其体系。

表3-1 工匠精神的本质意义及其体系

目标	实现途径	控制制造过程的手段		
		手段	作用机制	承载者
控制产品品质	控制制造过程	工作态度	发挥制造活动主体的内在主动性	人
		规章制度	约束制造活动主体，防范其惰性	人
		生产工具	在制造过程中发挥制造活动主体的技艺	物

在制造业的历史上，作为制造活动主体的人通过使用生产工具这一物来完成制造活动，人的工作态度便成为最初也是最基本的影响制造过程进而影响产品品质的变量。然而，人的工作态度会受到主观认知与肉体限制的影响，相当不稳定。一旦制造者主观上放松对于品质的追求，或客观上因疲劳等生理因素而无法保持良好的工作状态，就会使制造过程失控，进而使产品品质失控。于是，制造活动的组织者设计了规章制度，意在排除主观态度的不稳定性，强令制造者去制造符合品质要求的产品。可以说，规章制度对制造过程的控制就比工作态度更为强化。物勒工名、工厂纪律等制度便是这样出现的。但是，规章制度的承载者仍然是人，仍然要受主观认知与肉体限制的影响，仍然存在不稳定性。实际上，不管是用工作态度激发制造者的主观积极性，还是用规章制度强制约束制造者，其目的都是为了制造者精准而稳定地发挥其技艺，使制造过程精准而稳定的符合规范，进而使产

品的品质精准而稳定的符合要求。如此一来，问题的核心与本质也就是要保证制造者技艺的发挥，减少不稳定性。生产工具本来就是制造者发挥其技艺所不可或缺的手段，当生产工具自身能够复制并发挥制造者的技艺时，对制造过程的控制就会从人转移到物，降低人为导致的不稳定性影响。从这个角度说，工匠精神的工具化实际上是制造活动演化中工具对脑的替代的一部分，但这一替代也只有和工具对手的替代结合起来，才能充分实现制造过程。进一步说，工匠精神的演化，实际上也经历了从单纯发挥人的主动性到以制度防范人的惰性直到干脆用工具来摆脱人的不稳定性的过程，其主旨则始终在于强化对制造过程的控制以确保对产品品质的控制。未来的工匠精神，必定与智能制造紧密结合。

二、工匠精神中的敬业与专注

工匠精神起源于古代工匠的劳作，但这种价值观绝不仅只存在于狭义的工匠身上。事实上，工匠精神的核心就是敬业与专注，因此，工匠精神也是一种社会普遍需要的素养。

工匠精神是一种工作中的指导观念与思想状态，它表现为多种不同的品格。首先，工匠精神表现为工作中精益求精、务求完美。工作是一个持续改善的过程，品质往往是由细节决定的，精益求精是在工作进程中改善品质的重要途径。其次，工匠精神表现为工作中的专注执着。工作是一种需要投入时间与精力的活动，在一定时间内将精力集中投入于一种单一的工作，有助于工作技能的提升，因此，专注执着是工匠精神的重要表现。再次，工匠精神表现为勤勉奋进。工作不仅是一个持续改善的过程，往往还是一个长期持续的过程，勤奋而不懈怠地工作，主动去钻研技艺，才能保证工作能更好的完成，三天打鱼两天晒网是无法有效积累经验的。最后，工匠精神表现为坚守如一，即对于一件工作不会轻言放弃，而会长期专注的投入，也只有如此，才能够实现专业化，积累经验与技能，在专门领域内将工作做到尽善尽美。总之，工匠精神要求人们在工作中精益求精、专注执着、勤勉奋进、坚守如一。

拓展与延伸

"洋厂长"格里希的工作态度

1984年11月,武汉市政府聘请联邦德国专家威尔纳·格里希(Werner Gerich)到武汉柴油机厂担任厂长,一直工作到1986年11月。1984年12月8日,格里希在车间主任、政工科室负责人会议上,开门见山地说:"今天和大家讲几件不高兴的事情。"首先,"在一些角落,总看见一些报废的零件和破机床。每走到一个地方,看见一些缸体当凳子坐,到处有汽缸,有些钢管丢在门口",格里希要求"从现在开始,马上行动起来,进行环境清理",他诘问:"每天到外面去买废钢铁料,自己门口有为什么不用!"其次,格里希指出:"一个多月来我进行了分析,早上7时进厂,是指开动机器的时间,现在7时15分才动机器,浪费了15分钟,有的工人差20分钟就去进餐,浪费了20分钟。12时30分上班,有的人12时45分还在睡觉,又浪费了15分钟。下午3时30分下班,3时10分就离厂,又浪费了20分钟,每人少干了70分钟的工作。这种情况在欧美是不行的。我们每年要浪费60多万个小时,这是一个惊人的数字。"很显然,格里希看到了武汉柴油机厂生产管理的松懈。1985年5月23日,格里希在全厂中层干部会议上又一次表达不满:"今天上午我到铸造车间看了,你们的值班主任到哪里去了?那里的工人操作更不负责了,工作中不注意清洁,对模具也不爱惜,他们好像是做给我看的。我在那里,他们就认真做,我一走就马马虎虎,缺乏自觉的劳动态度,他们不知为谁干。"格里希指出的问题,确实是当时中国不少国营工业企业的通病。然而,也存在着优秀的企业,无锡柴油机厂(无柴)和常州柴油机厂(常柴)即被格里希作为号召武汉柴油机厂职工学习的榜样。他说:"油循环系统的清洁度,常柴、无柴两厂只有60~70毫克,在我外出之前,我们检查结果是450毫克……常柴有3000人,常柴年产量12万台,利润2000万元,他们的劳动生产率为2万~3万元/人,我们只有1万元/人。他们有钱,胆子就大,盖新房子,买设备都可以……你们要向常柴、无柴学习。参观先进厂不是去散步,而是要学习、要改进。他们每天工作10多个小时。"事实上,格里希提倡的370分钟劳动时间,当时武汉柴油机厂很多人没有做到。而据常柴职工自己回忆,也是在1985年,常柴单缸柴油机开始确立了行业领先地位:"那个时候的常柴人都把工厂作为自己的家,都把产品视为自己的'孩子'。机械加工车间曲轴工段有位老工人,嫌车削连杆轴颈效率不高,主动设计制造了'无头铣',以铣代车提高了功效。白天忙于生产没时间,晚上干个通宵搞革新,经历多少个夜晚,多少次失败,为改善一道工序为改进一把刀子,默默地耕耘,夜以继日地劳动。在常柴,勤学习、出成果、多奉献蔚然成风。"工作态度决定了企业的竞争力。

格里希回到德国后,2003年去世。2018年12月18日,中共中央、国务院授予格里希中国改革友谊奖章。

摘编自严鹏:《简明中国工业史(1815—2015)》,电子工业出版社2018年版,第240—241页。

然而,工匠精神尽管有种种表现,在其核心起统摄作用的,是敬业这一价值观。作为价值观的工匠精神,其真正本质就是敬业。敬业是一种价值观,是指人们把自己的工作看得重要,认识到工作对于自己对于他人都具有重要的意义,能够从工作中得到满足感与尊严。如果用马斯洛的需要层次理论来解释,敬业就是一种通过工作来满足人的高层次需要的心理机制,这种高层次需要包括归属需要、自尊需要和自我实现的需要。敬业作为价值观的作用就在于,当一个人把自己的工作看得重要,能够从工作中寻求自尊和自我价值的实现之后,这个人就会自然而然的在工作中精益求精、专注执着、勤勉奋进、坚守如一,工匠精神也就能够得到发挥了。因此,工匠精神的本质就是敬业,培养工匠精神最重要的也就是要树立敬业的价值观。敬业的人,也必然会专注于工作。专注与执着的工匠精神同样可以诱发创新。

拓展与延伸

大连光洋自动化液压系统有限公司时任总经理孙毅谈工匠精神

我以前是医生,2015年加盟公司,应聘过来投简历,在液压公司先做设计、工艺。集团公司(大连光洋科技集团)支持创新、发明、改良、革新，支持的话就放手来干，在原有的基础上做很多新品，主要针对的是日本给中国市场提供的高精尖产品。

我们做辅助支持。日本卖自动化液压系统，在大连常年在2200~2400元。我们反复至少两次下定决心，鼓励我们的工程师不要怕失败，只要努力到一定程度，会有收获。材料换了七八种，工艺更改几十种，最后突破，和日本产品没有太大区别。五大指标都不输给日本产品。我们的价格1800元，高于台湾产品的1100元。工业自动化最后执行大部分靠的是液压。

我平时主要是鼓励工程技术人员要有胆魄，没有不可知的东西，要有坚定的意志。

突破的关键是理念。你想做这个事，愿意做这个事，是很重要的，要有志向。

我在退休之前天天做这个事，我死了还有东西留在这里。做点东西在这个世界上留着。

严鹏访谈，2018年3月28日。

工匠精神除了要求人们在工作中具有敬业与专注的态度外，还要求工作者勤于学习、善于学习，因为只有在工作中积极学习，才能对工作不断完善，精益求精。当然，一个人肯在工作中主动想办法去学习与提升，通常受到职业自豪感的驱动，本身仍然源于敬业的态度。

在工业领域里，工匠精神与企业家精神往往同时并存。一方面，工业企业家在从事或管理生产制造活动时必须精益求精，确保品质；另一方面，技术工人在一线生产过程中也要大胆创新，完善工艺与产品。企业家精神与工匠精神的发挥，共同提升了工业企业的竞争力。

拓展与延伸

大连光洋自动化液压系统有限公司董事长于德海谈工匠精神

我公司的数控系统全是自己做的。数控系统用的电机既有进口的，也有国内的。国内电机经常出问题。于是，我们就开始自己研制主机床，做五轴机床公司，往里面赔钱。做电机的想法，2008年、2009年就有了，进行准备，做国内外调研……一开始逆向消化。公司要拿数字说话，工艺一定要搞清楚。搞正向设计的人会被国内的思路框住。工艺强的人做逆向，我们很快把样本电机拆解，材料做化验，找到供应商。通过这种方式，不到5年的时间各种型号、规格就出来了。到正向设计阶段，我们依托西安微电机所、沈阳工业大学，正向设计的人在消化、吸收的基础上再创新。谈到工匠精神，工匠在这个岗位长年做同一件事，心情好的状态下，动脑筋，再动手。我对企业文化理解越来越深刻，环境要公平、公正，要讲理。工匠要主动想，主动做。

严鹏访谈，2017年5月24日。

第三节　劳模精神

劳模精神是一种具有社会主义特色的工业精神，指的是劳动模范者在社会实践中所表现出的价值观、道德观和精神风尚，内涵十分丰富，具体来说，包括劳模坚定理想信念、以民族振兴为己任的主人翁精神；勇于创新、争创一流、与时俱进的开拓进取精神；艰苦奋斗、艰难创业的拼搏精神；淡泊名利、默默耕耘的"老黄牛"精神和甘于奉献、乐于服务的忘我精神；紧密协作、相互关爱的团队精神。[1] 由于中国是社会主义国家，劳动者在中国具有主人翁地位，因此，劳模精神的内涵在部分内容上和企业家精神、工匠精神有重合与交叉之处。例如，劳模精神也包含了创新和敬业等价值观。不过，作为一种具有社会主义特色的工业精神，劳模精神的核心是奉献，对新时代的普通人来说，学习劳模精神要做到在工作中全身心投入。

一、劳模精神的优良传统

从革命战争时期开始，中国共产党就高度重视树立劳动模范，弘

---

[1] 王新哲、孙星、罗民：《工业文化》，电子工业出版社2016年版，第250页。

扬劳模精神。抗日战争时期，在艰苦的环境下，中国共产党在根据地充分发扬自力更生的精神，进行了不少工业建设。例如，凭借上海资本家沈鸿内迁到延安的机器设备，陕甘宁边区成立了农具工厂。该厂于1939年生产大铧6149个、小铧933个、镰刀301把、锄16只、钻4个，此外，该厂还替印刷厂修理印刷机。[1] 该厂的翻砂股长赵占魁后来成为了边区的劳动英雄，边区还掀起了一场名为"赵占魁运动"的生产竞赛运动。当时的新闻报道称赞赵占魁："他自1939年7月至今，一直在农具工厂担任熔炉看火的工作。这是一种最苦的工作，在两千度高温的熔炉面前，即在夏天身上还要穿着棉衣（代石棉衣），披着皮裙，终日汗流不止。这件不出名的平凡工作，一般人都不愿意干，但他却始终如一，毫不懈怠的工作着。不但这样，他每天提早上工，预先做好准备工作；放工时他比别人下得迟，把工场收拾清楚后才走开，他真有'冲锋在前，退却在后'的精神。"[2] 除此之外，赵占魁还有不少优良品质。报道总结称："赵占魁在执行生产任务上、爱护革命财产上、照顾工厂生产上、关心群众利益上，遵守劳动纪律上，团结全厂职工上，热心公益事业上，所有这些表现出来的精神，桩桩都是我们边区公营工厂工人的模范。"[3] 这种精神就是中共革命根据地的劳模精神。因此，在艰难困苦的战争环境下，中国共产党在自力更生发展工业的过程中，在根据地创造出了一种新的社会主义工业文化。这种新的工业文化此后随着共产党的胜利而传布全国。

中华人民共和国成立后，在如火如荼的工业化建设中，更是涌现出了一大批劳模，典型代表有吴运铎、王进喜、赵梦桃、孟泰等，这些劳模多为一线产业工人。其中，被誉为"铁人"的石油工人王进喜，充分展现了劳模精神的奉献价值观。

---

[1] 陕西省档案馆等编：《抗日战争时期陕甘宁边区财政经济史料摘编》第3编《工业交通》，陕西人民出版社1981年版，第348—349页。

[2] 陕西省档案馆等编：《抗日战争时期陕甘宁边区财政经济史料摘编》第3编《工业交通》，陕西人民出版社1981年版，第38页。

[3] 陕西省档案馆等编：《抗日战争时期陕甘宁边区财政经济史料摘编》第3编《工业交通》，陕西人民出版社1981年版，第39页。

拓展与延伸

"铁人"王进喜

1960年，按照集中兵力打歼灭战的原则，石油工业部从全国30多个石油厂矿、院校，抽调几万名职工，调集几万吨器材设备，在大庆展开了石油会战。石油工业部在后来的报告中这样写道："这一仗，确实打得很艰苦。那时候，几万人一下子拥到一个大草原上，各方面遇到的困难，确实很多。上面青天一顶，下面草原一片。当时，几万人，包括几千工程技术人员，其中有大学教授、博士，都到了那个地方，天寒地冻，一无房屋，二无床铺，连锅灶、用具也很不够。而且还是沼泽地，蚊子多得吓人，脚上、头上到处咬你。"会战之艰苦于此可见一斑。但是，参加会战的石油系统职工，硬是鼓足干劲，苦干、硬干，将困难一一克服：运输工具缺乏，石油职工硬是靠几万人的干劲，采用人拉、肩扛加滚杆的办法，把几万吨设备器材，从火车上卸下来，拖到几公里外的井场上安装起来；工业用水成问题，石油职工就排成一个长队，用水桶、脸盆，从几百米外的水池子打水，一打就是几十吨，保证了钻井需要；没有房子，大部分职工都是露营，为了安全过冬，职工们在生产建设的同时，挤出时间，自己动手修土房子，领导干部也好，局长、总工程师也好，博士、教授也好，一般干部也好，工人也好，不分地位高低，职务大小，男女老少齐上阵，用了3个多月的时间建成了30多万平方米的土房子，度过了第一个冬天；吃饭也很困难，粮食、蔬菜供应不上，职工们就打草籽，挖野菜，从1961年起又集体开荒种地，还养猪解决肉食。可以说，石油职工们在会战中真正发扬了自力更生精神。而在这个艰苦奋斗过程中，被誉为"铁人"的王进喜脱颖而出，成为时代的模范。

王进喜1923年9月出身于甘肃省玉门县一个贫苦农家，1938年在走投无路的情况下偷偷跑到玉门油矿找活干，几经波折，留在油矿干杂活、赶马车，直到玉门解放。解放后，王进喜当上了一名真正的石油工人，调到钻井队工作。由于王进喜刻苦学习文化，钻研钻井技术，苦干实干，处处带头，他多次受到油矿党组织的表彰奖励，1951年9月还出席了玉门矿务局第一届劳模代表大会。1953

年,王进喜被上级调到1205钻井队当钻井班班长,他处处吃苦在前,事事严格要求自己,以身作则带领全班工人学习文化、钻研技术,当年就使该班超额完成了规定的钻井任务。1956年,王进喜被提升为1205钻井队队长,并于同年4月加入中国共产党。1957年,中国第一个石油工业基地在玉门建成,当年7月,1205钻井队奉命开赴白杨河探区,开发新油田。此后,王进喜依然靠苦干、硬干,取得了一系列荣誉,并于1959年9月出席了在北京召开的全国工交系统群英会,参加了国庆观礼,而对他来说,最幸福的事情莫过于见到了毛主席。在北京期间,王进喜看到首都公交车上都背着一个大包,得知由于中国缺乏石油,公交车不得不安装大煤气包,用煤气代替汽油。王进喜这才意识到中国的石油工业还非常落后,更感到自己作为一名石油工人还没有尽到自己的全部责任。1960年3月,王进喜率领他的钻井队赴东北参加大庆石油大会战,在临出发前的玉门誓师大会上,王进喜喊出了:"宁可少活二十年,拼命也要拿下大油田!"于是,带着36个队员,王进喜坐上了去大庆的火车。在火车上,王进喜带领队员们学习《为人民服务》和《愚公移山》,学完就讨论为什么参加会战。有的队员说:"去打井搞油!"王进喜则说:"这话也对,也不完全对。"他告诉队员们:"我们是去革命!帝国主义和某些国家在石油上卡我们,国家没有石油多困难啊!我们一定拿下这个大油田,甩掉石油落后的帽子,为全国人民争口气。"

怀着"争口气"的不服输的干劲,王进喜抵达大庆后忘我地投入了工作,被人赞为"一出马就不一样"。下了火车后,王进喜一不问住在哪里,二不问吃什么饭,开头第一句话就是问要打哪口井、井位在哪里,马上就去看工地,侦察路线。钻机一到,他就组织工友人拉肩扛,把钻机从火车上卸下来。从钻机安装开始,王进喜就带领全队职工睡在井场,吃在井场,一连几天几夜不离开井场,连续苦战。他还拿自己的工资买了一部摩托车,为的是到草原上打井可以运材料。而据石油部的报告记载,"铁人"这个称呼的由来是这样的:"附近牛场里面,有个老大娘看到他们很辛苦,提了一篮子鸡蛋慰问他们,她很感动地说:'你们石油这个王队长呀,真是个"铁人"!快劝他回来,休息休息呀!'"于是,"铁人"这个名字就成为王进喜的称号了。实际上，当第一口井打完要放井架搬家时，一根钻杆滚下来把王进喜的腿砸坏了，他当场昏了过去，等他醒来，发现工人抱着他的腿哭而井架还没放下来时，他急了，说："打仗时伤了人，你哭，敌人把你们都活捉去，能哭吗？"于是坐起来继续指挥放井架。井架放下来后，王进喜忍着腿疼，继续工作，直到领导知道以后，硬是将他送进医院，但他还是偷着溜回工地，参加了打第二口井，拄着棍在井上指挥，不久终于打成了战区第一口生产井。"铁人"这一称号，王进喜当之无愧。王进喜的想法是："我是打井的人，打井没有压力，就是豆腐地层也钻不进去，泥浆泵没有压力，地下岩屑就带不上来，井没有压力，就喷不出油来，人要没有压力就轻飘飘地过去了，就干不出好工作来。有了压力，干出来的工作就是高水平、高标准的，经得起子孙万代的检查。这压力，不是哪个领导给的压力，是我们中国工人阶级自觉自愿的压力。一个革命者，要有责任心，对党负责，对子孙万代负责，对全世界劳动人民负责，就应该有压力。没有油，国家有压力，我们要自觉地分担这个压力。一般的压力还不够，要承担一百吨的压力，一千吨的压力。"这是一种高度奉献自我的价值取向。

实际上，在大庆石油会战中，不只是王进喜，整个会战队伍都是奋不顾身、顽强战斗的。会战职工们喊出了"三要""十不"的豪言壮语。"三要"是："一要甩掉石油工业的落后帽子；二要高速度、高水平拿下大油田；三要在会战中夺世界冠军，争取集体荣誉。""十不"则是会战职工们具有如下信条："第一，不讲条件，就是说有条件上，没有条件也创造条件上。第二，不讲时间。特别是工作紧张时，大家都不分白天黑夜地干。第三，不讲报酬。他们说是为革命，而不是为个人物质报酬而劳动。第四，不分级别，有工作大家一起干。第五，不讲职务高低，不管是局长、队长都一齐来。第六，不分你我，互相支援。第七，不分南北东西，就是不分玉门来的，四川来的，新疆来的，为了会战，大家一齐上。第八，不管有无命令，只要是该干的活抢着就干。第九，不分部门，大家同心协力干。第十，不分男女老少，能干就干，什么需要就干什么。就像打仗一样，到了时候，不管卫生队、担架队、伙夫都要上。"因

> 此，大庆不仅诞生了王进喜这一个铁人，更是诞生了一整个英雄的工业人群体。
>
> 通过大庆英雄群体的努力，大庆油田自会战开始后，3年生产原油1000多万吨，1963年11月召开的全国人民代表大会第二届第四次会议，向世界宣布："我国经济建设、国防建设和人民生活所需的石油，不论在数量和品种方面，基本上都可以自给了。"这一新闻轰动了全球。
>
> 摘编自严鹏：《富强求索——工业文化与中国复兴》，电子工业出版社2016年版，第173—178页。

二、劳模精神的当代价值

改革开放以后，劳模队伍的外延进一步扩大，陈景润、袁隆平、蒋筑英、邓稼先等知识分子和科研工作者的优秀代表成为劳模队伍的新成员，也为劳模精神注入了新的内涵。"以知识创造效益、以科技提升竞争力，实现个人价值、创造社会价值"成为劳模的价值追求，"知识型、创新型、技能型、管理型"成为当代劳模的鲜明特征。[1] 然而，始终贯穿不变的，则是"奉献"这一劳模精神的核心价值取向。

> **拓展与延伸**
>
> **高铁工匠与红色基因传承**
>
> 在中国中车股份有限公司（以下简称"中国中车"）打造高铁这张大国名片的历程中，一代又一代劳模，作为"高铁工匠"，发挥了骨干作用。
>
> 中车长春轨道客车股份有限公司（以下简称"长客公司"）转向架制造中心焊接车间电焊工李万君，人称"工人院士"。李万君于1987年8月进入长客参加工作，凭着对党的忠诚和对工作的挚爱，

---

[1] 王新哲、孙星、罗民：《工业文化》，电子工业出版社2016年版，第251页。

始终坚守在轨道客车转向架焊接岗位，恪尽职守、爱岗敬业、勤学苦练、无私奉献，以高度的使命感和强烈的责任心，勇攀技术高峰、带头攻坚克难，为中国高铁事业快速发展、走出国门做出积极贡献。转向架是高铁运行的关键部分，关系到高铁运行时的速度与安全。李万君就工作在转向架焊接岗位上。他先后参与了中国几十种城铁车、动车组转向架的首件试制工作，总结并制定了30多种转向架焊接操作方法，技术攻关150多项，其中37项获得国家专利，代表了中国轨道车辆转向架构架焊接的世界最高水平。李万君充分发挥了中车工人的创造性。例如，2007年，长客公司通过技术引进试制生产CRH5型高速动车组时遇到了难题：列车转向架横梁与侧梁间的接触环口，是承载整车约50吨重量的关键受力点，也是决定列车能否实现速度等级提升的最关键部件，焊接成型要求极高。按常规焊法，由于焊接段数多、接头易出现不熔合的缺陷，质量根本无法保证，转向架接触环口焊接成了制约转向架生产的瓶颈。关键时刻，李万君发挥自己焊环口的绝技，亲手做出了合格的样品。他还一步一步总结，一点儿一点儿试验，把自己焊接接触环口的方法规范化、理论化，摸索出"环口焊接七步操作法"。用这种操作法焊接，每个成熟焊工都能保证焊接的产品成型好、质量优，成功突破了转向架批量生产的关键问题，令作为技术支持的法国专家都十分惊讶。2008年，长客公司从国外引进了时速达350公里的高速动车组技术，由于外方此前也没有如此高速的运营先例，转向架制造成了双方共同面对的难题。带着领导的重托，李万君投身试制工作，发挥了技能专家的特殊作用。长客公司以李万君试制取得的数据为重要参考，编制了《超高速转向架焊接规范》，在指导批量生产中解决了大问题。2015年，以李万君为主的攻关团队，开展"复兴号"动车组试制工作，经过多次试验，最终成功突破了转向架侧梁扭杆座不规则焊缝等多项技术难题，保证了"复兴号"的如期生产。李万君能取得这些成就，首先得益于他的信念，他始终坚信："合格的共产党员要有追求、要有思想有创造。每一名技术工人党员，都要高度自觉，争当创新主角，在中国制造走向中国创造的进程中贡献力量。"在信念的支撑下，李万君在异常艰苦的焊接岗位上，勤于钻研、勇于创新，几十年如一日，练就了过硬的焊接本领。他同时拥有碳钢、不锈钢焊接等6项国际焊工资格证书和国际焊接技师证书。掌握手弧焊、二氧化碳气体保护焊及MAG焊、TIG焊等多种焊接方法。平、立、横、仰和管子等各种焊接形状和位置，他也是样样精通。李万君常说，打造中国高铁走向世界的名片，需要千百万个优秀技能人才。他充分发挥一名优秀共产党员的引领作用，无私奉献开展技艺传承，培养带动出一批技能精湛、职业操守优良的技能人才。从2008年至2010年，他一边工作；一边编制教材、承担培训任务，创造了400余名新工全部提前半年考取国际焊工资质证书的"培训奇迹"。红色基因就靠着李万君这样的老师傅带着年轻人，在中车传承着。

巾帼不让须眉。中国中车的女劳模同样在平凡的工作岗位上大放异彩，长江集团株辆公司的易冉就是其中的代表。早在2000年，参加工作1个月的易冉就因其出众的电焊技能被选派参加株洲市电焊工大赛，勇夺气体保护焊第三名。三年后，21岁的易冉入选株洲市队参加湖南省"中联重科杯"电焊比赛，在近百强手云集的三湘赛场上名列前茅，一举成名。参加工作头三年中，易冉凭借其纯熟的电焊技艺在工厂各项比赛中披金挂银，连续完成了从"技术铜星""技术银星"到"技术金星"三连跳，是工厂设立该奖项20年来用时最短"跑完全程"的选手。易冉立志做一名优秀的电焊技师，因善于学习积累而迅速成长，23岁即成为中国南车股份有限公司（以下简称"中国南车"）当时最年轻的电焊技师，26岁又一举成为中国南车最年轻的高级电焊技师，用短短8年完成从一个普通青工到高级技师的蝶变。2009年年底，她顺利成为中国企业顶尖国际焊接技师成员。2011年，易冉被国务院国有资产监督管理委员会（以下简称"国资委"）选派参加在德国吕内堡举行的"嘉克-LVM杯"国际焊接比赛。她的出色表现，让比赛组委会专门为她颁发了唯一的"特别奖"，德国当地媒体以《中国的"电焊花木兰"》为题对她进行了专题报道。工作20年来，她不断追求卓越，主持和参与的"高速重载"铁路货车制造和出口产品技术攻关项目不胜枚举。2007年6月，当时世界上最大轴重的澳大利亚FMG敞车开始试制。

客户要求所有焊缝咬边为零，大焊角、坡口不能有弧坑，这样的精度相当于机械手。就在同事望而却步时，易冉站了出来。她经过一个星期的日夜琢磨，反复优化焊接方法，终于达到了澳方严苛的标准，令外方监造竖起了大拇指。2013年，易冉担负结构复杂的澳大利亚 PN 煤车试制攻关，她采用小月芽形的摆动手法解决了难题，提效4倍，创效百万。2016年，易冉攻克了 NX70A 平车中梁"七字铁"焊缝开裂质量缺陷居高不下难题，使中梁班组一次交验合格率从39.73%提升至96.3%，班产由10台提高至13台。她独创的《"小摆快频"操作法》入选中国中车绝招绝技，《小口径管全位置对接"单道焊双面成型"技巧》《克服焊接盲区设置"过焊孔"操作技巧》入选公司绝招绝技。易冉常说"一人强不算强，大家强才是真的强"。为此，她在注重自身技能提升的同时，还不遗余力地帮助身边的同事提高技能。易冉长期担任一线关键工序重要班组的班组长，每到一个班组，她都毫不保留地将操作技能、心得传授给同事。工作20年，她的徒弟遍布全车间。经她培育的国际焊工近100名，高级工以上技能人才25名，其中有3名公司级以上的技能专家。易冉还担任着分公司女子电焊技师攻关队队长，这个由来自分公司生产一线各关键岗位上37名清一色女电焊技师组成的荣誉集体，自2000年成立以来，先后荣获过株洲市、湖南省"芙蓉标兵岗"、湖南省"女职工建功立业五一巾帼奖"等荣誉。2011年，分公司成立了易冉劳模创新工作室，在她的带领下，工作室积极开展技术创新和技能"传、帮、带"活动，引导和带领员工提升团队成员的技能水平。中车的女职工们，使中车的红色基因，不仅是钢铁意志，也如鲜花般美丽而灵动。

严鹏根据中国中车提供材料编写。

劳模精神具有丰富的内涵。与工匠精神一样，在工作过程中勤于学习、大胆创新，也是劳模精神的重要体现。而爱岗敬业显然也是劳模精神重要的基础。在改革开放的新时代，除了工人外，一批企业的经营管理者也成为了光荣的劳模，因此，劳模精神中也自然而然地包含了企业家精神。

拓展与延伸

民营企业家劳模陈华贵

2014年，江西杰克机床有限公司董事长陈华贵当选为全国机械工业劳动模范。陈华贵是浙江台州人，但他与红色老区井冈山有着不解之缘。

江西杰克机床有限公司的前身为江西吉安机床厂。吉安机床厂是一家支援内地企业。1960年7月，上海机床公司属下的裕泰康铁工厂的100余名职工支援老区建设，内迁吉安市铜锣井，筹建吉安重型机床厂。他们以"蚂蚁啃骨头"的精神，在简易工棚里当年就生产了12台车床、9台钻床。1962年，厂名改为吉安机械厂，转产农业机械和轻工机械，生产插秧机、碾米机、面条机、煤球机、冲床、牛头刨床，走乡串村修理农机具，度过了困难时期。1965年3月，庐陵机械厂、江西量具刃具厂迁入，3个厂合并为江西量具刃具厂，1966年7月又分开，恢复吉安机械厂。1968年，江西省机械厅决定恢复吉安机械厂的机床生产，1969年8月，该厂迁至吉安市南郊，当年试制出第一台M120W万能外圆磨床，1969年9月更名井冈山第二机床厂。1971年，该厂按工艺流程相继完成铸造、钣锻、金工、液压、热处理及表面处理、装配、油漆、测试等工艺配置，固定资产由内迁初的10万元增至189万元，设备拥有量103台，包括大型精密设备5台，其中车床、刨床、磨床多为自制设备，职工增至506人。1973年，根据江西省全省机械工业调整方案，厂名改为吉安机床厂，产品方向为内、外圆磨床，无心磨床和曲轴磨床及配件。该厂得到上海机床厂、上海磨床研究所等单位的鼎力相助，1975年批量生产M131万能外圆磨床60台。1974—1977年生产M1040、M1080无心磨床35台。1976年该厂试制成功MQ8260曲轴磨床，1978年生产15台。1977—1989年该厂试制和生产M2110内圆磨床35台以及Z28-75滚丝机。这些产品填补了江西机床生产的多项空白。至1990年末，吉安机床厂有职工737人，其中工程技术人员50人，占6.7%。全厂占地面积2.8万平方米，房屋建筑面积1.99万平方米，其中厂房建筑面积9296平方米。年底固定资产原值662.7万元，固定资产净值375万元，拥有金属切削机床105

台，锻压设备8台，其中大型、高精设备17台。完成工业总产值550万元，产品销售收入1084万元，实现利润108万元，产品税金72.1万元。当年该厂生产金属切削机床542台，自建厂以来累计生产35个品种，产量11743台，累计完成工业总产值5295万元，利税635.5万元，出口创汇40万美元。

但是，进入20世纪90年代以后，中国机床工具工业陷入了长期的全行业不景气之中，地理位置欠佳的老国企吉安机床厂也难免陷入困境。恰在这时，浙江台州的杰克控股集团于2004年开始开发机床产品，把磨床作为进入机床业的切入点，2005年底，杰克集团收购了吉安机床厂，到2006年3月，实现了月产80台的规模。尽管吉安机床厂改变了所有制性质，但是，重组后的江西杰克机床有限公司（以下简称"杰克机床"）发展势头良好。在陈华贵的带领下，杰克机床把产品数控化升级放在重中之重。2007年1月初，武汉华中数控集团董事长陈吉红带领17名高层骨干参观考察了杰克机床，通过交流，双方组建了JKM1320数控外圆磨床试制小组，经过两个月的艰苦努力，试制成功。2008年，江西杰克机床有限公司通过了江西省科技厅的高新技术企业认定。难能可贵的是，吉安机床厂虽然改制成了民营企业，但红色基因在杰克机床得到了传承。例如，杰克集团投入了300万元在井冈山大学设立了助学金奖，支持革命老区的教育事业发展。陈华贵更是身体力行，将优良的传统文化与红色文化结合起来，引入公司的企业文化建设中。公司怀着产业报国的热情，研制出了数控高速随动磨床，而此前由于数控高速随动磨削技术与高精度磨削加工的核心技术一直掌握在少数发达国家手中，我国数控高速随动磨床主要依赖进口。杰克机床自主研发的"异形零件高速精密磨削关键技术与高速随动数控磨床"项目，获得了2010年度中国机械工业科学技术奖一等奖，成为杀入机床工具行业的一匹黑马，其产品不仅打入军工企业，而且在国内知名汽车发动机生产线上实现了进口替代。

一般而言，革命老区属于交通不便、地理条件恶劣、不适合大规模发展工业的地区，杰克机床可谓独树一帜，是革命老区少有的高新技术企业。陈华贵就经常驱车前往井冈山，在山上一边温习他早已熟稔于心的井冈山根据地革命斗争史，一边思考企业的发展战略,并从革命先辈的奋斗经历与奉献精神中得到鼓舞。杰克机床的前身吉安机床厂是上海工人支援内地建设的产物,而在新的时代,杰克机床同样具有某种支援老区发展的色彩。无论是从浙江沿海发达地区来到井冈山的管理团队,还是从湖南相对发达地区来到井冈山的技术团队,江西杰克机床有限公司有着一群在条件艰苦的老区安心奋斗的外乡人。陈华贵为了企业发展,经常在春节把浙江的家人接到吉安,一家人就在工厂里欢聚佳节。作为民营企业家,陈华贵身上同样体现了当年上海工人支援内地的奉献与奋斗精神。"星星之火,可以燎原",这是井冈山红色文化昭示后人的最重要的革命奋斗精神。在江西杰克机床有限公司完整保留的老厂房的墙壁上,"星星之火,可以燎原"的红色大字,不仅仅充满怀旧的年代感,更具有现实的警醒与感召。在新的时代,结合企业自身发展,陈华贵对"星星之火,可以燎原"进行了新的理解。目前,我国的高档数控机床产业的发展还处在艰苦的攻坚阶段。一方面,出于政治考虑,发达国家限制对中国出口可用于军工生产的高档数控机床,实行技术封锁;另一方面,发达国家非限制出口的数控机床大量涌入中国市场,对中国本土产业构成了极大的压力,事实上,对于在各个方面习惯于保持对外贸易顺差的中国工业来说,机床是非常显眼的持续数十年呈现对外贸易逆差的产品。在这种形势下,进入机床行业不过10余年的陈华贵认识到,中国民族机床工业面对的市场格局,与当年红军在井冈山上面对敌人优势力量围剿的局面,是极为相似的。中国机床工业同样需要找到突围之路。于是,"星星之火,可以燎原"给了陈华贵灵感和鼓舞,他相信,只要杰克机床选定一个领域,顶住压力,以专注的态度坚持不断地投入研发,就一定能够取得成功。通过与高校专家合作,杰克机床也确实取得了突破。

民营企业家陈华贵身上所体现的劳模精神,是传统劳模精神与现代企业家精神的融合,也充分说明了劳模精神在新时代有着能够扎根社会新阶层的蓬勃生命力。

摘编自陈文佳:《红色工业文化旅游开发初探——基于杰克机床的探讨》,彭南生、严鹏主编:《工业文化研究》第2辑,社会科学文献出版社2018年版,第99—108页。

大批的劳模来自普通劳动者，是普通劳动者中的模范。在劳模身上，人们可以发现大胆创新的精神，看到敬业执着的精神，感受无私奉献的精神，因此，劳模精神综合性地体现了中国的工业精神，是社会主义工业文化价值观的凝聚。劳模来自普通人，普通人是可以学习劳模并成为劳模的。对大多数普通劳动者来说，学习劳模精神，最重要的就是学习劳模对工作投入的态度，有了这种态度，在平凡的岗位上也能干出优秀的业绩，实现自身的价值。

第四节　工业文学

文学与艺术是人类心灵的慰藉，能满足人们生活不可或缺的高层次的心理需求。工业时代的文艺史是工业文化的一种生动呈现，既有助于人们更好地学习与理解工业文化，也有助于人们创造一种新的更加健康的工业文化。工业文学，是工业文化智慧创造的结晶，是工业社会宝贵的精神财富。

一、工业文学的概念

目前，工业文学还没有一个公认的明确定义。有的学者认为，广义上，凡是描写工业领域生活的文学作品都属于工业文学。狭义来说，反映了工业领域的生活且揭示了工业领域的社会问题的文学作品才是真正的工业文学。根据这一看法，工业文学不是指一种文学运动或文学思潮，而是以题材和主题相结合进行分类的一种大的文学范畴。在中国，工业文学包括了从19世纪末直至目前反映近现代工业领域生活的所有文学作品。[1]

有的文学理论家反对依据题材的不同来划分文学的类型："我们的类型概念应该倾向于形式主义一边，也就是说，倾向于把胡底柏拉

---

[1] 贾玉民、刘凤艳主编：《20世纪中国工业文学史》，海燕出版社2015年版，第1—2页。

斯式八音节诗或十四行体诗划为类型，而不是把政治小说或关于工厂工人的小说划为类型，因为我们谈的是'文学的'种类，而不是那些同样可以运用到非文学上的题材分类法。"① 这种理论否定了工业文学作为一种文学类型存在的合理性，也表明工业文学的界定在学术界仍然存在争议。不过，19 世纪中期，率先爆发工业革命的英国确实出现了一批"工业小说"，不仅生动地描写了当时动荡不安的工业社会场景，而且也阐明了当时人们对工业革命的直观反映中的某些共同观念。② 因此，随着工业社会的诞生，一些文学作品展现出了此前不曾存在的新特点，与工业这一新事物有着题材、内容、创作者等方面的密不可分的关系，可以称其为工业文学。

文学类型的这种演变在历史上颇为常见。例如，伴随着工业化和高速经济增长，日本文坛兴起了被称为"经济小说"的文学类型。所谓经济小说，是指描写各类企业、某一行业的有关人物与经济事件等的小说的总称。在日本，相关作品被称为"经济小说"或"企业小说"始于 20 世纪 70 年代后期。此前，描写经济活动的作品被认为不登大雅之堂，水泽溪指出："有一种倾向认为，在日本文坛是以自述体小说（现代日本独特的小说体裁）为中心，描写与金钱、发迹欲望搅到一起的企业社会或企业集团，从文学'高尚'的艺术世界来看，要低一个或低两个档次。"但是，随着日本经济的发展，还是涌现出一大批被称作经济小说家的作家，以文学的手法描写经济高速增长时期的企业内幕和工薪阶层生活。其中代表性的作家有城山三郎、山崎丰子、高杉良等。日本经济新闻社还于 1979 年设立了"经济小说奖"，旨在发掘新人。随着时间的推移，日本许多描写人物的小说已经离不开企业活动和各种经济背景了，就连原本属于推理小说和恋爱小说体裁的作品，也都开始向经济小说体裁靠拢。③ 在日本经济小说

---

① 勒内·韦勒克、奥斯汀·沃伦著，刘象愚等译：《文学理论》，浙江人民出版社 2017 年版，第 230 页。
② 雷蒙·威廉斯著，高晓玲译：《文化与社会：1780—1950》，商务印书馆 2018 年版，第 142 页。
③ 堺宪一著，夏占友等译：《战后日本经济——以经济小说的形式解读 1945 年—2000 年日本经济发展全过程》，对外经济贸易大学出版社 2004 年，第 1—6 页。

中，有不少反映工业的作品，如《官僚们的夏天》描写了围绕工业政策的博弈，《浮华世家》刻画了钢铁工业的实业家与银行之间的对立，《不毛地带》则触及汽车工业、石油工业等多个产业的发展。经济小说的兴起历程是日本工业文学发展的写照，在世界工业文学史上也具有一定的代表性。

如果从工业文化的角度出发，人们对于工业文学的理解可以更加具有包容性。现代工业诞生于18世纪末的西方，当时西方文学界正兴起浪漫主义文学，而浪漫主义文学也就成了第一种对工业社会及其问题进行反映的文学流派。或者说，浪漫主义文学的兴起也是工业社会的特有现象。工业文明在给人类提供前所未有的物质享受的同时，也让人们面临着深刻的精神危机。尽管人们的工作效率提高了，自由支配的时间更多了，但是，人们却没有因此而感到轻松和愉快，相反更易产生不安、焦虑、烦躁、恐惧等心理问题。有论者指出，工业社会的生活大多已远离了自然，工业化对自然的破坏也引起了人们的重视，人们在人工制造品的环绕下，"穿人工衣服，吃人工食品，走人工道路，开人工机器"，人与人之间的距离不是越来越近，而是越来越疏远，人类迷失在自我的狭隘生活空间中。① 这个时候，浪漫主义文学应运而生。它的自由观念和生命意识，实际上是欧洲文学中人文观念的新发展，是19世纪人道主义思想的一种表现形态，具体的讲，它是文艺复兴人文主义文学中的人本意识，尤其是世俗人本意识在新的历史条件下艺术形态的再现。浪漫主义的个性自由强调人的自然天性和自由情感对包括封建专制、封建道德、科学理性、物质文明、资本主义现存制度等在内的人类文明的反抗，其核心是人性对资本主义工业文明的反抗，是文学对近代科学理性、物质主义带来的人的异化现象的第一次深刻而全面的反思。②

浪漫主义文学被认为是现实主义文学的先声。现实主义文学又叫批判现实文学，从更理性的角度对工业时代以来人的异化问题进行了反思。现实主义作家普遍站在人道主义立场研究工业时代的人与社会，

---

① 王新哲、孙星、罗民：《工业文化》，电子工业出版社2016年版，第37页。
② 蒋承勇：《世界文学史纲》，复旦大学出版社2000年版，第9—10页。

他们所呼唤的"人性",其主要内容是人的理智、道德意识和人格的尊严,因此,现实主义在一定程度上是对反理性规范的浪漫主义文学的一种"反拨"。①20世纪的西方文学生长在现代非理性主义文化思潮的精神土壤中,它是对西方近代理性主义文化价值体系的反动,也是对整个资本主义现代文明的不满与反抗,其中凝结着现代人对自身的价值与命运的深刻思考。20世纪西方文学表现的人与物质文明的矛盾,归根到底是人的生命本体与物质存在、科学理性之间的矛盾。而人对物质文明与科学理性的反抗,某种程度上说,也是对人性的一种维护,在其深层蕴含着非理性人本意识,表现了一种新的人道原则。②

拓展与延伸

《科学怪人》对现代文明的警示

1818年,玛丽·雪莱(Mary Shelley)创作了长篇小说《科学怪人》。在小说中,年轻的科学家弗兰肯斯坦(Frankenstein)狂热地在实验室中创造生命,岂料他创造出来的不是理想中的美好精灵,而是一个丑陋的怪物,最终,他嫌弃自己的创造品,却又被自己的创造品毁灭了。

在玛丽·雪莱笔下,弗兰肯斯坦如同中世纪的术士,全身心投入对于长生不老药的研究上,但他的信念却相当具有启蒙运动的进步主义精神:"如果我能够发现免除人类疾病的办法,让人类除了死亡之外,不会受到任何伤害的话,那将是多么伟大的荣耀啊。"这正是科学与工业的追求。于是,一旦获得名师指点,弗兰肯斯坦就开始学习"以化学为首的自然科学,以及一切相关的综合学科",而且"越学越有信心,很快就达到了废寝忘食的程度,经常通宵达旦地泡在实验室里"。在偶然的机缘下,弗兰肯斯坦决定尝试通过实验创造生命。玛丽·雪莱没有忽略小说角色所处的18世纪末的时代背景,她这样叙述弗兰肯斯坦当时的心情:"我已经对在工作中可能遇到的大量困难,做了多重准备:在进行中很可能挫折不断,最后结果也

---

① 蒋承勇:《世界文学史纲》,复旦大学出版社2000年版,第11页。
② 蒋承勇:《世界文学史纲》,复旦大学出版社2000年版,第13—15页。

可能不尽如人意，但每当一想到科学理论和仪器正在取得日新月异的进展，我就又感到欢欣鼓舞，期望自己现在的努力能够为未来的成功打下坚实的基础，而我已无暇考虑这个庞大繁复的计划是否只是异想天开，这些就是我开始制造人类时的想法。"玛丽·雪莱创作了一个具有典型工业文化特征的文学人格：勤奋工作，崇尚科学，面向未来而充满信心。

但玛丽·雪莱并未止步于此。她预见到了一种可怕的未来。弗兰肯斯坦用科学创造出了一个新的生命，可是，那是一个丑陋的怪物："他的肌肉和血管在黄色的皮肤下一览无余、他的头发黝黑顺滑、他的牙齿像珍珠一样洁白。但这些单独看来十分漂亮的器官，却和其他器官形成了强烈的反差，变得更加骇人。他的水泡眼安在两个几乎是惨白颜色的黑洞中，他的皮肤皱成一团，薄薄的嘴唇像死人般乌青。"这丑陋的怪物吓到了弗兰肯斯坦，他逃避着自己的创造物，并拒绝为这怪物创造一个伴侣，恼羞成怒的怪物则毁掉了弗兰肯斯坦和他所珍爱的生活的一切。于是，在惊悚紧张的文字中，玛丽·雪莱告诉世人，科学与工业不一定通向美妙的新世界，它们也可能推开人类的自我毁灭之门。玛丽·雪莱让弗兰肯斯坦在死前表达了悔恨之情："每当我想到我造出的那个生命，居然也是一个有着细腻情感和理性的造物，我就觉得自己绝不是一个平庸之辈。但这种在一开始支撑我坚持下去的想法，现在却只能让我更加陷入万劫不复的境地。我所有的远大理想和对未来的期望都已成了泡影，现在的我，就好像妄图与神同等的天使长，最后身负枷锁，被打入永恒的地狱之中。我有丰富多彩的想象力，也具有缜密的分析和应用能力……从孩提时代起，我就对自己寄予厚望，立下了远大的志向。可是现在，我却沉沦至此！"这不仅仅是弗兰肯斯坦的忏悔，也是玛丽·雪莱对站在新世界门槛上的年轻的工业时代人类的警告。这是一个新时代，这个时代的人类是如此年轻，也就和年轻时的弗兰肯斯坦一样才华横溢，有着追求"与神同等"的远大抱负。"与神同等"，从古希腊神话中盗火的普罗米修斯，到中世纪传奇里与魔鬼打赌的浮士德，这是人类自诞生之初便有的追求。只是到了工业革命时代，这一梦想才第一次真的似乎能够实现。然而，玛丽·雪莱

> 用弗兰肯斯坦这一文学形象,在工业文化的乐观与自信上,投下了一道长长的阴影。事实上,工业时代的世界大战、核威胁、环境污染、生态恶化、资源枯竭、能源危机等一系列社会问题,都警示着世人:强大的技术若不被适宜的伦理约束,就有可能使人类像弗兰肯斯坦那样推开自我毁灭之门。
>
> 摘编自严鹏:《富强竞赛——工业文化与国家兴衰》,电子工业出版社2017年版,第82—84页。

由于工业革命最早发生于西方,西方国家也率先实现了工业化。因此,西方文学对于工业社会和工业时代的思考具有典型性与代表性。从浪漫主义开始,西方文学对于物质文明的批判性反思,也符合学者对工业文学必须揭示工业领域的社会问题的论断。西方人所率先经历的那些工业时代的心理困境,随着工业革命的扩散,其他地区的人也要经历。从这个角度说,工业文学应该是工业时代诞生的反映工业领域社会生活或直接探索工业社会与人性关系的一切文学作品。简单地说,工业文学就是反映、承载与反思工业文化的文学。

反映工业文化的文学包括一切主题与体裁涉及工业的文学作品。承载工业文化的文学是指传递工业精神等工业文化价值观的文学作品。反思工业文化的文学是指对因工业社会造成的人性异化予以揭露并探索在工业时代重塑人类心灵平衡的文学作品。

工业文学既具有世界性又具有民族性。从工业文化的普世性来说,工业文学是世界的,反映了工业社会的共性问题。但是,同质化的现象在工业时代过于普遍,民族性的消退对于文艺发展具有负面影响。科学追求共性,而在科学基础上建立起来的现代工业社会,也讲求共性,由此,建立在科学基础上的文艺作品也难免陷入共性的桎梏。越是全球化的时代,艺术家们越是在寻求全人类共同的心灵缺失,民族文化的生存空间越来越小,最后只能成为世界民族之林中的一个文化符号。然而,文学与艺术的世界性与民族性不应对立。工业文学的良性发展,必然要求创作者广泛涉猎文学作品,或是思考共性,或是品评个性,最终调和世界性与民族性,创作出具有本土风格而又有普世关怀的优秀作品。

二、工业文学的价值

工业文学和其他类型的文学艺术一样，具有丰富人生的价值。文学是由语言构成的，对语言的爱是人类的一种天性。有学者指出："可以无限组合的词语是我们与自身以及他人之间交流的工具。我们拥有的词语越多，我们就越能有效地使他人了解我们，并对我们的阅读及他人的言说领悟得越充分。如果我们足够幸运——周围有喜欢读书且还会读书给我们听的成年人，那么我们在很小的时候，就可以发展出对于语言的爱。"[①] 除了能满足对语言的爱以外，文学还能满足人们对于观念的爱，因为文学作品也是阐述观念的一种手段。工业文学具有文学的一般功能，是人类自我表达欲望的体现。

作为一种题材和内容与现实生活紧密贴近的文学类型，工业文学除了满足了创作者的表达欲望外，还包含着为现实生活服务的功能，具有显著的现实性。例如，有学者指出，日本的经济小说可以为读者提供：（1）企业活动的内容及在企业中的生存方法；（2）某一行业的组织结构与存在的问题；（3）关于日本经济的发展趋势与存在的问题的宝贵的信息和知识。此外，经济小说还可以为读者在商潮中求生存提供有益的建议及经验教训。[②] 经济小说作为一种具有日本特色的工业文学，对现实生活起到了一定程度的指导作用。实际上，在美国学者查默斯·约翰逊（Chalmers Johnson）研究日本产业政策的名著《通产省与日本奇迹——产业政策的成长（1925—1975）》中，曾专门介绍并引用城山三郎描写通产省的小说《官僚们的夏天》，由此可见日本经济小说的现实意义。[③] 虽然日本的经济小说只是一个特例，但工业文学除了具有文学的一般价值外，确实还包含了工业文化层面

[①] 理查德·加纳罗、特尔玛·阿特休勒著，舒予等译：《艺术：让人成为人（人文学通识）》，北京大学出版社2012年版，第10页。

[②] 堺宪一著，夏占友等译：《战后日本经济——以经济小说的形式解读1945年—2000年日本经济发展全过程》，对外贸易大学出版社2004年版，第1页。

[③] 查默斯·约翰逊著，金毅等译：《通产省与日本奇迹——产业政策的成长（1925—1975）》，吉林出版集团有限责任公司2010年版，第268—269页。

的特殊价值。

首先，工业文学书写了工业精神，是工业文化价值观传播的重要途径。尽管文学有自己内在的艺术和美的追求，但"文以载道"一直是各国文学的重要传统。工业文学作为一种与现实贴近的文学，尤其注重思想内涵。在工业文学中，有相当一部分作品刻画了勇于创新的企业家、敬业执着的工人和无私奉献的劳模等工业人物，并借此直观而生动地讴歌了企业家精神、工匠精神和劳模精神等工业精神，也就通过文学作品的载体传播了工业文化价值观。

其次，工业文学揭露与批判了工业社会的弊病与问题，是塑造良性工业文化的重要手段。工业社会是人类文明不可避免的演进阶段，工业也为人类积累了前所未有的巨大物质财富。但不可否认的是，工业社会也存在着很多弊端和社会问题，其中不少问题与工业的生产方式和组织方式有直接关联。自英国工业革命开始，作家们就创作了大量揭露与批判工业社会弊病与问题的作品。工业革命的技术进步带来了生产力的飞跃，但工业社会的伦理道德往往并没有跟上科学与技术的步伐，这就导致科学与技术成为了双刃剑，既造福众生，又有可能被错误地使用，从而带来灾难。科学家爱因斯坦就曾说过："总而言之，我们整个时代对技术进步和文明赋予了过高的褒奖，它们像一把斧头，但握着它们的人是一个精神失常的罪犯。"[①] 于是，不少文学作品也从现实或幻想的角度出发，批判了与工业技术相关联的负面社会后果。这些作品具有深刻的警示作用，能够唤醒人们改良社会，促进工业文化向着良性的方向发展。

再次，工业文学反映了工业社会尤其是工业从业者的生活，是非物质工业遗产的重要内容。不少工业文学作品是由工人或工业从业者自己创造的，是工业生产活动和工厂生活的记录，见证了时代与历史，是工业遗产的构成内容之一。

最后，工业文学在特殊条件下能够直接影响到人们的工业实践活动。人的行为是由观念决定的，而人的观念是由接触到的各种信息塑

---

① 布鲁斯·马兹利什著，汪辉译：《文明及其内涵》，商务印书馆2017年版，第137页。

造的，这些信息经过大脑的加工，形成决策，就会反馈到行为上。工业文学作为一种信息来源，在一定条件下会影响人们在工业活动中的判断、决策等，从而直接影响人们的工业实践活动。

> **拓展与延伸**
>
> **蒋子龙的《乔厂长上任记》**
>
> 蒋子龙的小说《乔厂长上任记》发表于1979年，是改革开放时代中国工业文学的标杆性作品。
>
> 小说刻画了乔光朴这一工业领域改革的先驱者，在开篇即引述了厂长乔光朴的发言记录：
>
> "时间和数字是冷酷无情的，像两条鞭子，悬在我们的背上。
>
> 先讲时间。如果说国家实现现代化的时间是二十三年，那么咱们这个给国家提供机电设备的厂子，自身的现代化必须在八到十年内完成。否则，炊事员和职工一同进食堂，是不能按时开饭的。
>
> 再看数字。日本日立公司电机厂，五千五百人，年产一千二百万千瓦；咱们厂，八千九百人，年产一百二十万千瓦。这说明什么？要求我们干什么？"
>
> 改革的紧迫感跃然纸上，奠定了整篇小说的基调。小说从市机电局党委扩大会议写起，在会上，乔光朴放弃令人羡慕的电器公司的职位，主动请缨到问题重重的电机厂当厂长，显示出了难得的魄力与担当。小说借机电局领导霍大道的话说出了当时工业领域不好的现象："厂长都不想在一个厂里干一辈子，多则订个三年计划，少则是一年规划，打一枪换一个地方，这怎么能把工厂搞好！"这从侧面凸显了乔光朴愿意下到工厂去的思想境界与格局。乔光朴原来曾在电机厂工作过，回厂上任前特意去找了在厂中工作的女性朋友童贞，两人此前互有好感，此时乔光朴终于答应与童贞结婚，但童贞担忧乔光朴的工作，忧心忡忡地问："你在公司不是挺好吗，为什么偏要回厂？"乔光朴兴致勃勃地说："搞好电器公司我并不要怎么费劲，也许正因为我的劲使不出来我才感到不过瘾。我对在公司里领导大集体、小集体企业，组织中小型厂的生产兴趣不大，我不喜欢搞针头线脑。"童贞反问："怎么，你还是带着大干一番的计划，

回厂收拾烂摊子吗？"乔光朴回答："不错……过去打仗也好，现在搞工业也好，我都不喜欢在旁边打边鼓，而喜欢当主角，不管我将演的是喜剧还是悲剧。趁现在精力还达得到，赶紧抓绕几年。我想叫自己的一辈子有始有终，虎头豹尾更好，至少要虎头虎尾。我们这一拨的人虎头蛇尾的太多了。"童贞爱慕乔光朴"男子汉特有的雄伟顽强的性格"，但又有些不安，自言自语地说："没见过五十多岁的人还这么雄心勃勃。"乔光朴"几乎用小伙子般的热情抱住童贞的双肩"并说："雄心是不取决于年岁的，正像青春不一定就属于黑发人，也不见得会随着白发而消失。"乔光朴对女友说的这番话，充满了男性气概的魅力，显示出主人公具有一种古典英雄主义的人格。蒋子龙在这段场景中对于主人公心态和年龄的反差的描写，实际上也寓意了改革就是要使历经沧桑的国家焕发青春。

随着乔光朴走马上任，小说的矛盾也逐渐展开。一方面，乔光朴与纪律涣散的工人存在着矛盾；另一方面，乔光朴与只把电机厂当跳板的厂领导也存在矛盾，而在这些现实矛盾之外，又夹杂着历史恩怨，以及体制改革的冲击，各种关系错综复杂。然而，乔光朴以硬汉的姿态战斗着，蒋子龙作为叙述者，用一句旁白进行了诠释："一个领导，要比被他领导的人坚强。"这句话是对乔光朴的总结，也是作者对于现实生活中改革者的期许。

作为工业题材小说，《乔厂长上任记》不乏一些典型场景的描写，例如：

"外行看热闹，内行看门道，乔光朴在一个青年工人的机床前停住了，那小伙子干活不管不顾，把加工好的叶片随便往地上一丢，嘴里还哼着一支流行的外国歌曲。乔光朴拾起他加工好的零件检查着，大部分都有磕碰。他盯住小伙子，压住火气说：'别唱了。'

工人不认识他，流气地朝童贞挤挤眼，声音更大了：'哎呀妈妈，请你不要对我生气，年轻人就是这样没出息。'

'别唱了！'乔光朴带命令的口吻，还有那威严的目光使小伙子一惊，猛然停住了歌声。

'你是车工还是捡破烂的？你学过操作规程吗？懂得什么叫磕碰吗？'

小伙子显然也不是省油的灯,可是被乔光朴行家的口吻,凛然的气派给镇住了。乔光朴找童贞要了一条白手绢,在机床上一抹,手绢立刻成黑的了。乔光朴枪口似的目光直瞄着小伙子的脑门子:'你就是这样保养设备的?把这个手绢挂在你的床子上,直到下一次我来检查用白毛巾从你床子上擦不下尘土来,再把这条手绢换成白毛巾。'这时已经有一大群车工不知出了什么事围过来看热闹,乔光朴对大伙说:'明天我叫设备科给每台机床上挂一条白毛巾,以后检查你们的床子保养情况如何就用白毛巾说话。'"

小说篇幅不长,并没有让主人公以解决所有问题和矛盾来结尾,但是留下了希望。蒋子龙借霍大道的话鼓励乔光朴:"老乔,搞现代化并不单纯是个技术问题,还要得罪人。不干事才最保险,但那是真正的犯罪。什么误解呀,委屈呀,诬告呀,咒骂呀,讥笑呀,悉听尊便。我在台上,就当主角,都得听我这么干。我们要的是实现现代化的'时间和数字',这才是人民根本的和长远的利益所在。眼下不过是开场,好戏还在后头呢!"的确,对于中国的改革开放来说,小说写作的时间节点也不过是个开场,因此,小说不设置大团圆的结局,恰与现实保持着一致。而一个问题与矛盾还未得到解决的结尾,也昭示着现实中的改革任重道远。但一句"好戏还在后头呢",又是小说家对于改革者的鼓舞。

《乔厂长上任记》发表后影响广泛,对工业领域的改革起到了一定的助推作用。2018年12月18日,在庆祝改革开放40周年大会上,蒋子龙作为改革文学作家的代表,被授予改革先锋称号,荣获改革先锋奖章。

小说文本摘录自丁帆主编:《乔厂长上任记:改革小说选》,人民文学出版社2008年版,第1—39页。

尽管工业文学具有很多现实的功能,但作为一种文学类型,工业文学作品的价值除了其社会性与实用性之外,仍然必须包含文学性与艺术性。文学被有些人称作"门槛最低的艺术"。然而,只要对有意识的写作稍作了解,就应该明白事实并非如此。许多人的无意识写作绝对称不上艺术创作,充其量只是在拼凑我们所熟悉而陌生的字符罢了。写作,更多的时候是作为工具而存在的,它和文学创作是两码事,甚至严谨的工具性写作和文学创作完全不同。一个出色的作者绝不是无意识的创作,文学对这个作者来说是一场自觉参与的游戏,作者在有意识地搭建自己的文学王国。文学创作绝对不同于讲述一个故事,而是在展现一个故事,这便是从无意识到自觉的过程。有趣的故事必然是由无数有趣的细节充实起来的,能否观察到、体会到、表达出这些细节,就是创作者才能高低的地方。但细节也不是决定一篇作品成败的关键,因为作品是一个有机整体,只有各个分支相互妥协圆润才能实现通篇的舒展。无意识地创作会造成空白与臃肿,产生词句的乱用,反映出思想的混乱和技巧的贫乏,就像一首难听或不那么高尚的乐曲,充斥着不成熟感。而一篇成熟的作品,不论它在哪个方面吸引读者,都一定会让读者体会到作品的完成度极高。在讨论工业文学的价值时,强调文学性与艺术性并非无的放矢,因为大量工业题材的文学作品都侧重于社会性与实用性,忽略了工业文学的本质仍然是文学,文学性和艺术性的审美体验仍然是决定工业文学作品价值的基本准绳。工业文学的发展与繁荣,必须兼顾其社会性与文学性,如此方能得到文坛主流的认可。

三、中国工业文学概况

中国的工业文学是随着现代工业的发展而产生的,其形成过程受到了社会主义思想的影响。"五四运动"以后,工人阶级登上了中国政治的舞台,马克思主义的传播使"劳工神圣"的口号响彻中国知识界,包括产业工人在内的劳工成为越来越多文学作品的题材。郁达夫的《春风沉醉的晚上》与夏衍的《包身工》是其中的佼佼者。一批左翼作家开始运用文学这一武器对弊病丛生的中国社会展开批判,视野与题材也越来越广阔,从工人延伸到工业资本家,茅盾的《子夜》为这批工业题材作品中的代表。可以说,中国工业文学的产生与工人阶级的壮大有密不可分的关系,是文学反映现实社会的产物。

> **拓展与延伸**
>
> **《子夜》对上海工业景观的描绘**
>
> 　　暮霭挟着薄雾笼罩了外白渡桥的高耸的钢架,电车驶过时,这钢架下横空架挂的电车线时时爆发出几朵碧绿的火花。从桥上向东望,可以看见浦东的洋栈像巨大的怪兽,蹲在暝色中,闪着千百只小眼睛似的灯火。向西望,叫人猛一惊的,是高高地装在一所洋房顶上而且异常庞大的霓虹电管广告,射出火一样的赤光和青磷似的绿焰:Light,Heat,Power!
>
> 　　摘录自茅盾:《子夜》,人民文学出版社1961年版,第3页。

　　中华人民共和国成立后,伴随着工业建设的大规模展开以及工人阶级政治与社会地位的提升,工业文学出现了繁荣景象。一方面,一批作家深入基层,创作了包括小说、诗歌、报告文学、电影等在内的工业题材文艺作品;另一方面,工矿企业里的一批工人开始进行文学创作,使工业文学出现了由"书写工人"到"工人书写"的新变化。不过,由于社会主义探索的曲折性以及特殊政治环境的影响,部分工业文学作品的质量不高,堆砌政治口号,令人无法卒读。[①] 因此,改革开放前中国工业文学的发展既有宝贵的经验,又有深刻的教训。需要指出的是,除了传统意义上的文学作品外,中华人民共和国成立后,工业题材的电影也大放异彩,相关作品应视为广义工业文学的一部分。

> **拓展与延伸**
>
> **反映新中国工业建设的电影《护士日记》**
>
> 　　小燕子,穿花衣,
> 　　年年春天来这里,
> 　　我问燕子你为啥来,

---

① 贾玉民、刘凤艳主编:《20世纪中国工业文学史》,海燕出版社2015年版,第89页。

燕子说：

这里的春天最美丽。

这首朗朗上口的童谣，已经陪伴无数中国人度过了童年。然而，许多人没听过的是，这首儿歌在同样的旋律下还有一段：

小燕子，告诉你，

今年这里更美丽，

我们盖起了大工厂，

装上了新机器，

欢迎你长期住在这里。

可以说，这首哄孩子入睡的儿歌，实际上是一曲对于工业文化的礼赞。它来自1957年的中国电影《护士日记》。这部由陶金导演，王丹凤、汤化达主演的影片一开头，就传来这样一首歌："时代的列车，隆隆的响，青春的热情，充满车厢，啊，姑娘，你的心为什么这样跳荡？你的心为什么这样跳荡？你的心为什么这样跳荡？巨人般的工厂，竖起在荒僻的远方，钢和铁，发出了美妙的歌唱，我的心紧贴着祖国的心脏，在伟大的建设中放光芒！时代的列车，隆隆的响，青春的烈焰，遍地烧的旺，为了祖国美好的未来，贡献出青春的力量！" 1953年10月1日，《人民日报》发表社论《为着社会主义工业化的远大目标而奋斗——庆祝中华人民共和国成立四周年》，谈道："四年以来，我国不但经过了多次大规模的群众斗争，在各方面基本上完成了民主的社会改革工作；而且在国民经济恢复的过程中，已经开始了社会主义改造的工作，使各种经济成分发生了重要的变化，创造了今后逐步实现社会主义工业化和逐步实现社会主义改造的有利条件。"当时，中国确立了过渡时期的总路线："在一个相当长的时期内逐步实现国家的社会主义工业化，逐步实现国家对农业、对手工业和对私营工商业的社会主义改造。"在工业化方面，从1953年开始的第一个五年建设计划的基本任务是"集中主要力量发展重工业，建立国家工业化和国防现代化的基础"。而此时，社会主义盟友苏联也对中国展开了援助，帮助中国新建和改建141项规模巨大的工业企业，后来经过调整，这一援助被称为156项目，长春的第一汽车厂、沈阳的沈阳第一机床厂、武汉的武汉钢铁公司等重要企业都属于该项目。在这样的大背景下，无数青年奔赴祖国的四面八方，参与祖国最需要的工业建设，一座座大工厂和新兴城市在荒原上拔地而起，这就有了《护士日记》的故事。

《护士日记》一开始，上海护士学校的一群女学生们就兴奋地讨论毕业去向问题，王丹凤饰演的女主角简素华在日记中写着："校长今天忽然宣布，为了工业建设的迫切需要，我们将提前毕业，分发工作，整个护士学校，都沸腾起来了，每一个人，都在考虑自己未来的道路。"简素华在志愿表上填的是"服从组织分配，哪需要，就到哪去"。然而，简素华的男朋友沈浩如是一个很有才华的实习医生，却只打算留在上海，而且还为他和简素华准备好了新房——从房间的窗户里能看到巍峨的高楼，那是茅盾在小说《子夜》中曾经描绘过的散发着"Light, Heat, Power"的大上海的标志。经过一番争执，简素华还是踏上了奔赴某141项目工厂的列车——这个工程有职工近3万，连家属就5万出头了，可是一共只有8位医生、17位护士，这里确实就是最需要人才的地方。到达冰雪覆盖的目的地后，简素华和同行的闺蜜唐小芳立马就问工区主任高昌平："我们的工厂在哪啊？"高昌平用手比画："你们看，这是加工厂，这是附属机械厂，山后头是主厂房，那左边远远的地方就是厂的大门。"镜头随着高昌平的比画移动，展现在观众面前的却是茫茫一片雪原。于是，唐小芳不解地问道："哪儿？哪儿？怎么看不见哪？"高昌平回答道："现在还没有，你们来了，一切都会很快地出现了。"唐小芳狐疑地问了句："什么？"高昌平语重心长地说："路啊，是人走出来的，房子是用手盖出来的，对吗？"两位小护士听罢羞涩而又兴奋地笑了。尽管《护士日记》是一部虚构的电影，但它反映了"一五"时期中国工业建设的实际情形——在莽莽荒原上用最短的时间从无到有地建立起现代化的大工厂。因此，敢干、苦干、实干的中国工业文化，在新中国成立后，不仅得到了传承，而且进一步发扬光大。

到达建设工地后，简素华全身心投入了医务站的工作中。影片将简素华塑造为了在社会主义建设中涌现出来的模范青年的典型：勤奋认真，乐于奉献，团结友爱，公而忘私。一开始，医务站原有的一位医生和一名护士对工作缺乏热情。简素华到来后，不仅工作更加细心，而且主动下到一线工地为工人们服务，使工人免于往返工地与医务站之间，能有更多精力与时间投入劳动建设中。在简素华的感染下，原本对她存在误会与看法的同事也开始变得对工作积极起来。与此同时，镜头切换到上海，简素华的男友沈浩如过着相当惬意的生活，颇为暧昧地与女同事享受着娱乐闲暇，这与一心扑在工作上的简素华适成对比。然而，十分器重沈浩如的老教授要去新疆组建新的医院，希望将他一起带过去，这令沈浩如感到末日将临。于是，沈浩如孤注一掷，跑去工地找简素华，希望简素华能和他一起回上海结婚，这样他就不用被调去新疆了。自然，简素华拒绝了这一请求，而且看穿了沈浩如千里迢迢跑来工地只是为了他自己能留在上海，两人最终分手。故事的高潮发生在风雨交加的夜晚，悻悻离去的沈浩如将简素华一年来写给他的信全部撕碎在风中，简素华则义无反顾地投入工地的抗灾斗争中。最终，工厂顺利建成，简素华也收获了新的爱情——一直就很欣赏她的工区主任高昌平要带着施工队赶赴下一个项目工地，希望简素华可以一起去，简素华塞给他一张字条，写着："我一定来！"影片又响起"时代的列车"的旋律，在"为了祖国美好的未来，贡献出青春的力量"的歌声中落下帷幕。

《护士日记》可以说是新中国工业文化的典型呈现。一方面，《护士日记》如实反映了"一五"时期中国工业文化的内涵：以自强不息的气概和大无畏的斗争精神去开创一个新的工业世界，以勤奋无私的工作伦理作为这种创造活动的保障；另一方面，包括《护士日记》在内的一大批文艺作品，本身也是国家主动塑造的工业文化的一部分——换言之，当"变农业国为工业国"成为国家意志之后，需要一种崇尚工业发展并适合工业发展的文化来培养合格的工业建设者，于是，正面讴歌工业建设的工业文化就成为了国家宣传的主旋律，而受这种工业文化的感召，更多的建设者投入了战天斗地开创工业国的伟大事业中。

摘编自严鹏：《富强求索——工业文化与中国复兴》，电子工业出版社2016年版，第151—154页。

改革开放以后，中国的工业文学出现新的特色。1979年，作家蒋子龙发表了《乔厂长上任记》，标志着改革文学这一工业文学的特殊分支开始勃兴。改革文学的题材涉及社会经济生活的方方面面，工业改革题材是其中重要的内容。作为新时期文坛的主旋律，改革文学既反映了中国改革开放的历史转折，又给在改革开放进程中攻坚克难的人们以精神鼓舞，较好地实现了工业文学的功能与价值。

20世纪90年代以后，随着国企改革的深化，一些文艺作品也开始反映企业破产、职工下岗等与工业改革相关的社会问题，将角色的命运置于老工业基地衰退的大时代背景之下，引人深思。这方面的典型文艺作品如小说《万箭穿心》、电影《钢的琴》等。

21世纪，中国工业本身的变化也影响着中国工业文学的变迁。在计划经济体制下，国企是工业体系的主体，具有一定独立性与封闭性的单位成为工业从业者主要的生活空间，相关文学作品也围绕着单位中的生活而展开。改革开放后，社会主义市场经济的发展催生了民营企业等新的工业主体，单位的功能也随着体制改革的不断深入而弱化，工业文学也将视角从国企职工移向了民营企业家等新的社会阶层，并产生了商战题材等生活空间更为宏阔的作品。此外，农民工作为中国工业新劳动力大军的兴起，也催生了打工文学这一工业文学的新分支。中国工业文学随着中国工业而发展变化着。

尽管中国工业文学取得了不俗的成就，但正如有的学者所指出的那样，中国工业文学的发展仍较为有限，工业题材作品在数量和质量上与农村题材、革命历史题材、知识分子题材的作品都有明显的差距。[①] 中国工业文学与中国工业在国际上的地位极不相称，中国工业文学的发展仍然任重道远。

> **拓展与延伸**
> **廖奔：《中国工业文学的现状与出路》**
> "中国传统上是一个农业大国，我们通常讲中华民族有五千多年的文明历史，这段历史99%是农业文明。当代我们也有世界知名的

---

① 贾玉民、刘凤艳主编：《20世纪中国工业文学史》，海燕出版社2015年版，第14页。

文学艺术家,比如莫言凭借《蛙》获得诺贝尔文学奖,张艺谋作为世界级的知名导演拍出了《红高粱》《大红灯笼高高挂》等众多优秀作品,但我们再次审视,无论是文学作品还是电影作品,反映的仍然是工业文明之前的农业文明。"

"我们的工业文学基础仍然薄弱,工业文学创作仍处于初级阶段。"

摘自工信光耀(北京)文化发展有限公司编:《铸工业之魂——首届中国工业文学作品大赛活动集锦》,中国铁道出版社2018年版,第84页。

第四章
工业文化产业

工业文化作为一种经济活动衍生出的文化，本身是具有产业属性的。现代工业的本质特点之一就是其革命性。工业革命是一个不间断的创新过程，但创新也意味着旧的生产力、生产方式和生产组织被淘汰。于是，一方面，新的工业企业不断创立；另一方面，老的工业区却可能衰退，失去原本的生产功能。在时间的流逝中，工业沉淀了自己的历史遗留物，这些遗留物中有保留价值的部分就是工业遗产。工艺美术是传统工业文化的产业载体，往往与非物质文化遗产联系在一起。工业设计与工艺美术一样，是体现精神文化与灵感创意的产业，但工业设计更多地立足为现代产品赋予价值。人们会怀着各种目的去一些工业遗产旅游，但是，工业旅游不仅限于此，参观现代化的生产车间也是工业旅游的重要内容。工业旅游堪称最重要的工业文化产业。本章将介绍工业遗产、工艺美术、工业设计与工业旅游的基本知识。

第一节　工业遗产

人们漫步在城市中，有时会发现一些老旧的厂房被改造成办公楼、餐厅、咖啡馆、博物馆或娱乐设施。在一些住宅小区里，偶尔能发现曾经存在着的工厂遗迹，那些厂房、仓库、烟囱，或者被原原本本地保留下来，像一个纪念物，或者经过精心的改造，成为一件艺术品。这些老工厂已经不存在了，但它们的建筑可能会被人们有意识的部分或全部保留下来。留下来的那些遗存，就是工业遗产。工业遗产提醒人们，工业社会在人类发展史上尽管存在的时间不长，但也有它自己的历史和值得人们保留的记忆。工业遗产是工业文化重要的载体。

一、工业遗产的定义

英国是世界上第一个爆发工业革命的国家，也是最早出现工业衰退的国家。工业衰退带来了工业物质遗存的去留问题，因此，英国也是最早关注工业遗产的国家。工业遗产源于工业考古学的建立。工业考古学的实践最早可追溯到1918年在英国谢菲尔德大学成立的谢菲尔德技术贸易协会，该协会成立的目的是保存被誉为"钢铁之城"的谢菲尔德的工业历史，这表明当时英国的民间已经出现了保护工业城市历史的意识。第二次世界大战后，伯明翰大学的迈克尔·里克斯（Michael Rix）首先在成人教育课程中推广的工业考古学带动了工业遗产作为一个单独领域的发展，他的论文《工业考古学》是最早提出并定义这一概念的文章。里克斯的论文呼吁社会各界增加对18世纪—19世纪英国工业革命遗产的研究和保护，他的理念在1959年得到了英国考古学委员会的认可，工业考古学的研究者当年召开了第一次全国大会，希望政府可以资助国内工业遗迹的调查和认定，进而确认需要被保护的遗迹。1963年《工业考古学导论》出版，正式宣告工业考古学作为一个单独研究和管理领域的诞生。1973年，英国工业考古学会正式成立，同年，什洛普郡的铁桥谷博物馆建成。铁桥谷博物馆靠近伯明翰，当地从16世纪至20世纪一直在出产煤炭，对工业革命产生了重要影响的煤转炭技术是在这里发展并推广的，铁桥谷因此被一些人誉为英国工业革命的发源地。博物馆建成后不久召开了有关工业遗迹保护的国际会议，吸引了北欧和北美的参会者，促进了这些国家对工业遗址的保护和开发。"工业遗产"一词随后取代了"工业考古学"，用来称呼英国的工业历史遗迹。1973年的铁桥谷会议还促成了国际工业遗产保护委员会在 1978 年诞生。在该机构的引领下,有关工业遗产保护的研究在全球范围内推开。①

学术界历来对工业遗产有着不同的定义。在 2003 年国际工业遗产保护委员会发布的《关于工业遗产的下塔吉尔宪章》中对工业遗产进行了详细的定义。该定义具有一定的官方性:"工业遗产是由具有历史价值、技术价值、社会价值、建筑价值或科学价值的工业文化遗迹所构成,这些遗存由建筑与机械、工厂、磨坊与工厂、矿山与从事加工与精炼的厂址、仓库与货栈、产生于输送能源的地点、交通运输及其基础建设,以及有关工业社会活动(诸如居住、宗教信仰或者教育)的遗址。"②

工业遗产是工业发展过程中留存的物质文化遗产和非物质文化遗产的总和。表 4-1 是工业遗产的分类。

表 4-1 工业遗产的分类

物质工业遗产	工业文物	从历史、技术、科学角度看,具有突出的普遍价值的工业制成品,包括机器设备、生产工具、办公用具、生活用具、历史档案、商标徽章、文献、手稿、图书资料、契约合同、商号商标、产品样品、手稿手札、招牌字号、票证簿册、照片拓片、音像制品等涉及企业历史的记录档案等可移动文物
	工业建筑	从历史、艺术或科学角度看,在建筑式样、分布均匀或与环境景色结合方面具有突出的普遍价值的单立或连接的工业建筑单体或群体,包括作坊、厂房、仓库、码头、桥梁、故居及办公建筑、工业市镇等
	工业遗址	从历史、科技、社会学角度看,具有突出的普遍价值的人类引入新技术形成的工业工程或自然与人造工程等地方,包括工人的住宅、使用的交通系统及其社会生活遗址等
非物质工业遗产		包含生产工艺流程、生产技能、原料配方、商号、品牌、记忆、口传等相关的工业文化形态,具有特殊贡献的个人或群体及其先进事迹报告或口述史

资料来源:整理自王新哲、孙星、罗民:《工业文化》,电子工业出版社 2016 年版,第 330 页。

---

① 朱联璧:《略论英国的工业遗产》,彭南生、严鹏主编《工业文化研究》第 1 辑,社会科学文献出版社 2017 年版,第 144—147 页。
② 王新哲、孙星、罗民:《工业文化》,电子工业出版社 2016 年版,第 329 页。

物质层面的工业遗产主要是以工业建筑为核心的工业遗址，它们形成了独特的景观，甚至成为某些社区的地标。工业景观以其震撼的视觉冲击力和独特的历史印迹，成为工业遗产最重要的标志之一。非物质层面的工业遗产因其无形而较少被人们关注，但实际上，包括工业历史、工业精神在内的非物质工业遗产，赋予了工业遗产真正的文化价值，是工业遗产所具有的文化传承功能的内核。

二、工业遗产的价值

在一般的印象中，机器用旧了就应该更新，厂房废弃了就应该拆除，那么，为什么人们还要把旧机器和旧厂房保护起来呢？这是因为工业遗产有着非常重要的价值。

首先，工业遗产承载着时代的记忆，是历史延续的象征。记忆对人类来说是非常重要的，人们知道自己从哪里来，才能想得清楚要到哪里去。为人类保存记忆是一切文化遗产所共有的价值。工业社会尽管存在的时间还不长，但也经历了剧烈的变革，有了足够的历史沉淀。因此，保护工业遗产，正是为了使工业社会在工业革命不停歇的浪潮中留住记忆，使工业社会的发展不迷失自我。马斯洛的需求层次理论告诉人们，人在满足了基本的生理需求与安全需求后，会对归属感产生需求，而归属感正源于人们从哪里来和人们经历过的事情。试想，对一个成长于工厂区的孩子来说，厂房间的空地也许就是她童年游戏的场所，当她成年后，工厂也许废弃，可是假如有那么几间厂房能保留下来，在她遇到生活的烦恼时，不就能找到一丝童年的美好回忆，寻到一种安慰心灵的温暖吗？承载记忆正是工业遗产最基本的价值，也是保护工业遗产最大的意义。

其次，工业遗产是工业文化的有形载体，能够创设传播工业文化价值观的情境。工业文化是与工业社会相适应的思想和价值观，对工业发展能够起到促进作用。但是，工业文化要发挥这种作用，必须通过一定的渠道去传播思想和价值观。工业遗产作为工业文化的有形载体，是传播工业文化思想和价值观的有效途径。当人们参观那些由工业遗产改造而成的博物馆时，能够受到企业家创业气概的感染，能够感知技术人员和工人工作时的敬业,能够被劳模们无私忘我的奉献所感动。于是,在潜移默化之中,企业家精神、工匠精神与劳模精神等工业文化价值观,就得到了传播,工业文化也以这种方式得到了传承。因此,保护与利用工业遗产,具有传播工业文化价值观的重要作用。

最后,工业遗产是研究工业历史的宝贵资料。研究历史需要用到历史资料,各种类型的工业遗产就是天然的历史资料。因此,保护工业遗产,对于研究工业历史具有重要的意义。当然,研究工业历史最终还是为了保存记忆与传播价值观。

拓展与延伸

《都柏林准则》摘录

《都柏林准则》是指2011年11月28日在17届国际古迹遗址理事会全体大会上通过的《国际古迹遗址理事会—国际工业遗产保护委员会联合准则:工业遗产、构筑物、区域和景观的保护》。该准则的部分内容摘录如下:

"工业遗产非常脆弱,常处在被破坏甚至消失的危险之中,主要是人们缺乏对工业遗产的保护意识,存档或保护措施不健全。此外,经济形势不断变化、人们对工业遗产持负面看法、工业化导致的环境问题,以及其涵盖的规模太广、过于复杂都是造成工业遗产困境的重要原因。"

"工业遗产包括遗址、构筑物、复合体、区域和景观,以及相关的机械、物件或档案,作为过去曾经有过或现在正在进行的工业生产、原材料提取、商品化以及相关能源、运输等基础设施建设过程的证据。工业遗产反映了文化和自然环境之间的深刻联系:无论工业流程是原始的还是现代的,均依赖于原材料、能源和运输网络生产和分销产品至更广阔的市场。工业遗产分为有形遗产和无形遗产的维度,有形遗产包括可移动和不可移动的遗产,无形遗产包括技术工艺知识、工作组织和工人组织,以及复杂的社会和文化传统。这些文化财富塑造了社群生活,给整个社会带来了结构性变化。"

"研究和记录工业构筑物、厂址、景观和相关的机械、设备、记载或无形遗产,对它们的识别、保护以及遗产意义和价值的评估极为重要。蕴藏在旧工业工艺流程中的人类技能和知识是遗产保护中至关重要的资源，应当在其价值评估过程中予以充分考虑。"

"对区域或国家的工业史、社会经济史及其与世界其他地区的联系和交流历程的全面了解，有助于理解工业遗址和构筑物的意义。针对关键的工业部门或技术，单一产业语境研究、类型学和区域性的比较研究，非常有助于我们认知蕴藏在构筑物、遗址、区域和景观上的价值。公众、学者和管理者应当有条件接触和查询这些资源。"

"对于有遗产价值的'活态'工业构筑物或者厂址，必须认识到，作为'仍在进行'的生产或开采设备，它们的用途和功能的延续承载着它们某些遗产价值并为材料和经济的可持续发展提供适宜条件。为了避免来自自然或人类的破坏，实施建筑规范、环境要求或者降低风险策略时需要尊重其具体的技术特点和功能。"

"适当地保持原状或者改变并继承的使用方式是最常见的，也往往是保护工业遗产厂址或构筑物最可持续的方法。新的用途应当尊重重要的材料、构件和流通运转模式。为了确保工业遗产厂址和构筑物的可持续利用，必须掌握专业技能，以确保遗产价值得到充分的考虑和尊重。"

"工业遗产是需要多维度沟通学习的资源。它显示了随着时间的流逝，国际、国内以及地方历史和交流互动等重要信息。它展示了与科学和技术发展以及社会和艺术活动相关联的创造性人才。公众和企业对工业遗产的认知和了解是其成功保护的重要手段。"

"一些项目和设施应当发展并延续，比如'活态'工业遗产厂址和工序的参观，以及对与历史、机器、工艺流程、工业或城市博物馆和表演中心、展览、出版物、网站、区域的或跨境的路线相关故事等无形遗产的展示，作为提高人们对工业遗产的认识和评估的手段，以充分体现其对当代社会的意义。理想情况下，设置这些项目和设施的遗址，位于工业化进程已经发生并能最好传达的地区。在有可能的情况下，遗产研究和保护领域的国内外机构应有权使用这些项目和设施，用作面向大众和专业团体的教育设施。"

摘录自马雨墨译、周岚审阅：《都柏林准则》，彭南生、严鹏主编《工业文化研究》第1辑，社会科学文献出版社2017年版，第195—199页。

工业遗产本身也是一种产业。首先，工业遗产是工业文化的产物，工业文化不同于其他文化，始终以经济性为其内涵，以产业为其依托。因此，工业遗产从工业文化的内在逻辑来看，可以是一种产业。其次，工业遗产在具体的地区，通常是经济循环改变后的产物，它本身就是地区产业演化的一个阶段或一个环节，是地区产业生态体系的一部分。最后，工业遗产的保护需要花费大量的资金，其维护往往等同于再投资，这使得工业遗产的保护必须与利用和开发结合起来，而工业遗产的利用实际上就是一种产业再开发。因此，从保护所需资源投入来说，工业遗产也应该是一种产业。

将文化遗产视为一种产业并非全新的想法。从旅游产业的角度出发，有西方学者构造了"遗产产业"（heritage industries）一词，遗产产业指的是将文化遗产视为经济资源进行商品开发，有一定的逻辑合理性。从文化遗产形成的角度说，并非所有东西都能够成为遗产，文化遗产本身就是"一种通过了一系列筛选的产品"，即"只有被确定为具有价值的商品的遗产才能够成为向游客宣传和'销售'的遗产"[①]。换言之，文化遗产作为一种经过价值评估而形成的人为建构物，天然包含了产业属性。一般性的文化遗产如此，本身就源于产业的工业文化遗产便更具有产业色彩了。不管是遗产产业，还是工业遗产产业，作为一种经济事物，其核心都涉及价值评估。表4-2为工业遗产价值评估协调性流程的模型：

表 4-2 工业遗产价值评估的协调性流程

阶 段	评估价值的类型		参与评估的主体		作 用
启 动	核心价值	历史与文化价值	核心主体	历史与文化类专家	评估遗产的范围，划定保护的红线。
制定开发战略	核心价值	经济与产业价值	核心主体	经济管理部门、企业	评估遗产的整体可利用价值。
形成具体方案	核心价值	建筑与空间价值	核心主体	建筑与规划类专家	评估遗产构成要素的具体可利用价值。

[①] 戴伦·蒂莫西、斯蒂芬·博伊德著，程尽能主译：《遗产旅游》，旅游教育出版社2007年版，第8页。

上述模型将工业遗产的价值划分为了历史与文化价值、经济与产业价值、建筑与空间价值这3个大的类型,实际上,每个类型的内部又包括了更具体的工业遗产价值构成要素(见表4-3)。而这些价值构成要素共同组成了工业文化遗产的价值体系。

表 4-3 工业遗产的价值构成要素

价值类型	包含要素	价值属性
历史与文化价值	历史价值	核心价值
	文化价值	
	技术价值	
	美学价值	
经济与产业价值	资产价值	延伸价值
	区位价值	
	活态价值	
	产业容纳价值	
建筑与空间价值	建筑功能价值	承载价值
	空间利用价值	

历史与文化价值是工业遗产的核心价值,是决定工业遗存是否值得保护的根本性因素。工业经济的革命性导致工业遗存不断生成,如果所有的遗存都保留下来,工业发展本身将缺乏物理空间。因此,只有那些确实在历史上具有重要意义的工业企业的遗存才真正具有延续历史记忆的价值,从而真正值得保护。历史与文化价值包含历史价值、文化价值、技术价值与美学价值等。历史价值指的是留下了工业遗存的工业企业或其他工业主体在历史上的重要性与地位。文化价值指的是工业遗产承载的非物质的工业精神,如企业家精神、工匠精神、劳模精神等。技术价值指的是工业遗产曾经拥有的技术在工业技术发展史上的意义与影响。美学价值指的是工业遗产所能够带来的综合性审美体验的价值。

经济与产业价值是工业遗产的延伸价值,是决定工业遗产能否得到有效开发与再利用的基础。实际上,有一些在历史与文化价值上非常重要的工业遗产,可能因为处于荒僻的沙漠、深山里而不适合从经济上进行开发与再利用，只能单纯进行保护，这就是工业遗产的经济与产业价值和历史与文化价值可能会出现的背离现象。工业遗产的经济与产业价值主要包含资产价值、区位价值、活态价值与产业容纳价值。资产价值指的是工业遗产实际遗留物的当前价格，与普通文物不同的是，工业遗产的遗留物通常都是距今不远的厂房、机器等实用物件，是可以进行市场定价的。区位价值指的是工业遗产所处的地理区位，这一难以改变的要素通常是决定工业遗产可开发价值的决定性因素。活态价值指的是工业遗产是否还具有原始的工业生产或其他经济功能，又或者已经完全成为丧失原始经济功能的遗存。产业容纳价值则是指工业遗产被用来进行再开发时所能容纳的产业的数量与规模。

建筑与空间价值是工业遗产的承载价值，是工业遗产其他各类价值的有形载体。例如，工业遗产的美学价值主要是通过遗存的工业建筑及工业景观体现出来的。再如，工业遗产的经济与产业价值，主要涉及对建筑与空间的利用或再利用，这就直接与建筑和空间相关。更为具体地说，工业遗产的建筑与空间价值主要包括建筑功能价值和空间利用价值。建筑功能价值指的是工业遗产保有的建筑所具有的原始功能与再利用功能。空间利用价值指的是工业遗产的空间范围及其可利用价值。需要指出的是，工业遗产的建筑遗存在利用过程中通常需要改造。例如，上海的"8号桥"创意产业园原本是上海汽车制动器厂的老厂区，在转型过程中，日本HMA设计公司的建筑师万谷建志对老厂房进行了改造设计，在修旧如旧的同时，对房子的立面和内部装修做了较大改变，大量使用玻璃门窗以保证室内采光良好，渗水、抗热、防火安全体系也做了全新布置。老厂房原本不具备保温功能，设计师便先把建筑顶层掀开，加上高科技保温层，再盖上顶层。这样既保留了工业建筑的原貌，又适应了现代办公的需求。[1] 这一案例表明，工业遗产的建筑与空间价值实际上具有一定的人为建构性，是可以改变的。

---

[1] 陈秀爱主编：《金石为开》，中西书局2012年版，第86—87页。

三、代表性的工业遗产

自人类步入工业时代以来，工业革命与工业衰退就在世界各地交替发生，因此，各工业国或工业化进程中的国家，均产生了各种类型的工业遗产。从世界范围来看，英国、德国、美国、日本等老牌工业强国的工业遗产最具特色。

由于西方国家率先掀起工业革命，在世界范围内具有创新性与代表性的工业遗产主要集中于西方国家，入选世界遗产的工业遗产亦以位于欧洲者居多。例如，在工业革命的起源地英国，乔治铁桥（Ironbridge Gorge）作为世界第一座铸铁桥梁，是工业革命的象征，其所在地区还有焦炭炼铁鼓风炉、采矿小城和瓷器厂改建的瓷器博物馆等工业遗迹，栩栩如生地总结了整个工业革命的进程，顺理成章入选了世界遗产，其入选标准为："人类创造性的天才杰作；价值的交融；人类历史的典范；与具有普遍意义的事件相关联。"[1] 英国的德文特河谷工业区（Derwent Valley Mills）是一处位于苏格兰中部的世界遗产，当地在18—19世纪兴起了大量棉纺织工厂，正是在这里，阿克莱特发明的纺纱技术被首次运用于生产之中，一些工厂和工人住所被完好地保存至今，叙述着德文特经济和社会发展的历史。该处工业遗产入选世界遗产的标准是："价值的交融；人类历史的典范。"[2] 布莱纳文工业景观（Blaenavon Industrial Landscape）亦是一处入选了世界遗产的英国工业遗产，位于南威尔士，当地曾是19世纪世界最大的钢铁和煤矿生产基地，遗址内有一切必备的工地景象，如矿场、采石场、原始的铁路运输系统、熔炉及工人生活区和工会组织。该处入选标准为："文化传统的见证；人类历史的典范。"[3]

---

[1] 联合国教育、科学及文化组织编，钟娜等译：《世界遗产大全（第二版）》，安徽科学技术出版社2016年版，第239页。
[2] 联合国教育、科学及文化组织编，钟娜等译：《世界遗产大全（第二版）》，安徽科学技术出版社2016年版，第675页。
[3] 联合国教育、科学及文化组织编，钟娜等译：《世界遗产大全（第二版）》，安徽科学技术出版社2016年版，第620页。

拓展与延伸

日本"国宝"级工业遗产富冈制丝厂

"富冈制丝厂和丝绸产业遗产群"是日本两处作为世界遗产的工业遗产之一，其核心富冈制丝厂遗产位于群马县富冈市。富冈制丝厂位置相对偏僻，乘火车从东京出发，须从高崎改乘上信电铁至上州富冈站下车。在高崎的上信电铁起点站，可以看到各种关于富冈制丝厂及相关世界遗产的宣传，车站还摆着一些方便研学旅客的提示性资料。在上州富冈站下车后，可以看到车站里"祝富冈制丝厂和丝绸产业遗产群入选世界遗产"的大幅标语，在车站出入口，立着一个卡通化的明治时代女工和田英的塑像，作为地方宣传大使。女工是日本近代丝业的一个符号。中国人较为熟悉的左翼电影《啊！野麦岭》反映的就是从农村到工厂里打工的制丝业女工们的生活百态，《女工哀史》则从书名可以窥见小说的内容。不过，在富冈制丝厂创立时，因为日本老百姓初次接触现代工业，普通人家是不愿意让女儿入厂做工的。富冈制丝厂是从法国引进的技术，聘用了法国洋员，当地老百姓误以为法国人喝的红酒是血，产生了恐怖的流言，对制丝厂是抵触的。在此情况下，为了推动富国强兵和殖产兴业这两条明治政府的维新国策，日本的精英阶层率先示范，富冈制丝厂最初招的女工实际上主要出身于富农、商人、士族和地方官吏家庭，连身居要位的井上馨都命令他的两个侄女当女工。因此，富冈制丝厂确实是日本引进西方技术发动工业革命的缩影与象征，包含了日本工业历史与工业文化的丰厚内涵。在富冈制丝厂的早期女工中，横田英（婚后姓和田）留下了一本《富冈日记》，记录了当时女工们的日常生活，是宝贵的研究史料。选择明治女工作为地方宣传大使，十分契合富冈制丝厂的时代特色与文化底蕴。

从车站步行大约10分钟就可以抵达富冈制丝厂。1867年，被誉为"日本资本主义之父"的涩泽荣一赴巴黎参加世界博览会并考察欧洲经济，归国后出任大藏省官职。为了发展丝业这一日本的传统优势产业，涩泽荣一在向法国专家请教后，提出了由政府兴办一座法式缫丝工厂的计划。实际负责此事的是曾任涩泽荣一儒学教师的尾高新五郎，涩泽荣一也被任命为丝厂主任。1870年，明治政府雇用法国人卜鲁纳为指导者,决定建立国营制丝厂,并选址富冈。1871年,制丝厂破土动工,次年主要建筑完成并开始生产。1873年,明治天皇的皇后与皇太后访问了富冈制丝厂,足见其在明治政府心中的地位。1893年,在明治政府将大量国营厂民营化的浪潮下,富冈制丝厂被转让给三井家,1902年又转让给原合名公司。1938年,该厂经营权被委托给片仓制丝纺织株式会社,次年则与片仓制丝纺织株式会社合并。1987年,富冈制丝厂停止了生产,其生产活动持续了115年。2005年,富冈制丝厂遗址成为日本的国家指定历史遗迹,片仓工业株式会社将全部建筑物捐赠给富冈市,由市政府开始管理。2006年,富冈市与片仓工业株式会社签订了土地买卖协议,制丝厂的9座建筑物成为国家指定重要文化遗产。2011年,日本天皇、皇后访问了制丝厂遗址。2014年,富冈制丝厂列入世界遗产目录,其缫丝车间、东侧和西侧蚕茧仓库被指定为日本的"国宝"。

目前,富冈制丝厂遗留的历史建筑主要是1872年、1873年左右建成的,完整保留了建厂初期的历史风貌。从正面入口进入,迎面可见的是东侧蚕茧仓库,该楼采用木骨砖瓦结构建成,即用木头搭建框架,用砖砌墙。东侧蚕茧仓库是目前可供参观的主体建筑之一,淡红色的砖墙不乏明治西式建筑的风貌,拱门上则嵌着明治五年的石牌。制丝厂的历史展示与有手工缫丝演示的研学活动空间都在东侧蚕茧仓库1楼,登上2楼可以看到堆放成包蚕茧的仓库原貌。在从景区正门通往东侧蚕茧仓库的路两侧,一侧为目前作为办公楼用的检查员馆,旁边就是女工馆,另一侧则是皇室访问纪念碑,有2011年天皇、天后来访的纪念树。女工馆原是给建厂初期聘用的法国女教师住的,其建筑上的特点是阳台的天花板上由板子组成棋盘状,这是当时日本建筑中还没有的一种特征。在东侧蚕茧仓库的背后,隔着干燥室、蒸汽锅炉房等,就是同样风格的西侧蚕茧仓库,两仓库中间立着的烟囱展现了典型的工业景观。紧挨着两个蚕茧仓库的是长条状的缫丝车间,车间内有一段是开放参观的。该车间外部看也是淡淡的红砖色,屋顶骨架采用了此前日本所没有的三角形桁架结构,建筑内部中央没有梁柱,保障了可以安放数百台机器的广阔空间,利用玻璃窗进行采光,屋顶之上还安装了消除蒸汽的中庭屋顶。可以说，富冈制丝厂的缫丝车间是19世纪工业革命时代十分典型的工业建筑，其风格不局限于日本。车间内保存着1966年以后安装的自动缫丝机，不少机器用透明的塑料薄膜包裹，保养得很好，各种展板和电视录像则向参观者展示着缫丝的基本原理与流程。缫丝车间旁边是不开放的复摇车间，两车间南侧紧邻宿舍区。宿舍区最重要的建筑莫过于卜鲁纳住过的首长馆，同样采用的是木骨砖瓦结构，地板面很高，有回廊风的阳台。在宿舍区的厂边围栏处，可以看到厂南毗邻河川，极目远处则见群山环绕。据云选址富冈的原因中，包括此地水源足供制丝厂所需，而煤炭则可以从附近的高崎获取，富冈制丝厂的遗址风貌有力地印证了这一论点。

在遗址区的北侧，有职工宿舍群，是低矮的和式平房，其中一间保留了昭和时代职员家庭的居家布置，有着满满的时代剧风格。在屋子中间摆放着职员家庭的相册簿，以及职员子弟撰写的回忆文章，给工业遗产注入了人情味。除了富冈制丝厂外，富冈世界遗产中还包括与丝业相关的荒船风穴、田岛弥平旧宅、高山社遗址等，分散于群马南部各处。

总的来看，富冈制丝厂的遗产是人类创造性活动的凝结，见证了日本引进西方技术发展现代工业的历史，承载着日本工业文化的若干核心价值，其保留的建筑在日本建筑史上具有创新性，该厂不仅是日本工业革命的缩影，也是明治维新的重要举措，其价值不言而喻。富冈制丝厂入选世界遗产的标准为："价值的交融；人类历史的典范。"这应系指其引进了外来技术，并标志着日本进入工业时代。

摘编自严鹏、陈文佳：《工业文化遗产：价值体系、教育传承与工业旅游》，上海社会科学院出版社2021年版，第65—69页。

中国是一个工业大国，也有着丰富的工业遗产，分布于全国各地。如果将工业遗产视为国家构建集体记忆的一种资源，则按国家历史发展阶段对工业史进行阶段划分，进而对工业遗产进行时间维度的分类，是合适的。在这种标准下，中国工业遗产可以分为八类：传统手工艺遗产、晚清洋务企业遗产、近代民族工业遗产、近代外资工业遗产、中华人民共和国156项目企业遗产、社会主义建设工业遗产、三线建设企业遗产、改革开放工业企业遗产。表4-4为中国工业遗产的主要类型及其特点。

表4-4 中国工业遗产的主要类型

类 型	形成时代	特 点	代 表
中国传统手工业遗产	1840年以前	中国传统手工业曾长期领先于世界，部分手工业在近代也出现了工业化的变革，形成了具有传统文化特色的工业文化遗产	自贡井盐遗产、南京龙江船厂遗产、景德镇陶瓷遗产
晚清洋务企业遗产	19世纪60年代—19世纪90年代	晚清洋务派大臣开办的企业拉开了中国工业化的序幕，不少企业均为中国首创，其形成的工业文化遗产在近代中国工业文化遗产中具有特殊重要性	江南造船厂遗产、福建船政遗产、开滦煤矿遗产、汉冶萍遗产
近代民族工业遗产	1860—1949年	随着中国工业化进程的展开，除洋务企业外，中国的民间资本也开始进入工业领域。民国时期，无论是国家资本还是民间资本，均创设了一批重要的工业企业，并形成工业文化遗产	张裕酒厂遗产、南通张謇企业遗产、昆明石龙坝电厂遗产、无锡荣家企业遗产
近代外资工业遗产	1840—1949年	鸦片战争以后，外国资本进入中国，并创办了一批工业企业，其中部分形成了工业文化遗产	汉口平和打包厂遗产、青岛啤酒遗产
"156"项工程工业遗产	20世纪50年代	"一五"计划期间，中国依靠苏联等国大规模技术转移建立了一批以重工业为主的工矿企业，不少项目留下了工业文化遗产，在新中国工业文化遗产中具有特殊重要性	洛阳拖拉机厂遗产、哈尔滨汽轮机厂遗产、第一重型机器厂遗产、武钢遗产
社会主义建设工业遗产	20世纪50年代—20世纪70年代	涵盖了1978年以前中国社会主义工业建设保留下来的各类工业文化遗产，其种类和层次较为多样	武汉铜材厂遗产、济南二机床集团遗产、西藏羊八井地热电站
三线建设工业遗产	20世纪60年代—20世纪70年代	在1978年以前的中国工业文化遗产中，三线建设工业遗产因其特殊性而有必要单独作为一类	黎阳发动机厂遗产、第二汽车厂遗产、攀钢遗产
改革开放工业遗产	1978年以来	改革开放以来中国工业已经经历了40年的发展，时间已经长到足够形成最新的工业文化遗产了，但目前尚难以准确界定与指认	无锡中国乡镇企业博物馆、宝钢遗产、三峡大坝

必须指出的是，表 4-4 中的分类只是最基本的类型划分，但不少工业遗产具有复杂的属性。由于工业建设的长期性与累积性，部分工业遗产的时代跨度很长，历史上的企业性质也较为复杂。例如，济南二机床集团的历史可以追溯至 1937 年日本人建立的兵工厂，但该企业转向机床制造是 20 世纪 50 年代的事，并在此后才有真正的大发展，因此其遗产主要可以视为社会主义建设工业遗产。再如，贵州茅台工业遗产可追溯至传统手工酿酒作坊，但现代工业遗产也是其不可分割的一部分。又如，青岛啤酒工业遗产按创办者性质划分为近代外资工业遗产，但该企业早已不是外资性质。总之，工业遗产的复杂性与多样性使得类型划分只能作为一个基本参考依据。

另外，工业遗产的"活态性"也要重视。所谓工业遗产的活态性，是指部分工业遗产尚保留着其原有的使用功能。例如，大连辽南船厂仍在使用始建于 19 世纪的船坞，该船坞及其附属建筑从历史和文物等价值看已经成为工业遗产，但这些工业遗产还没有改变其最初设计时的基本使用功能。工业遗产的活态性是其不同于一般文物的重要特性之一。

拓展与延伸

中国工业遗产的代表：福州船政遗产

19 世纪中叶，在鸦片战争中惨败的中国面临着"三千年未有之变局"，内忧外患层出不穷，具有"治国"政治抱负的左宗棠，出于爱国的情怀，积极探寻抵抗外国侵略者的方略。左宗棠清醒地看到列强再次入侵的可能性，并积极主张海防，强调轮船的重要性。左宗棠造船奏议得到清政府的批准后，便着手筹备。1866 年 10 月 14 日左宗棠接到了调任陕甘总督、率领湘军去西北镇压回民起义的谕旨，他在推迟离任的时间里，完成了筹备工作，而后将这一使命交递给他的继任者沈葆桢。沈葆桢字翰宇，号幼丹，别号希猎子，榜名振宗，福建侯官（今福州）人。1839 年，20 岁的沈葆桢中了举人，同年与林则徐的次女普晴完婚。1847 年中进士，任翰林院编修等职。1865 年，沈葆桢丁母忧开缺回籍守制。1867 年初，沈葆桢得到清政府的命令，先行接办船政，等守丧期满之后再行具折奏事。福州船政局于1866年12月23日迅速破土动工，进展迅速。次年7月，沈葆桢正式上任时，基建工作大体完成。第一座船台于1867年12月30日建成，其余三座，也于1868年秋冬建成。到1867年7月间，不但厂房建成，机器也大体安装完毕。船政局就范围而言大约可分为厂区、住宅区与学校几部分。所谓厂，实即车间。到1874年，这所近代工厂的各个车间已大部分建成。造船厂设备齐全，规模宏大，堪称远东第一大船厂。

船政局第一艘自造的近代蒸汽运输船开工于1868年1月18日，1869年6月10日下水，历时17个月，取名"万年清"。自那时起至1875年，福州船政局共生产16艘轮船，包括10艘运输舰、3艘通讯炮舰、2艘炮舰和1艘巡洋舰。除此之外，随着近代造船工业的诞生，如何培养与之相适应的造船技术人员和海军人才，已成为十分迫切的任务。早在左宗棠创立船政之初就认识到了创办近代工业必须培养科技人才的重要性，而且还具体主持了用以培养人才的艺局的开办工作。到了沈葆桢时期，他更是进一步指出"船政根本在于学堂。"船政局求是堂艺局分前后学堂。前学堂主要包括造船专业设计专业和学徒班（艺圃），后学堂旨在培养能够进行近海航行的驾驶人员，设有驾驶专业和轮机专业，因为采用的是原版的教材，所以无论是前学堂还是后学堂的学生都要学习法语。船政学堂是近代洋务运动中成绩显著、影响深远的一所近代学校，不仅为军事航海制造方面培养了大批人才，还在民用企业方面也发挥了重要的作用。

1884年8月中法马江战役爆发，清政府面对法国军舰的侵入挑衅，却采取了"避战求和"的策略，以致造成了被动挨打的局面。在这次反侵略战争中，船政学堂毕业的学生成为了海军将领，面对强敌，毫无畏惧，作出了英勇的牺牲。面对法国人无情的炮击，船政局的工人也表现了高度爱国主义精神，在战火中坚守岗位，保护船厂，也有不少伤亡。但不幸的是，由于清政府本就未做好应敌的准备，再加上敌我军事力量的悬殊，马江战役终以失败而告终。尽管中法战争对船政局打击甚大，但船政局在战后还是继续发展，新船陆续下水。但在发展的同时，官办企业的弊端也逐渐显露出来，固定的财政拨款不能满足近代工厂扩大生产的需求，制造数量日益减少，形成了人浮于事、开工不足的局面，船政局的发展进入了停滞时期。甲午战争后，洋务企业经营管理的弊病越来越多地暴露出来。1890年后，船政大臣又大多是些老朽官僚或守旧大臣，对外国事务一无所知，甚至极力奏请清政府"停办"船政。旧有体制对近代工业的不利已成为船政局发展的最大的局限。尽管清政府也有重振船政的计划，想通过"招商承办"、铸造铜元等方式解决造船的经费问题，但皆不理想。船政局最终在1907年停造轮船。民国时期，福州船政依然有所发展，甚至还尝试制造了水上飞机，但总体来看，已经失去了晚清在中国工业体系中举足轻重的地位。

　　船政历史所体现的自强不息的爱国主义、勇于开拓的创新精神以及海纳百川的开放精神，是重要的非物质工业遗产。而船政的非物质工业遗产，又具有物质承载，这就是船政的物质遗产。船政物质遗产的主体是船政文物。据统计，船政文物分建筑、军事设施、碑刻、故居、墓园等五类，其中建筑27处，军事设施12处，碑刻19处，故居11处，墓园8处，共77处，还有可移动文物若干件。马江昭忠祠和烈士墓于1983年大规模修复，辟为"福州马江海战纪念馆"。钟楼于1984年修缮，恢复原样。绘事院于1986年修复，辟为马江造船厂厂史陈列馆。一号船坞于2001年修复，翌年由海军司令部拨来一艘猎潜艇供参观。轮机厂于2006年重新修复，作为马尾造船历史陈列的一部分。马尾中坡炮台、严复故居、严墓也相继修复开放。以上均为全国重点文物保护单位。省级文物保护单位电光山炮台、刘冠雄故居已经修复。市区县级文物保护单位英国副领事馆、梅园监狱、圣教医院、杜锡珪故居、黄钟瑛墓等也已修复。其余各级文物保护单位都已保存，正在逐步修复中。在工厂层面，船政局保留下来的重要历史建筑包括轮机车间与绘事楼、法式钟楼和官厅池遗址等。其中，轮机车间是直接的工业生产场所遗址，该车间厂房屋面采用实木桁架支撑，以满足当时生产的大跨度要求；吊车梁采用铸铁制作安装，每跨采用拱形结构，解决铸铁受压好受拉能力差的问题。因此，该车间厂房结构合理，力的传递路线清晰，经过100多年岁月的洗礼，仍然状态良好，较之20世纪70年代建造的新厂房毫不逊色。中华人民共和国成立后,福州船政局的原址继续作为马尾造船厂的厂区,造船厂对工业建筑遗产予以了保留,开启了生产与参观相结合的工业旅游模式。2016年12月23日,在福州船政创办150周年之际,马尾船厂举行了新厂址揭幕仪式,这标志着企业完成了整体搬迁至福州连江县粗芦岛马尾船政园区的目标。

摘编自陈文佳:《工业遗产与地方工业文化的传承——以福州船政为例》,彭南生、严鹏主编《工业文化研究》第1辑,社会科学文献出版社2017年版,第118—132页。

第二节 工艺美术

工艺美术既是一种艺术,又是一个产业,它是传统文化与现代工业的结合,是工业文化的重要内容。中国的工艺美术源远流长,不少工艺美术产品既保留了历史特色,又推陈出新,成为中国工业文化的瑰宝。

一、工艺美术概论

人们去博物馆参观,会流连忘返于精美的瓷器和漂亮的雕塑;去历史古镇游玩,会惊叹于民间艺人刺绣的高超技艺,会购买具有地方特色的剪纸、皮影画等纪念品;在家中,也许会摆放着既实用又别致的搪瓷瓶、灯具。所有这些物品,都是工艺美术的产品。工艺美术是造型艺术之一。工艺是工业的一种加工手段,体现为从原料、半成品到制成品的加工过程,也可以理解为"工业技艺"或"工业艺术"。但是,并非所有的工艺都具有艺术性,工艺美术应具备对一定物质材料作艺术加工的因素,其显著特点表现为工业与美术两者互相制约下的本质的融合,从而构成了一个工作部门和学科。① 人类最初制造的

---

① 吴山主编:《中国工艺美术大辞典》,江苏美术出版社2011年版,第3页。

工具都是实用性的，后来则逐渐开始制造装饰品，这意味着人类对美的需求产生了。① 工艺美术同时满足着人类对实用与审美的需求。

工艺美术的发展历程在一定程度上就是传统工业或手工业的发展历程，但其中增加了美学因素。在西方，工艺（craft）一词是指："一种需要特殊技能和知识的行业，尤其指手工艺术与手艺。"② 西方的工艺史被学者划分为 3 个阶段：（1）最初，所有的物品都是手工艺品，所有的制造过程都是手工制造过程；（2）从文艺复兴时期开始，手工艺和美术在观念上有了区分；（3）随着工业革命的到来，手工制品和机器制品之间有了区别。③

中国有着悠久的手工业发展史，中国古代手工业受传统文化的涵养，创造出了令世界折服的精品。中国古代手工业的优良传统发展到今天，就演变为了工艺美术。工艺美术品是指以手工艺技巧制成的与实用相结合并有欣赏价值的工艺品。随着时代的发展，工艺美术品已不局限于手工艺品，而与机器生产甚至与大工业相结合，把实用品艺术化，或艺术品实用化。工艺美术的突出特点是把物质生产与美的创造相结合，以实用为主要目的，并具有审美特性，为造型艺术之一。工艺美术一般分为两大类：一是日用工艺，即经过装饰加工的生活实用品，如一些染织工艺、陶瓷工艺、家具工艺等；二是陈设工艺，即专供欣赏的陈设品，如一些象牙雕刻、玉石雕刻、装饰绘画等。④

中国的工艺美术源远流长。中华人民共和国成立后，在党和政府的直接关怀和重视下，传统工艺美术生产得以逐渐恢复，技艺得到保留和传承，形成了以集体所有制经济形式为主体、城乡结合、专业生产与副业加工结合的生产体系。改革开放以后，工艺美术行业出口大增，发展迅速，随着市场竞争加剧与经济体制改革的不断深

---

① 欧新黔主编：《中国传统工艺美术的保护与发展》，清华大学出版社 2007 年版，第 4 页。
② 爱德华·露西-史密斯著，朱淳译：《世界工艺史：手工艺人在社会中的作用》，中国美术学院出版社 2006 年版，第 1 页。
③ 爱德华·露西-史密斯著：《世界工艺史：手工艺人在社会中的作用》，中国美术学院出版社 2006 年版，第 1 页。
④ 王新哲、孙星、罗民：《工业文化》，电子工业出版社 2016 年版，第 311—312 页。

入，民营、个体企业逐步成为工艺美术行业的主体。① 目前，中国的工艺美术产业分为三类：（1）工艺美术品的制造；（2）园林、陈设艺术及其他陶瓷制品的制造；（3）工艺美术品的销售。在制造业的分类中，工艺美术行业是和文教、体育与娱乐用品制造业划分在一个大类里的。传统工艺美术行业品种广泛，按品种类别划分包括：（1）工艺雕塑类；（2）刺绣和染织类；（3）织毯类；（4）抽纱花边和编结类；（5）艺术陶瓷类；（6）工艺玻璃类；（7）编织工艺类；（8）漆器类；（9）工艺家具类；（10）金属工艺和首饰类；（11）其他工艺美术类。

为了保护传统工艺技艺，1997年5月，国务院颁布了《传统工艺美术保护条例》，将传统工艺美术界定为："是指百年以上，历史悠久，技艺精湛，世代相传，有完整的工艺流程，采用天然原材料制作，具有鲜明的民族风格和地方特色，在国内外享有盛誉的手工艺品种和技艺。"而国家对认定的传统工艺美术技艺采取的保护措施包括："（一）搜集、整理、建立档案；（二）征集、收藏优秀代表作品；（三）对其工艺技术秘密确定密级，依法实施保密；（四）资助研究，培养人才。"② 此后，不少省市制定和颁布了地方性的工艺美术保护条例或办法。

中国是一个大国，不少地区都发展出了独具地域特色的工艺美术品。例如，福州的工艺美术品历史悠久，工艺精湛，品种繁多，有"三山艺巧、四海独绝"之称，是中国工艺美术品重点产区之一。福州的脱胎漆器、寿山石雕、软木画被誉为福州工艺品的"三宝"。

世界上其他有着悠久历史的国家同样有工艺美术行业和自己的工艺传统。工业革命之后，尽管世界各国的手工业在经济上都衰落了，但英国、美国等工业国出现了"艺术与手工艺运动"，使工艺美术行业获得新的生机。德国在1919年建立了包豪斯学校，使艺术、手工艺与工业之间出现了一种新颖的关系。该校第一任校长瓦尔特·格罗

---

① 欧新黔主编：《中国传统工艺美术的保护与发展》，清华大学出版社2007年版，第29页。
② 欧新黔主编：《中国传统工艺美术的保护与发展》，清华大学出版社2007年版，第481页。

皮乌斯如此发布宣言："建筑师、雕刻家和画家们，我们都必须转向手工艺。艺术并不是一种'专门职业'。艺术家和手工艺人之间没有本质区别。艺术家只是得宠的手工艺人，在灵感出现并超出他意愿控制的难得片刻，上帝的恩惠使他的作品变成了艺术的花朵。但是，手艺的娴熟对于每一个艺术家来说都是必不可少的。这正是富有创造力的想象源泉之所在。让我们建立起一个新颖的手工艺者的行会，其中绝没有工艺家和艺术家之间妄自尊大的等级差别之屏障。让我们共同设计、建造一幢融建筑、雕刻和绘画于一体的未来新大厦。有朝一日这大厦将通过千百万工人的双手直耸云霄，成为新的信念的明晰象征。"① 这是一种将手工技能与艺术美学结合起来的理念。因此，工艺美术实际上与工业设计有着密不可分的关系。

二、工艺美术的文化魅力

工艺美术是传统工业与艺术的结合，有着独特的文化魅力。

（一）工艺美术包含了工业遗产的内容

传统手工业是工业革命前的工业，其生产方式虽然整体上已经被现代工业生产所淘汰，但某些传统工艺及其产品蕴藏着独特的美学价值，既是值得传承的文化遗产，又具有美化生活的实用性。因此，工艺美术的文化魅力体现于对传统文化的传承。这种传承不仅仅体现于传统制造技艺的保留，还体现于工艺美术产品本身附着的传统文化符号及其意蕴。例如，福州的寿山石刻章是一种传统工艺美术，印章的不同造型具有不同的寓意，在印章上雕刻青蛙代表"顶呱呱"、雕刻一只甲壳虫则暗指"富甲一方"，只有熟悉传统文化才能品味其中的意趣。

（二）工艺美术与原始意义上的工匠精神有着最直接的关联，是最能体现工匠精神的产业之一

工匠精神是一种发端于传统工匠工作伦理的价值观，在工业社会

---

① 爱德华·露西-史密斯：《世界工艺史：手工艺人在社会中的作用》，中国美术学院出版社2006年版，第220—221页。

里，产业工人和工程师已经大规模地取代了传统工匠，成为工业生产的主力军，工匠精神也就成为一种泛化的敬业与专注的价值观。但是，工艺美术产业在很大程度上仍然保留了传统的工艺与生产方式，其从业者也最接近于传统的匠人，因此，工艺美术蕴含着原始意义上的工匠精神。在工艺美术的创作过程中，需要注入工匠精神的态度。而工艺美术产品也凝结着工匠精神之美，其手工制作所带来的产品的个性与独一性，与大规模批量生产的同质性产品有所差异，平添了不少情趣。当然，现代的工艺美术产业已经工业化，既不排斥机器的使用，也批量生产一些日用品，对此必须有客观的认识。

（三）工艺美术蕴含了具有鲜明民族特色的审美元素，是传统文化与传统美学的凝结

工业革命以来，现代工业的生产过程及其产品具有标准化和普世化的特点，随着工业革命的全球化扩散，各国工业体系与工业技术存在着趋同。这一过程虽然带来了生产力的巨大提升，整体上丰富了人类的物质财富，但也冲击了具有民族风格的传统工艺，消泯了审美上的地域风情与民族个性。在庞大的工业体系中，工艺美术是强调并保留传统工艺的行业，也就保留了具有民族风格的传统审美元素。

中国工艺美术结合了日常实用与艺术审美，既传承了中国优良的传统文化，又借助于现代工业技术加以改良，兼具经济性与艺术性，是中国工业文化的瑰宝，绽放着特殊的文化魅力。

第三节　工业设计

人们在日常生活中会接触到各种工业产品，其中有些产品使用起来比同类产品更加便利，有些产品和功能、性能相同的同类产品比起来更加赏心悦目。这些产品的差异是由工业设计所决定的。工业设计属于设计范畴，是自然科学与人文社会科学相交叉的学科，是科学技术与文化艺术的结合，体现着工业文化的创新发展。

一、工业设计概论

工业设计的起源可以追溯到英国工业革命。在一开始，欧洲和美国的工业设计的理念是不同的。早期的欧洲设计师们认为产品设计应该"由内及外"，功能最主要，外形次之。但早期的美国工业设计主要是为了销售，产品的外观比内在重要得多。到了 20 世纪 70 年代，欧洲工业设计理论对美国工业设计的思想产生了深远影响。美国工业设计师协会给工业设计的定义是"以优化产品性能、价值和外观，并提高厂商和顾客共同利益为目的而进行的产品新概念的创立和开发方面的专业服务"①。2015 年，在国际工业设计协会召开的第 29 届年度代表大会上，对工业设计进行了新的定义：工业设计旨在引导创新、促发商业成功及提供更好质量的生活，是一种将策略性解决问题的过程应用于产品、系统、服务及体验的设计活动。工业设计是以工业产品为主要对象，综合运用科技成果和社会、经济文化、美学等知识，对产品的功能、结构、形态及包装等进行整合优化的集成创新活动。作为面向工业生产的现代服务业，工业设计产业以功能设计、结构设计、形态及包装设计等为主要内容。②

就实用与艺术相结合这一点看，工业设计与工艺美术有相通之处，所以两者都是工业文化的重要内容。区别在于，工艺美术多指那些历史上流传下来的传统手工行业及其工艺，工业设计则更偏向于体现现代风格。

二、工业设计的文化内涵

创新是工业设计最重要的文化内涵。工业设计的目的是满足人们生理与心理两方面的需求。工业设计既要通过对产品的合理规划，使

---

① 卡尔·乌利齐、史蒂文·埃平格著，杨青等译：《产品设计与开发》，机械工业出版社 2018 年版，第 195 页。
② 王新哲、孙星、罗民：《工业文化》，电子工业出版社 2016 年版，第 320—321 页。

人们能更方便的使用它们，又要通过合理的造型手段，使人们能够从产品的形态中得到美的享受。工业设计不同于单纯的工程技术设计，它包含审美因素，工业设计的产品的美学特征是在批量生产前就决定的。工程技术设计则是将新技术成果引入产品开发，从结构、工艺、材料等方面着手进行的技术设计活动，是从科学技术的角度去解决零件与零件、零件与部件、部件与部件内在的机械连接的关系，从而满足产品的使用功能要求。因此，工程技术设计集中处理的是物的关系，而工业设计需要处理的是人与产品、社会、环境的关系，探求产品对人的适应形式，集中表现人们对新生活方式的需求，并更多地体现在产品的外观质量和视觉的艺术感受上。[①]工业设计师一般要在大学里学习雕塑及造型、设计图纸、展示、制作模型，并要掌握产品材料、制造工艺和加工的基础知识。[②]

工业设计的对象是批量生产的产品，区别于单件制作的手工艺品。工业设计是现代化大生产的产物，研究的是现代工业产品，要满足现代社会的需求。作为一种现代产业，工业设计是有组织的活动，并采用工业化的技术手段进行设计。

工业设计的流程一般包括 6 个阶段：[③]

（一）调查顾客需求

产品开发的各项工作都是由满足顾客需求开始的，涉及市场营销、工程以及工业设计的调查可以使设计团队对顾客需求有全方面的理解，还可以让工业设计师更好地理解用户和产品之间的交互作用。

（二）概念化（即确定构思）

一旦明确了顾客的需求和有关的约束条件，工业设计师就可以协助开发团队形成产品概念，工业设计师的主要任务是确立产品的形式和用户界面，要画出每个概念的草图，这些草图是表达设计思想和

---

① 程能林主编：《工业设计概论》，机械工业出版社 2011 年版，第 45 页。
② 卡尔·乌利齐、史蒂文·埃平格著，杨青等译：《产品设计与开发》，机械工业出版社 2018 年版，第 196 页。
③ 卡尔·乌利齐、史蒂文·埃平格著，杨青等译：《产品设计与开发》，机械工业出版社 2018 年版，第 202—205 页。

评估可行性的迅速而廉价的手段。设计师所提出的产品概念将和开发中的技术方案相匹配结合，并且产品概念要按照顾客需求、技术可行性、成本以及制造方面的考虑来分类和评估。

（三）初步细化

在初步改进阶段，工业设计师把最可行的概念做成模型，该阶段的模型是用泡沫材料或泡沫板等比例制成的软模型。模型使开发人员可以在三维空间里表达和展现产品概念，工业设计师、工程师、营销人员以及潜在的用户通过感触对每个概念做出评估并进行修改，工业设计师应该在时间和资金允许的范围内制作尽可能多的模型。

（四）进一步细化及确定最终概念

在该阶段，工业设计师需要把软模型或草图转化为硬模型和能反映更多信息的造型图，即透视图。硬模型是用木头、高密度泡沫材料、塑料或金属制成的，经过着色并带有纹理，具有一些功能特征。造型图可以揭示产品的细节，并反映产品的使用情况。很多产品的硬模型具有尺寸、密度、重量、表面和颜色等特征，工业设计师和工程师使用硬模型来进一步完善最终概念和各项指标。

（五）完成控制图纸或模型

绘制出最终产品概念的控制图纸或者控制模型后，工业设计师就完成了其开发工作。控制图纸或者模型可以描述产品的功能、特性、大小、颜色、表面处理和关键尺寸，可以用来构造最终的设计模型和样机，这些图纸一般要交给工程团队来完成零件细节设计。

（六）与工程师、制造商以及外部供应商合作

在后续的产品开发流程中，工业设计师必须继续保持与工程和制造人员的密切合作。

自20世纪90年代以来，计算机辅助设计（以下简称"CAD"）软件对工业设计产生了深远影响，现代3D CAD软件可以让工业设计师在计算机屏幕上形成一个三维的可视化设计，还可以快速地对其进行修改，通过这种方式，工业设计就能更快速地形成大量非常具体的产品概念，这可以带来更有创新意义的设计方案。同时，3D CAD使产品概念可视化，还加强了开发人员的内部交流，并减少了由工业设

计师手工绘制草图带来的不准确性。设计师还可以用 3D CAD 系统来形成控制模型或控制图纸，这些设计数据可以直接传输到工程设计系统中去，促进整个开发流程的集成。① 工业技术的发展也在改变着工业设计。

工业设计包含的行业范围非常广泛，可以按照不同的标准进行分类。而且工业设计的范围还在不断扩大，例如，随着技术的发展与运用，工业设计与工艺美术设计的界限正在变得日益模糊，一些原属于工艺美术设计领域的设计活动兼具了工业设计的特点，如家具设计与服装设计等。工业设计作为连接技术与市场的桥梁，扩展到了商业领域的各个方面，包括广告设计、展示设计、包装设计、装帧设计等。广义上的工业设计涵盖了视觉传达设计、建筑设计、室内设计、环境艺术设计、家具设计、产品设计、机械设计、传播设计和设计管理等，狭义上的工业设计一般指产品设计。② 随着经济的发展，社会对高素质的工业设计人才的需求越来越大，这也体现了工业文化的发展壮大。

第四节　工业旅游

提起旅游，人们一般想到的是游山玩水或者参观名胜古迹，将旅游与工业联想到一起还不太常见。其实，工业旅游是旅游的一种重要形式。工业是以生产活动为主的第二产业，旅游是以服务活动为主的第三产业，工业旅游作为工业与旅游的结合，是一种既服务于普通消费者又服务于工业生产的第三产业，与一般的旅游类别有显著差异，在很大程度上附属于第二产业。工业旅游是工业文化在产业上的一种体现，具有独特的文化内涵。

---

① 卡尔·乌利齐、史蒂文·埃平格著，杨青等译：《产品设计与开发》，机械工业出版社 2018 年版，第 205—206 页。
② 王新哲、孙星、罗民：《工业文化》，电子工业出版社 2016 年版，第 323 页。

一、工业旅游的定义

工业旅游在中国起步较晚,但在发达国家从 20 世纪 50 年代起就经久不衰。工业旅游是以产业形态、工业遗产、建筑设备、厂区环境、研发和生产过程、工人生活、工业产品,以及企业发展历史、发展成就、企业管理方式和经验、企业文化等内容为吸引物,融观光、游览、学习、参与、体验、娱乐和购物为一体,经创意开发,满足游客审美、求知、求新与保健等需求,实现经营主体的经济、社会和环境效益的专项旅游活动。[1] 有学者指出,工业旅游可从 4 个方面界定:首先,工业旅游是产业旅游的一个重要分支,是对旅游资源深层次的开发;其次,工业旅游以工业生产场景、科研与产品、历史与文物、企业管理和文化等工业资源为吸引物;再次,工业旅游集工业生产、观光、参与及体验等为一体,满足游客好奇心和求知欲等需求,同时是实现企业效益最大化的一种专项旅游活动;最后,工业旅游是在工业遗址上发展旅游业,是以工业考古和工业遗产的保护和再利用及促进产业结构调整和经济转型为目的的新的旅游方式。[2]

从本源上看,旅游是由旅游者、吸引并接待其来访的旅游供应商、旅游接待地政府、旅游接待地社区以及当地环境等所有各方面之间的关系与互动所引发的各种过程、各种活动及其结果。[3] 旅游者或游客作为旅游的主体,是旅游的核心要素之一,被《韦氏词典》定义为"为了愉悦或文化而旅行的人"[4]。这一定义从需求与动机的角度阐明了旅游者的身份,也暗示了旅游者和因工作等目的而出行的旅行者是有区别的。旅游者是旅游活动的中心,旅游的其他核心要素都围绕旅游者展开。为了完成旅游活动,旅游者必须造访一定的目的地,至

---

[1] 王新哲、孙星、罗民:《工业文化》,电子工业出版社 2016 年版,第 342 页。
[2] 王明友、李淼焱:《中国工业旅游研究》,经济管理出版社 2012 年版,第 22—23 页。
[3] 查尔斯·格德纳等著,李天元等译:《旅游学》,中国人民大学出版社 2014 年版,第 4 页。
[4] 转引自约翰·特赖布主编,赖坤等译:《旅游哲学:从现象到本质》,商务印书馆 2016 年版,第 29 页。

于旅游者以何种方式抵达目的地，在目的地参与何种活动，其活动产生何种结果，都附属于旅游者与旅游目的地之间发生的关系。因此，旅游目的地是旅游的客体，旅游者与旅游目的地组成了旅游的基本架构，旅游的其他要素皆在这一主客体相依的架构内存在与变化。就此而论，工业旅游的显著特征在于其旅游目的地具有明确的属性范围，即一切与工业有关的场所，无论该场所是仍在生产的工厂车间，还是已经成为遗迹的废弃厂房。换言之，工业旅游可以简单地界定为以工业场所作为旅游目的地的专项旅游。

拓展与延伸

日本工业遗产月桂冠大仓纪念馆工业旅游

日本工业遗产月桂冠大仓纪念馆工业旅游的设计流程为：

（1）入口

本馆是由建于1909（明治42）年的酒窖改造而成。洗米场的石板建造的土墙间隔、花旗松房梁构成的房顶骨架天花板等传统风格的酒窖风情是一大亮点。

（2）水井

从该水井可以汲取自然资源丰富的桃山丘陵地下深处蕴藏的地下水。"酒香房"中正是使用这种纯净、铁含量少且适于酿酒的水进行酿造。

（3）中庭

本馆、内藏酿酒厂和工匠们的宿舍围出宽敞的中庭。这里过去曾摆着成排的发酵用酒桶，在阳光的照射下进行干燥。

（4）月桂冠酒香房（自选参观项目）

这是1906（明治39）年建造的酒窖内所设的小型酿酒设备。大家可以在保持传统风格的酒窖内，透过玻璃参观酒醪发酵的情景（需预约）。

（5）展示场Ⅰ　工具类

按照每一道工序对所使用的木桶、酒桶、桨等被指定为"京都市有形民俗文化财产"的酿酒工具进行展示。在这里可以追忆过去工匠们的手艺，感受酿酒的传统文化。

（6）展示场Ⅱ　史料类

展示江户时代的酒器、明治及大正时期的商品和广告品等许多讲述历史的宝贵史料。可以回顾月桂冠创业以来所走过的历程。

（7）内庭的庭院

庭院中央布置有假山，铺路石一直延伸到拥有六角形屋顶的凉亭。游客可以在参观的间隙，于凉亭的长椅上小憩片刻。

（8）品酒处

参观的最后，游客可以在大堂试饮"复古瓶装吟酿酒""玉之泉大吟酿""PLUM WINE（梅酒）"3种酒。

（9）小卖店

除本馆限定的日本清酒外，还有奈良泡菜、酒馒头、酒糟（季节限定）、原创商品等可供游客随意挑选。

摘编自关艺蕾、刘玥：《日本酿酒业工业遗产概况》，彭南生、严鹏主编《工业文化研究》第2辑，社会科学文献出版社2018年版，第94—95页。

二、工业旅游的种类

以工业场所作为旅游目的地，是工业旅游得以确立为一种独立的旅游类别的特性。此处所谓的工业场所既包括工业现场，又包括工业遗址。而工业现场与工业遗址不过是不同时间阶段的工业活动在空间上的不同体现。工业现场承载着正在进行中的工业活动，工业遗址则是已经发生过的工业活动的遗存。有学者将中国的工业旅游资源类型划分为工业企业、现代工业园区、创意产业集聚区、行业博物馆和工业遗产等5种。[1] 实际上，从旅游资源的角度看，工业旅游应分为4种类型，即工业企业旅游、工业园区旅游、工业遗产旅游与工业博物馆旅游，前两者主要游览工业现场，后两者则更多地游览工业遗址。

工业企业旅游是指旅游者参观单个企业的工业旅游，一般他们能

---

[1] 王明友、李淼焱：《中国工业旅游研究》，经济管理出版社2012年版，第26—28页。

够深入企业的车间等生产现场，了解产品的具体制造过程，在时间充裕的情况下，对所参观的特定企业的历史、文化与现状能够有充分认识。工业园区旅游是指参观整个工业园区的工业旅游，是工业企业旅游的扩大与升级，其基础仍然是旅游者参观单个企业，但在单位时间内旅游者参观的企业数量有所增多，对企业聚集的工业园区有更多认识。工业遗产旅游是指旅游者造访各类工业遗产的工业旅游。已开发的工业遗产的形态多种多样，有的会被改造为博物馆或艺术馆，有的会转型为创意园区，有的会被保留为单纯的社区地标，还有的会被开发为商用办公楼。而无论工业遗产被怎样开发利用，只要是到工业遗产所在空间内进行参观游览的活动，都可以视为工业遗产旅游，但其目的与形式则依工业遗产利用的类型而存在差异。工业博物馆旅游是指参观各种类型工业博物馆的工业旅游。工业博物馆的种类很多，既包括由工业遗产改造成的侧重历史的博物馆，也包括在现代化建筑里展示工业技术的博物馆。尽管博物馆一词给人以历史感，而且很多工业博物馆就是在工业遗产的基础上建成的，但工业博物馆与工业遗产是两种不同的事物，工业博物馆旅游也是一种独立的工业旅游子类型。由于工业旅游资源类型的复杂性，对工业旅游种类的划分也不可能绝对精确。例如，青岛啤酒博物馆既是工业博物馆，又是工业遗产，还毗邻着可以参观的现代化生产车间，去青岛啤酒博物馆参观游览就同时具有多种工业旅游的性质。因此，不管现实中具体的工业旅游活动可以被细分为何种形式，工业场所都是其核心要素，是其存在的基础。表 4-5 为工业旅游的类型。

表 4-5　工业旅游的类型

类　　型	主要内容	主要游览场所
工业企业旅游	游览单个工业企业	工业现场
工业园区旅游	游览多个工业企业聚集在一起的园区	
工业遗产旅游	游览历史上工业企业或园区留下的工业遗产	工业遗址
工业博物馆旅游	游览以工业为主题的博物馆	

工业旅游是一种文化旅游。文化旅游是指去体验某些地方和活动的旅游，这些地方和活动能真实反映过去和现在的人和事，包括历史、

文化和自然资源。① 不过，与一般类型的文化旅游不同的是，工业旅游的目的地即工业场所承担着非旅游的功能，在大多数情况下，工业场所并不以旅游目的地作为其本质属性。在前文划分的工业旅游的 4 种类型中，只有工业博物馆旅游的场所是较为纯粹的旅游目的地，而工业遗产既可能被改造成专门的文化旅游目的地，又可能还承担着非旅游目的地的功能，如创意园区、商务办公场所等。至于工业企业和工业园区，则其主要职能是工业生产，提供旅游空间只是其附带的功能。因此，工业场所在绝大多数情况下是工业生产活动的空间，承担着工业经济的职能，只是附带具有开展旅游活动的可能性。以工业场所作为旅游目的地的工业旅游，也就只能是一种附属于工业的文化旅游，工业本身的发展与需求，对工业旅游具有决定性的影响。

三、开展工业旅游的意义

工业旅游作为文化旅游的一种形式，不仅具有休闲娱乐的功能，更多的还是寓教于乐，传播知识与文化，提升游客的相关素养，使游客在精神与文化层次获得自我实现。因此，工业旅游又往往和中小学生的研学旅游相结合。

从定义上看，文化旅游依赖于目的地的文化遗产资产并将它们转化成可供旅游者消费的产品。② 根据这一定义，文化遗产资产是文化旅游对旅游者产生吸引力的主要来源，也是文化旅游存在的基础与前提条件。工业文化也可以生成文化遗产资产或一般性的文化资产。作为文化资产的工业文化对旅游者产生的吸引力依旅游者接触工业文化不同层次的顺序而由表及里。通常情况下，旅游者作为非工业生产者，对于工业的最初接触与最基本接触就是工业产品，并延伸至生产工业产品的具有工业景观的工业场所。工业产品、工业景观以及工业场所都是物质性的存在，是工业文化的物化体现，可视为工业物质文

---

① 查尔斯·格德纳等著，李天无等译：《旅游学》，中国人民大学出版社 2014 年版，第 217 页。
② 希拉里·迪克罗、鲍勃·麦克彻著，朱路平译：《文化旅游》，商务印书馆 2017 年版，第 7 页。

化。当旅游者亲临工业场所，将目光由静态的工业产品转向动态的工业产品生产过程时，就会接触到工业的活动与组织，而工业生产的活动与组织是可以凝结为各种制度的。于是，旅游者在接触工业产品生产过程时，潜在地就接触到了工业制度文化。任何制度的运转都依赖于人去落实，企业在明文规定的制度之下，存在着不成文的文化氛围，左右着企业成员的行为，直接影响到制度的实效。这种文化氛围是思想性与精神性的，既无形，又往往不成文。但是，当旅游者对造访的工业场所深入接触时，必然会触及这一精神层面，也就是接触到工业精神文化。因此，根据旅游者对工业旅游目的地由浅到深的接触，其感观与认知将会从具象的物质层面进入到抽象的精神层面，在自然状态下会依次接触工业物质文化、工业制度文化和工业精神文化。工业文化作为工业旅游的文化吸引物，由工业物质文化、工业制度文化和工业精神文化等3个部分构成。

不过，以旅游者为主体的接触工业文化不同层次的顺序，如果以工业文化自身的发展为主体来看，则恰好颠倒过来。工业文化是产生于工业活动并与工业活动合为一体的文化。依托工业活动而存在的工业文化，其起始点与内核也应该是支配工业活动的价值观体系。例如，在工业企业经营的过程中，企业决策者与管理者的企业家精神对于企业的战略发展有决定性作用，基层工人的工匠精神对于产品制造的绩效有直接作用。可以说，企业的生产经营就是企业家精神与工匠精神在行为层面的呈现与扩展。而在具体的生产经营过程中，现代企业需要协调与利用各种资源，就必须建立起一定的制度。制度既是工业文化从精神转化成行为的中介，又是精神意图在实际行为中得到落实的保障。于是，在工业企业的生产经营过程中，各种成文的规章制度逐渐建立起来，用来显示与支持无形的工业精神。工业文化亦由此拓展至工业制度文化层面。在一定的制度约束下，工业企业生产出实体性的工业产品，这些产品是工业精神在物质层面的凝结，也就体现为工业物质文化。因此，工业文化自身的发展顺序，从理论上说是先形成工业精神文化作为内核，再借由工业制度文化作为中介，最终输出为工业物质文化。换言之，旅游者被动接触工业文化吸引物的顺序，与工业文化自身文化性的价值层级，在排列上是相反的。

上述 3 个层次的工业文化层级理论可以简化为工业文化物质层面与工业文化精神层面这两个大的部分。为了方便分析，可以参考新制度主义经济学的思路，将制度归于非物质层面。这样一来，工业文化可以划分为物质性工业文化与非物质性工业文化。非物质性工业文化中的工业精神是工业文化的内核。工业文化是工业旅游的文化吸引物，但从根本上说，工业文化才具有真正的主体性与决定性，附属于工业的工业旅游同样附属于工业文化。因此，超越旅游来看，工业旅游是工业文化对于自身的展示与传播，其展示与传播的文化内核是工业精神，其他文化吸引物皆由工业精神延伸与展开。实际上，将工业精神视为工业旅游的文化内核，也符合文化旅游为旅游者创造更佳体验的理论。有学者将文化旅游地描述为有故事的目的地，文化旅游则是讲述这一故事的过程。文化资产本身并无多少意义，除非它们的背景或者它们的故事能够被传达出来。讲述故事能使文化资产活态化，使旅游者的发现之旅变得更加激动人心。① 对工业旅游而言，其最具吸引力的故事是在一定的工业精神驱动下的各类工业活动，故从文化旅游的文化资产活态化角度看，工业精神也是工业旅游最核心的文化内涵。

工业文化是由包括企业家精神与工匠精神等在内的工业精神作为内核的价值观体系，对于工业活动能够起到促进作用。工业文化需要以各种形式来展示与传播工业精神，从而实现其促进工业发展的功能，进而使其自身的存在具有意义。工业旅游是对工业进行展示的活动，这种展示功能意味着工业旅游是工业文化的延伸，其展示物既包括物质性工业文化，也包括非物质性工业文化。非物质性工业文化中的工业精神是工业旅游的文化内核，是工业旅游展示与传播的工业文化的核心内容。工业旅游展示与传播的其他工业文化内容都应以工业精神为中心，围绕其展开。工业旅游的文化性，也就集中于展示与传播工业精神。以工业精神为中心，工业文化为工业旅游提供可用于展示的文化资产主要包括工业史、企业制度、工业产品、工业生产过程、工业景观等。表 4-6 为工业旅游的工业文化资产构成示意。

---

① 希拉里·迪克罗、鲍勃·麦克彻著，朱路平译：《文化旅游》，商务印书馆 2017 年版，第 261 页。

表 4-6　工业旅游的工业文化资产构成

工业文化类别	工业文化资产内容		
非物质性工业文化	工业精神	企业家精神	工业史 企业史
		工匠精神	
	企业制度		
物质性工业文化	工业产品		
	工业生产现场		
	工业景观		

工业精神是工业旅游展示与传播的文化内核，是工业旅游真正的文化性所在。但这一认识是以工业文化本身作为主体得出的。然而，工业旅游的复杂性在于，如果从旅游的角度出发，则旅游者亦是具有主体属性的核心要素，且工业文化资产必须转化为能成功销售的产品，这就在文化性之外提出了经济性的要求。也就是说，工业旅游内部包含着不同的价值取向。工业旅游是一种经济活动，就和其他经济活动一样，由供给面和需求面构成。只有当供给者和需求者同时得到满足时，工业旅游才真正实现了其价值。然而，就价值来说，工业旅游同时包含文化价值与经济价值，两者的实现路径是有区别的。构建工业旅游的价值体系，重要的是要实现文化与产业间的良性循环。

工业旅游是工业文化的延伸，也是工业文化的一种载体，承担着为工业文化进而为工业发展服务的职能。但是，工业旅游毕竟也是一种旅游，同样受旅游业规律的影响。旅游理论划分了文化旅游的 4 种要素：旅游、文化资产利用、体验和产品消费以及旅游者。从一般意义上说，文化旅游的确立有赖于文化资产被转化为文化旅游产品，这一过程即"把文化资产转变为可被旅游者轻松理解的、喜欢的东西，从而实现了资产的潜在价值"①。工业旅游作为文化旅游的一种，在这一点上并无不同。从供需两方面看，工业旅游就是旅游供应商把工业文化资产转化为产品供旅游者消费的过程。

---

① 希拉里·迪克罗、鲍勃·麦克彻著，朱路平译：《文化旅游》，商务印书馆 2017 年版，第 9 页。

从供给面说，如果将工业企业等工业主体视为工业旅游的供应商，则工业旅游的供应商比一般旅游供应商要复杂，其原因就在于大量工业旅游供应商并不以旅游作为主业。对一些工业企业来说，开辟工业旅游项目是为了承担企业的社会责任，不管其动机是积极主动的，还是迫于政府或主管部门的压力被动为之，其客观效果都是展示与传播了工业文化，其性质都具有浓厚的公益色彩。事实上，部分工业企业的工业旅游项目是不收费的，或仅象征性收取少量费用，而通过企业的其他部门来补贴不盈利的工业旅游项目。当然，有一些企业提供免费的工业旅游服务，也是为了给企业做宣传，甚至可以视为一种大型的体验式市场营销手段。但不管怎么说，这一类工业旅游供应商都可以统称为非营利性工业旅游供应商。与之相对应的则为营利性工业旅游供应商，即必须依赖工业旅游的收入来维持生存的工业旅游供应商。这些供应商通常会将工业旅游视为主业，要么通过收取工业旅游的费用营利，要么通过在工业旅游的过程中售卖工业产品或文化创意产品来营利。很显然，非营利性工业旅游供应商和营利性工业旅游供应商的动机以及价值实现方式是不一样的。非营利性工业旅游供应商通常更看重其所体现的工业文化的展示与传播，即使这种展示与传播隐藏着广告的性质，也不会聚焦于短期的获利。此外，非营利性工业旅游供应商为社会公众提供的工业旅游基础设施，也常常会被用来进行内部的企业文化建设。相反，营利性工业旅游供应商更接近于普通旅游业的经营者，必须以盈利为首要目标，在这一过程中会附带展示与传播工业文化。因此，非营利性工业旅游供应商和营利性工业旅游供应商重视的工业文化资产的内容会有所差异，将工业文化资产转化为产品的过程与结果也有所区别。不过，企业不是公益机构，即使非营利性工业旅游供应商不着眼于短期获利，但其展示与传播工业文化的目的也包含着品牌推广和培育潜在市场的动机，甚至还可能存在为自己培养潜在的劳动力，故仍具有相当强的经济性。从这个角度说，在供给侧的工业旅游供应商均以经济价值为其目标，区别仅在于其追求的经济价值是直接的或间接的。

从需求面说，文化旅游的旅游者具有 5 种不同的类型，每种类型旅游者的动机与需求不同，其价值取向及其实现方式也就不同。工业旅游的旅游者亦不例外。学者依据动机强弱和体验深度的不同，将文化旅游者划分为目的型文化旅游者、观光型文化旅游者、意外发现型文化旅游者、随意型文化旅游者和偶然型文化旅游者等5种。[①]这五种类型也完全适用于工业旅游者的划分。目的型工业旅游者以感知或学习工业文化为首要目的，也能够从工业旅游中获得深刻的文化体验。观光型工业旅游者在访问某一目的地时以体验工业文化为其首要的或主要的理由，但体验较目的型工业旅游者肤浅。意外发现型工业旅游者不为工业文化的原因而旅行，但在参与工业旅游活动后却获得了深刻的文化体验。随意型工业旅游者不以工业文化为其访问某一目的地的主要动机，其体验亦较肤浅。偶然型工业旅游者不以工业文化为目的旅行，但无意间参与了工业旅游活动，有肤浅的体验。然而，无论不同类型的工业旅游者抱以何种动机参与工业旅游，又取得了何种程度的体验，其共性特点在于都追求一种文化价值的实现。这五种类型工业旅游者的动机与体验如表4-7所示。

表4-7 工业旅游者的类型

旅游者类型	了解工业文化的动机	对工业文化的体验
目的型工业旅游者	强	深
观光型工业旅游者	强	浅
意外发现型工业旅游者	无	深
随意型工业旅游者	弱	浅
偶然型工业旅游者	无	浅

从供需两方面看，工业旅游有2种类型的供应商，有5种类型的旅游者，每一种不同的供应商与旅游者的组合，均会使工业旅游活动产生不同的效果，要同时实现供需双方的价值，实属不易。总的来说，不管工业旅游者属于何种类型，工业旅游供应商都必须提升旅游者对工业文化的体验，因为不管是从传播文化还是从刺激消费的角度说，只有在体验加深的情况下，旅游者才更愿意认同供应商展示的工

[①] 希拉里·迪克罗、鲍勃·麦克彻著，朱路平译：《文化旅游》，商务印书馆2017年版，第154—156页。

业文化，并激起更大的消费欲望。换言之，工业旅游供应商实际上需要使观光型工业旅游者向目的型工业旅游者转化，或使随意型工业旅游者和偶然型工业旅游者向意外发现型工业旅游者转化。这种转化能否成功，取决于供应商提供的服务，即旅游目的地的工业文化资产是否能形成具有吸引力的产品。

综合来看，在工业旅游活动中，工业旅游供应商为工业旅游者创造的主要是文化价值，工业旅游者回馈给工业旅游供应商现实的或潜在的经济价值。诚然，部分企业在开展工业旅游的过程中出售了产品，但是，这种产品销售渠道对大中型工业企业来说规模极为有限，意义不大。与带来直接的经济回报相比，通过工业旅游来推广企业品牌，从而培养潜在的具有品牌忠诚度的产品消费者，更符合一般工业企业的实际情况。从这个角度说，工业旅游供应商为旅游者提供的是文化体验，这种体验或直接满足旅游者的精神需求，或塑造旅游者的品牌认知进而诱导旅游者购买产品。部分工业旅游供应商如工业遗产或工业博物馆等，主要依靠门票或创意产品来获取直接的收入，但其盈利能力在很大程度上同样取决于能否创造具有吸引力的文化体验。而在供需双方所追求的价值均能实现的情况下，工业文化得到传播，更高层次上的社会价值也实现了。这种社会价值包括对青少年实施了工业文化教育，激发了青少年学习知识和投身工业的兴趣，这就为工业发展培养了后备力量，实际上也满足了企业的长远利益。表 4-8 是工业旅游的供需关系示意：

表 4-8　工业旅游的供需关系

目标	供　给　方		提供	转化中介	获取	需　求　方	目标
	工业旅游供应商类型	提供旅游服务的动机				工业旅游者类型	
经济价值	非营利性供应商	展示与传播工业文化	文化体验	工业文化资产	文化体验	目的型工业旅游者	文化价值
		推广企业品牌				观光型工业旅游者	
		建设自身企业文化				意外发现型工业旅游者	
	营利性供应商	创造收入				随意型工业旅游者	
						偶然型工业旅游者	

实际上，就和工业旅游的4种类型在现实中是交叉存在的一样，工业旅游供应商的类型和工业旅游者的类型，在现实中也可能不是泾渭分明的。但总的来说，在工业旅游中，工业旅游供应商通过为旅游者创造文化价值来实现自身的经济价值，而这个过程还创造了更广泛的社会价值。因此，工业旅游的价值体系同时包含经济价值、文化价值与社会价值，而这些价值的实现有赖于在工业文化与工业旅游产业之间实现一种良性循环。

拓展与延伸

日本作家村上春树回忆小学时代参观工厂

在随笔集《日出国的工厂》中，日本作家村上春树写了他小学时代参观工厂时留下的印象：

"我读小学的时候（说起来也就是昭和三十年代前半期），上社会课时被领去工厂参观了几次。其中印象最深的是口香糖工厂——口香糖叫'乐天鲜橙口香糖'，圆形，高尔夫球大小——尽管30多年前的事了，但至今仍能清楚记起。几千几万个橙黄色圆球由机器吐到传送带上，一个个包上玻璃纸装进箱子。那光景在七八岁小孩眼里显得相当奇特。说到底，世上存在那么多橙形口香糖这一事实本身就足以让人吃惊。我想，这样的经历大概任何人都会有一两次。试着问了周围好几个人，果然每人都有参观工厂的记忆。"

村上春树对这一形式的工业旅游的意义评述道：

"说起昭和三十年代前半期，正是朝鲜战争结束后日本经济紧锣密鼓复兴的时代，理所当然，'工厂'一词也具有一往无前的韵味。虽说不是《有炼钢炉的城市》，但仍有'我们也在加油干'那种积极向上的风貌。那样的风貌现在诚然也有，但我觉得当时好像带有国民共识的色彩，公害和噪音之类也没眼下这么严重，浓烟滚滚的烟囱乃是经济复兴的强有力的象征。正因如此，我们才去工厂参观，目睹机械化（令人怀念的字眼啊，觉得）生产线时才情不自禁地感叹'哇好厉害啊'。"

很显然，通过参观工厂，日本小学生心中激发了国民自豪感与对于工业技术的兴趣，工业旅游是被作为塑造国民奋发心态的教育政策在推行的。

文本摘录自村上春树著，林少华译：《日出国的工厂》，上海译文出版社2012年版，第1—2页。

开展工业旅游，要充分挖掘旅游吸引物的文化内涵，而以文化内涵为基础的工业旅游，本质上是工业文化传播的过程，这也是开展工业旅游的社会意义所在。对国家而言，推广工业旅游有利于培养工业人才；对青少年游客而言，参与工业旅游能够提升自身素养；对工业企业而言，发展工业旅游是梳理自身企业文化并打造企业品牌的一种途径。但是，工业旅游也存在着纯粹推销消费品的类型，因此，要发挥工业旅游的教育功能，主要应以工业旅游为载体开展工业文化研学。

第五章
工业文化教育

工业文化要传播与传承，就要开展相应的教育。工业文化教育是一个笼统的概念，是各种类型和形式相关教育的一个集合。目前来说，工业文化教育分为正式与非正式，非正式的工业文化教育由来已久，正式的在校园中开展的工业文化课程教学则仍不多见。工业文化的核心包含着劳动精神，工业文化教育与劳动教育有密切关系，工业文化是劳动教育重要的资源，劳动教育可以通过工业文化落实。研学既是实施劳动教育的一种有益形式，又是推动工业文化教育可行的载体。发达国家如日本有着开展工业研学的丰富经验，并将其纳入国家创新体系。工业文化与研学教育的结合具有重要意义。本章将介绍工业文化教育的基本内容与形式、工业文化与劳动教育的关系，以及工业文化研学的内涵与价值。

第一节 工业文化教育

工业文化教育既是工业文化传承的一种方式，又是工业文化产业的重要分支。从广义上说，人类自步入工业社会，就存在工业文化教育，通过学校教育对工业文化的相关内容进行传承。但是，从狭义上说，由于工业文化本身存在着一个人们由自为到自觉的认知过程，故系统性、建制性、规模性以及自觉性的工业文化教育，目前仍处在起步与摸索阶段。

一、工业文化教育概论

教育是人类社会特有的一种自觉的有目的的促进人的发展的活动，主要是发生在年长一代和年轻一代之间的教导与学习互动，旨在促进受教育者的社会化与个性化，从初生的自然人逐步成长为能适应社会并能促进社会发展的人。① 由此推论，工业文化教育是教育的一种特殊形式，指的是人类社会一种自觉的与有目的的促进工业文化发展的活动，主要发生在年长一代和年轻一代之间的教导与学习互动过程中，旨在促进受教育者接受与传承工业文化。

广义的教育是指凡是有目的地增进人的知识技能，影响人的思想品德，增强人的体质的活动，不论是有组织或是无组织，系统或是零碎，有教育者教导或是自我教育都是教育。狭义的教育是指一种专门组织的不断趋向规范化、制度化、体系化的教育，尤其主要指学校教育。教育学重点研究狭义教育，兼及广义教育。② 因此，从规范角度说，工业文化教育的重点也应该是狭义教育领域内的工业文化教导与学习过程。但在目前的现实条件下，自觉的有目的的工业文化教育才刚刚起步，兼以工业文化教育与产业高度结合的特殊性，其狭义领域与广义领域的界限尚相对模糊。

教育学理论认为，教育活动的基本要素包括：教育者、受教育者、教育内容和教育活动方式（这是从狭义角度而言）。对工业文化教育来说，同样存在着这四大要素。其中，工业文化的教育者主要指的是学校教师和相关教育机构的工业文化传播者，受教育者是以广大青少年为主体的学生以及更广泛的社会人群，教育内容是指教育者引导受教育者在教育活动中学习的工业文化累积的经验，教育活动方式则包括工业文化课程讲授及其他教学形式。

工业文化教育与和工业有关联的其他种类的教育既有联系又有区别：

---

① 王道俊、郭文安主编：《教育学》，人民教育出版社2016年版，第15页。
② 王道俊、郭文安主编：《教育学》，人民教育出版社2016年版，第16页。

（一）工业文化教育与工业教育

工业文化教育从目的上看，属于工业教育的一种。这里的工业教育指的是旨在促进工业发展的教育活动的总称。工业是一个复杂的系统，工业教育同样具有繁复的种类。一般来说，由于工业发展依托于技术革新，因此工业教育的主体是工业技术知识教育，在学校教育体系中体现为各类理工科教育。但是，工业发展除了有技术维度之外，还依赖于文化维度，因此，工业文化教育也是工业教育的重要分支。

工业文化教育从内容上看，不可避免会包含工业技术知识的内容，但是，工业文化教育并非系统传授工业技术知识的教育，这是其与一般工业教育的区别。工业文化教育的内容主体，在于工业技术知识得以生成、创造与传播的社会文化要素。

（二）工业文化教育与职业教育

在现代工业社会里，职业教育的重要内容是培养适合于工业发展的合格的劳动者，因此，工业文化教育与职业教育在很大程度上有重合的部分。一方面，两者的重要目的都是工业社会的劳动力的再生产，在目的上具有一致性；另一方面，工业文化教育的内容，也包括技能层面，这与职业教育的教学内容是有重合性的。可以说，职业教育是工业文化教育最为重要的实现领域之一。

但工业文化教育又与职业教育有根本性的不同。首先，工业文化教育是工业文化的传承机制，是一个广阔而复杂的整体，劳动者的再生产只是其目的之一，故工业文化教育比职业教育的内容更为广泛。也可以说，工业文化教育在工业教育或者现代社会教育的层级中比职业教育要高。其次，工业文化教育虽然也涉及职业培训、技能操作等职业教育的教育内容的主体，但这些教育内容在工业文化教育中并不系统，也不唯一，工业文化教育只是依托这些教育内容实现文化传承，这与职业教育的目标及导向性存在差异。最后，工业文化教育也涵盖普通高等教育和基础教育，并不只存在于职业教育领域。而职业教育也不只包含第二产业即工业领域的教育，还包含第三产业即服务业领域的教育。所以，工业文化教育和职业教育是内容与性质上完全不同的两种教育。

(三)工业文化教育与基础教育

工业文化教育的相关内容在基础教育中有体现,但从课程体系上说,目前尚无统一、完整的工业文化基础教育课程。目前,中国基础教育的主体是普通中小学教育,任务是培养全体学生的基本素质,为他们学习做人和进一步接受专业(职业)教育打好基础,为提高民族素质打好基础。[①] 因此,在基础教育中,必然会涉及工业文化教育的相关内容,两者从为工业社会培养合格的社会成员这一点来说,也是相通的。不过,基础教育比工业文化教育包含的内容显然更为广泛,且基础教育的课程设置是围绕传统基础学科展开的,这与工业文化的超越单一学科性质是不一致的。

一般来说,工业文化是与数学、物理、化学等理科课程相联系的,但实际上,作为一种价值观,工业文化也渗透于历史、语文等文科课程中。例如,在中国教育部制定的《义务教育历史课程标准(2022年版)》中,就包含一些工业文化的内容,如表5-1所示:

表5-1 《义务教育历史课程标准(2022年版)》中的工业内容

课标中涉及工业的部分	课标中涉及工业的大单元	具 体 内 容
中国近代史	中国民族工业	知道近代中国民族工业发展的艰辛历程
中国现代史	社会主义建设道路的探索	① 从1953年开始,党中央和人民政府有计划地推进社会主义工业化; ② 了解以王进喜、雷锋、钱学森、邓稼先、焦裕禄为代表的广大干部群众艰苦奋斗的事迹; ③ 进行有关中国现代史的数据检索和统计,搜集有关铁人精神的图文资料,进行专题研究,例如大国重器
世界近代史	两次工业革命与工人运动	① 通过了解珍妮机、蒸汽机、铁路和现代工厂制度,初步理解第一次工业革命的影响; ② 通过了解第一国际成立、巴黎公社,理解马克思主义的传播和国际工人运动的发展; ③ 通过了解第二次工业革命的主要领域和代表性成果,初步理解科学技术发展带来的社会进步和社会问题; ④ 举行辩论会,如围绕"工业革命带来的利与弊"

---

① 王道俊、郭文安主编:《教育学》,人民教育出版社2016年版,第97页。

(续表)

课标中涉及工业的部分	课标中涉及工业的大单元	具 体 内 容
世界现代史	两次世界大战之间的世界政治与经济	① 通过了解新经济政策、社会主义工业化、农业集体化等措施，认识苏联社会主义建设的重要成就和主要问题； ② 通过了解经济大危机和罗斯福"新政"，初步理解国家干预政策对西方经济的影响
跨学科学习	围绕某一研究主题，开展综合实践活动	① 历史上的水路交通发展； ② 生态环境与社会发展； ③ 在身边发现历史； ④ 历史上的水路交通发展

在上述历史课标中，除了讲授中外工业史的基本内容外，还要求学生了解工业奋斗事迹与精神，探索研究大国重器相关知识，理解工业革命带来的社会变化，这些都属于工业文化，而且也在传播工业文化。

拓展与延伸

美国重振制造业的工业文化教育讨论

进入21世纪后，美国制造业竞争力的相对下降引发了国内有识之士的担忧，并诱发了关于教育问题的讨论。曾任化工巨头陶氏化学公司（The Dow Chemical Company）主席兼CEO的利伟诚（Andrew N. Liveris）愤慨地指责美国的基础教育忽略了基础："美国学生学习时间比50年前少了40%，而国外不是这样，其他国家对成绩要求更加严格。……就像比尔·盖茨（Bill Gates）所说的，美国高中教育已经变得陈腐，这是不可辩驳的。"在他看来，美国的教师也好不到哪儿去："教师通常在所教的科目上缺少相应的培训。例如，化学教师很少有化学背景。相反，教师被鼓励在像'教育学'这样的宽领域获得硕士学位，这与他们将要从事的教师生涯没有什么关系。"利伟诚对比美国与其他国家的不同价值取向："中国、印度、德国和日本，工程学被认为是收入最高和最受人尊敬的职业。那些领域的毕业生是被高度尊重的，而且有相应的补偿。为什么美国人不把这些领域看成令人兴奋的和崇高的呢？"他不无讽刺地说：

"在美国，每毕业一个物理学或工程学博士，就会新增18个律师和50个MBA毕业生，这一点也不奇怪。"半导体行业的企业家小理查德·埃尔克斯（Richard J. Elkus Jr.）亦有同感："对许多中学生来说，社会似乎传递出这样一种信息：人们多年致力于培养一种重要技能，然而从中获得的满足感和金钱上的回报还赶不上单纯借他人之力、买卖权益价值所获得的近期收益，而且，前者还不如后者那样容易得到。这种趋势……导致美国出生的工程师和科学家的数量，呈现出很难扭转的下滑趋势。"

部分学者也与企业家有同感。在《制造繁荣：美国为什么需要制造业复兴》一书中，哈佛商学院的两位教授加里·皮萨诺（Gary P. Pisano）和威利·史（Willy C. Shih）为美国重振制造业提出的具体建议指向了教育改革："美国必须更好地筹划鼓励更多的美国本土学生取得科学、技术、工程和数学（STEM）领域的学士和硕士学位；在K-12教育阶段就必须进行更好的数学和科学培养。除此之外，应提供更多的资金用于大学生奖学金，这将有助于提高这些领域的大学教学质量。另外，为了吸引更多的STEM大学毕业生留在本领域，而不是进入投资银行或管理咨询公司，这些领域必须提供更多的奖学金。"

不过，要通过教育来重塑工业文化并非朝夕之功。利伟诚认为美国公众头脑中关于制造业的概念是过时而有害的。他举了俄亥俄州天文制造和设计公司（Astro Manufacturing and Design）的例子。这家产品涵盖高技术医学设备以及太空和军事装备的公司经常让学生们参观它的工厂，作为培养有可塑性的年轻人对制造业感兴趣的一种方法。公司带队领导称："我很少遇上对制造业感兴趣的人。"因为来到工厂参观的学生，总是抱着先入为主的想法，以为制造业是"枯燥和一成不变的"，是不用思维的工作。利伟诚由此感慨："美国人习惯于把制造业工作看成是数十年前的样子，这些工作需要相对少的技能，甚至更少的严谨思维。他们想象自己日复一日、年复一年地把同样的金属焊接到同样的金属框架中。他们把这样的工作视为有确定的结局、与时代格格不入、注定被抛弃或被忘却的。"曾担任通用汽车公司领导的鲍勃·卢茨（Bob Lutz）也不认为美国

> 公众真的了解现实中的制造业:"老百姓心目中挥之不去的形象,是黯淡、破旧、冒着黑烟的底特律工厂,充斥着慵懒、酗酒甚至滥用毒品的工人,他们非但没有追求出众的品质,甚至还会为了伤害雇主而破坏产品。我猜想,这些事有的在糟糕的几十年前出现过,但是如今事实恰恰相反:建筑熠熠生辉、厂区环境优美、内部灯火通明干净整洁,足以媲美许多医院。"美国要重振制造业,就必须吸引下一代的优秀人才进入制造业部门工作,但这首先必须激发年轻人的兴趣,改变他们对于制造业的负面看法,使他们产生学习工业技术知识的热情。工业文化教育的重要使命就在于激发青少年对工业的兴趣与热情。不过,开展工业文化教育并非易事,仅仅将青少年带到工厂参观并不能确保他们对工业产生兴趣,关键仍然在于包括课程在内的教育体系的打造。
>
> 摘编自严鹏:《富强竞赛——工业文化与国家兴衰》,电子工业出版社2017年版,第268—270、277—280页。

二、工业文化教育的内容

工业文化教育的宗旨在于培育合格的工业社会劳动力,促进工业的健康良性发展,并维护工业社会的基本机能,其教育内容也围绕其目的展开。工业文化教育最基本的内容包括:

(一)工业文化通识教育

工业社会的存在有其合理性和必然性,但由于工业社会存在时间短,在文化与观念层面难免存在与传统社会观念的调适过程,因此,阐明工业社会合理性的教育,即肯定工业社会的正面价值与存在合理性的教育,是工业文化教育的重要内容,也是工业文化维系工业社会的重要机制。此类教育又可以称为工业文化通识教育。

(二)工业精神的传承

工业精神是工业文化的内核,也是组合各种生产要素,促进工业发展的文化力量。因此,工业精神的传承在工业文化教育中占有主体地位。从学校教育的角度说,工业精神的传承,主要包括工匠精神与劳模精神的传承,以及对于企业家精神的初步培育。

（三）职业素养的培育

工业文化教育的重要目的是合格的工业劳动者的再生产，因此，在职业教育中，培育劳动者的职业素养，是工业文化教育的重要内容。职业素养的培育和工业精神的传承有重合之处，但工业精神的传承是宏观性的，涵盖各级各类学校教育，而职业素养的培育主要体现在职业教育中，应有其特殊的专门的形式与内容。

（四）浅性工业技术知识的普及

工业技术知识的学习是工业教育的主体，但是，在现代工业社会里，产业门类众多，个人不可能对所有的工业技术知识全面掌握，还有相当数量的社会群体不直接从事工业部门的职业，这就使得浅性而非高深的工业技术知识的普及教育有其存在价值，并成为工业文化教育的重要内容。

三、工业文化教育的形式

工业文化教育作为与产业高度结合的特殊教育，其教育形式和一般教育既有联系，又有区别，在狭义的学校教育之外，广义的非学校教育举足轻重。而在学校教育中，传统课程教育与综合实践活动也有并重之势。简言之，工业文化教育是一个复杂综合体，具有多种形式，且应该整合各种形式。由于目前仅中国正式地提出了工业文化概念，并自觉开展相关教育活动，故此处所指的工业文化教育形式主要是中国目前存在的形式。工业文化教育的形式包括：

（一）工业文化课程

课程有广义与狭义之分，广义的课程指所有学科（教学科目）的总和；狭义的课程指一门学科。课程内容以学科文化知识为核心，主要包括间接经验，但也包括设计一定的实践—交往活动要求学生获取的直接经验，以及预期的学习活动方式。[①] 课程是狭义教育尤其是学校教育的主体。在工业文化教育中，工业文化课程从理论上说也应该是最重要的组成部分之一，即由教师在课堂上系统地讲授工业文化

---

① 王道俊、郭文安主编：《教育学》，人民教育出版社 2016 年版，第 120 页。

的相关知识，配合一定的技能培训实践，使工业文化在学生身上得到传承。

然而，课程依托于特定学科，是专门化的学科在教学领域内的反映与载体，而工业文化具有超越单一学科的性质，所以，工业文化课程在目前的学校教育体系中很难独立化与实体化。未来，工业文化课程的设置，可见的路径有两种，一种是由国家主管部门依靠行政手段推动各级各类工业文化课程的开设；另一种则是在国家主管部门的指导下，由各级各类学校因地制宜开设适合于自身条件的工业文化课程。

（二）工业文化综合实践活动

综合实践活动既是我国基础教育的重要组成部分，又是我国基础教育的重要途径。综合实践活动是教师引导下学生自主进行的综合性学习活动，是基于学生的经验，联系学生的生活和社会实际，体现学生对知识综合应用的实践性课程。[①] 工业文化具有极强的实践性，因此在学校教育中，工业文化综合实践活动是重要且易于实现的教育形式。

（三）工业文化研学旅行

各类工业遗产、工业博物馆是工业文化重要的有形载体，工矿企业则是工业文化最直接的依托，因此，安排学生等受教育者去相关场所开展现场研学，直观地感受与认知工业文化，是工业文化教育的重要形式。从理论上说，在学校教育体系中，研学旅行可以被归为综合实践活动的一种，但对于工业文化教育来说，这种形式格外重要，应具有其独立性。

（四）工业文化大众普及

与其他教育不同的是，工业文化教育在非学校教育领域内占有很大比重，因此，非学校教育的工业文化教育不仅是对学校教育的补充，其本身就具有与学校教育平行的性质。在这一块领域内，面向包括青少年学生与社会一般公民在内的工业文化普及教育，占有主体地位，其具体途径包括普及读物的出版、影视剧的播放、游戏化的网络教育等。可以预测，随着VR、AR等新技术的发展，工业文化大众

---

① 王道俊、郭文安主编：《教育学》，人民教育出版社2016年版，第358页。

普及将成为越来越重要的工业文化教育形式。

目前，中国的工业文化教育走在了世界前列，国外尚无专门的工业文化课程，而从 2014 年开始，华中师范大学、南京航空航天大学、西北工业大学、长春理工大学等中国高校已先后开设工业文化相关课程，不少课程名称明确使用了"工业文化"一词，体现了相关高校对于开展工业文化教育的自觉性。从 2017 年起，福建省福州第二中学开始开设工业文化系列课程，2018 年末，武汉市红钢城小学着手打造工业文化校本课程，2020 年，山东省青岛实验初级中学开始组织常态化的工业文化研学，体现了工业文化教育在基础教育领域的扩展。此外，一些高职院校也开设了具有职业教育特色的工业文化相关课程。可以预见，中国的工业文化教育将进一步发展壮大，成为中国工业转型升级的重要助力。

第二节　工业文化与劳动教育

工业文化与劳动教育有密切关系，劳动教育是工业文化教育的重要内容，工业文化教育是劳动教育以工业为载体的呈现形式。开展工业文化教育与开展劳动教育，往往存在着一体两面的特性。

一、工业文化与劳动教育紧密相连

工业文化与劳动教育有密切的关系。工业文化是伴随着工业化进程而形成的、渗透到工业发展中的物质文化、制度文化和精神文化的总和，对推动工业由大变强具有基础性、长期性、关键性的影响。工业运行的基础与内涵是劳动，工业精神作为工业文化的核心，包含着劳动精神。从理论上说，由实业精神、企业家精神、工匠精神、劳模精神等为内容构成的工业精神，是劳动精神在工业领域的投射与体现。工业活动离不开劳动精神，劳动教育是工业文化教育的重要内容，工业文化教育是劳动教育以工业为载体的呈现形式。通过发展工业文化来落实劳动教育，具有逻辑上的必然性。

劳动创造了人本身。工业的本质就是一种劳动。制造工具并运用工具进行劳动，是人类区别于动物的根本性的能力之一，而劳动工具自身的演化最终缔造了现代工业。工业文化具有崇尚劳动的价值观，因为只有劳动才能带来工业发展。"工业"（industry）一词早在 15 世纪就出现在英文里，但那时所谓的"工业"和今天一般意义上所称的工业完全不同。根据雷蒙·威廉斯（Raymond Williams）的考证，英文单词"industry"有两种主要意涵，其一为"人类勤勉之特质"，其现代用法的形容词为"industrious"；其二则为"生产或交易的一种或一套机制（institution）"，其现代用法的形容词为"indsutrial"。[①]故而，"industry"一词最初指的是勤勉这种伦理品质，直到 18 世纪才开始指"一种或一套机制"，而 18 世纪正是工业革命开始的年代。勤勉是一种最基本的劳动伦理，英语里"工业"一词的原始含义可以追溯至勤勉，意味着人们很早就认识到了工业与劳动之间密不可分的关系。工业与劳动的密切关系，使崇尚劳动的价值观成为工业精神的一部分。换言之，开展劳动教育，就是真正在教育中落实工业精神。可以说，劳动教育是促进工业文化发展的有效途径，而工业文化的发展也会为劳动教育提供动力与资源。

二、工业文化是劳动教育的资源

劳动是人类社会存在的基础，与劳动相关的教育思想和教育实践源远流长。例如，有学者将中国的劳动教育追溯至传统农业社会中的"耕读传家"，称："古代先民将'耕'和'读'结合起来，希望拥有耕读相结合的生活方式，因此白天从事农业劳动与晚上挑灯读书共同构成了我国独特的耕读文化，这与我们所强调的实践和学习相统一的劳动教育是不谋而合的。"[②] 这种观点将劳动教育视为书本学习与劳

[①] 雷蒙·威廉斯著，刘建基译：《关键词：文化与社会的词汇》，生活·读书·新知三联书店 2005 年版，第 237 页。
[②] 李珂：《嬗变与审视：劳动教育的历史逻辑与现实重构》，社会科学文献出版社 2019 年版，第 14—15 页。

动实践的结合,并构成特定的文化和生活方式。实际上,劳动教育的重要目标是培养人格健全的劳动者,而这种培养方式首先就是一种价值观的塑造。就此而论,传统文化中对"劳心"与"劳力"的区分及其高下评判,并不能真正导向对劳动的尊重与崇尚。现代社会中的劳动教育的确立,具有不同的文化背景与实践基础。近代中国的教育家黄炎培、陶行知、晏阳初等都倡导过劳动教育,其主张多与职业教育和平民教育相结合。黄炎培实践其教育理想的重要基地中华职校,规定学生入学时一律要写誓约书,其首条便是"尊重劳动(学生除半日工作外,凡校内一切洒扫、清洁、招待等事,均由全体学生轮值担任)"。① 黄炎培的理念,延续了中国传统耕读文化中学习与劳动合一的逻辑,又赋予了这种逻辑以新的意义,将其由一种生活方式的需要转变为理论上的自觉。

近代中国的劳动教育是受到马克思主义影响的。马克思主义给了现代劳动教育以科学的理论基础和蓬勃的生命力。劳动与生产决定了人的存在。马克思和恩格斯指出:"一当人开始生产自己的生活资料,即迈出由他们的肉体组织所决定的这一步的时候,人本身就开始把自己和动物区别开来。人们生产自己的生活资料,同时间接地生产着自己的物质生活本身。"② 劳动作为人类社会存在的基础,既是平凡的,也是神圣的。劳动的平凡性,体现于其无所不在,而无所不在的劳动之须臾不可或缺,恰恰又赋予了劳动以神圣和伟大。这是劳动亦凡亦圣的辩证法。资本主义制度的问题是,在剥削体制下,劳动者被贬低。③ 而马克思主义的科学性和伟大意义,就在于要使劳动者和其劳动产品实现统一,使劳动重归光荣。劳动是光荣的,因为劳动塑造了人本身,这是必须通过教育来传递的正确价值观,也只有在这种价值观的支配下,社会才能通过劳动为劳动者自身创造幸福。劳动教育乃是社会主义先进文化的一部分,这种教育既是社会主义先进文化先

---

① 李珂:《嬗变与审视:劳动教育的历史逻辑与现实重构》,社会科学文献出版社 2019 年版,第 30 页。
② 中央编译局编译:《马克思恩格斯选集》第一卷,人民出版社 2012 年版,第 147 页。
③ 中央编译局编译:《马克思恩格斯选集》第一卷,人民出版社 2012 年版,第 51 页。

进性的内涵与体现，又巩固了社会主义先进文化。

在马克思主义劳动教育的体系中，苏联教育家苏霍姆林斯基在实践基础上进行的理论总结极具启发。苏霍姆林斯基的劳动教育脱离不了时代局限，但其理论内核抽象出来，是具有普遍性和一般性的。苏霍姆林斯基并没有将劳动教育简单的看成职业技能培训或实践教学，而是将劳动教育上升至道德教育的高度，指出劳动教育的意义在于使学生"做好劳动准备"，而"所谓做好劳动准备，首先是指在道德上做好准备以及要有热爱劳动的思想"。[1] 苏霍姆林斯基的劳动教育理论既包含体力劳动，又包含脑力劳动，而他也看到了这两者在教育和生活中的矛盾性。苏霍姆林斯基敏锐地意识到，随着经济社会的发展，脑力劳动的重要性日益凸显。但在学校教育中，对于脑力劳动的培养可能会带来对体力劳动的贬低，这一问题无法通过简单的提高体力劳动教育的比重来解决，只能培养学生重视体力劳动的价值观。[2] 换言之，重要的是使学生在体力劳动的过程中认识到体力劳动的价值和意义，这就需要在引导学生从事体力劳动实践的同时，进行理论上的讲解和教育。劳动教育的关键在于使学生意识到劳动的意义，而劳动的精神意义与肉体所进行的劳动过程是独立的，必须在思想层面通过引导加以确认。

因此，劳动教育实际上是一种渗透于学生学习生活的全方位教育，并非简单地让学生参加体力劳动或动手实践，而是在教育的各个环节都努力渗透崇尚劳动的价值观，培养学生对劳动的热爱。全方位的劳动教育，使工业文化能够成为一种劳动教育的课程资源。在当下中国，工业已经开始迈向先进制造和智能制造的新阶段，劳动的方式出现了巨大的变革，制造业中体力劳动与脑力劳动的结合日趋紧密。在这一工业追求高质量发展的新时代，劳动教育应强调本质，以弘扬劳动精神为核心，区分不同场景，利用新技术与新业态，以新形式激

---

[1] 苏霍姆林斯基著，萧勇等译：《苏霍姆林斯基论劳动教育》，教育科学出版社 2019 年版，第 7 页。
[2] 苏霍姆林斯基著，萧勇等译：《苏霍姆林斯基论劳动教育》，教育科学出版社 2019 年版，第 11 页。

发青少年学生的劳动意识，使劳动教育不与时代脱节，能真正渗透于学生的学习生活中，让学生个人价值实现与国家经济社会发展更紧密地结合。

三、通过工业文化落实劳动教育

学习既是一种个体与其所处环境的互动过程，也是一个心理的获得过程，发生在个体互动所蕴含的冲动和影响之中。[①] 教育者的重要任务就是要激发学习者的兴趣，使其产生自觉主动去搜寻信息的学习动机。学习者接触的外部新信息的内容本身的吸引力高低也会影响到学习动机的强弱。广义的课程资源是指有利于实现课程目标的各种因素，它是形成课程的要素来源以及实施课程的必要而直接的条件。构建体现时代特征的劳动教育体系要求整体优化学校课程设置，将劳动教育纳入中小学国家课程方案和职业院校、普通高等学校人才培养方案，形成具有综合性、实践性、开放性、针对性的劳动教育课程体系。对于劳动教育，工业文化可以成为一种激发学生学习兴趣的具有吸引力的资源。其中，工业劳动现场、工业遗产、工业博物馆、工业史与工业文学等均具有劳动教育的功能，而这些资源整合在一起，可以形成一个落实劳动教育的工业文化教育综合体。工业文化教育综合体既可以是有形的，也可以是无形的，通常情况下则是两者的结合。

教育者要使用适合青少年心理特点的教学内容去激发青少年学习者对于劳动的兴趣。这样一种教学内容不应该是枯燥的说教，也不能完全运用抽象的理论讲解，而要使用生动的案例去具体展现劳动的意义和价值，并使学生产生情绪上的积极感染。工业文化中的非物质部分如工业史与工业文学等，可以为劳动教育提供丰富的教学素材。

作为课堂教学讲授内容的工业文化课程资源主要是非物质的，构成了学习者所要学习的内容即外部新信息。除此之外，物质性的工业文化也可以作为重要的课程资源，为学习者营造容易吸收外部新信息

[①] 伊列雷斯著，孙玫璐译：《我们如何学习：全视角学习理论》，教育科学出版社2014年版，第23页。

的学习环境。尽管工业是现代社会的基础，但对于青少年学生来说，工业通常是远离他们日常生活的陌生之物。因此，工业劳动现场、工业遗产、工业博物馆等可以起到直观的展示劳动的作用，但这些工业文化资源本身也必须直观而容易理解，才能激起学生较强的学习动机。物质性的工业文化资源是有形的，可以帮助学生直观的认识工业，使其在头脑中形成关于工业的具体形象，降低学生理解抽象概念与知识的难度。学习过程最终要实现的是知识迁移，就是将陌生的信息变为熟悉的信息，各类物质性的工业文化载体作为课程资源，起到的就是增强陌生信息的可感知度与易理解度的功能。对学习者来说，熟悉就意味着可感知与易理解。将青少年学生带到工业劳动现场、工业遗产、工业博物馆等场所实地参观学习、动手实践，有助于为学生创设熟悉工业文化的学习环境。从这个角度说，工业文化研学是落实劳动教育的有效途径。

第三节　工业文化研学

研学教育的形式是研学旅行，落脚点是教育，是对当代课堂教育、家庭教育的补充。将工业文化的传承性和创新性与研学活动的教育性相结合，不仅能够拓宽研学教育的实践领域，丰富研学教育的内容体系，而且能够将工业文化素养的培育深刻内涵融入社会并传递给下一代，具有重要的现实意义。

一、发达国家工业研学的经验

工业旅游、研学旅游与工业研学旅游都属于文化旅游的范畴，发达国家的工业研学起步较早，积累了丰富的经验，其中尤其以制造业强国日本的经验值得借鉴。研学旅游在日本称作"修学旅行"（しゅうがくりょこう），于1946年开始正式纳入学校教育体系在全国范围实施，活动对象主要是中小学生团体。日语里常用"工場見学"（こうじょうけんがく）一词表达工业研学，该词直译为中文是"参观工

厂"的意思，在日本专门指代日本的工业旅游或者工业研学活动。

学校或者教育组织集体带领中小学生进行课外实践与参观构成了日本工业研学旅行的主要形式。组织中小学生进行工业研学旅游的意义体现于两个方面，一是构建青少年的择业观；二是培养对国家工业的自豪感。

通过研学将学生带到企业工作的环境中，可以让学生探寻那些他们所憧憬的职业的秘密。例如，日本航空公司（中文简称为"日航"）羽田机场在开展中小学生工业研学旅游上经验丰富，规定每次活动人数在 1～100 人，除年终与新年的几日，每日均可开放，同时说明研学对象应当是小学生以上，一、二年级的小学生每 5 人应当有 1 位成人看护，这就保障了活动的安全性。日航羽田机场设计了 3 条研学体验通道。首先是从航空教室开始，通过对屏幕的影像的观看以及现场工作人员的解说，对飞机的构造以及羽田机床的概况进行初步了解；其次进入到 4 个展示区分别参观，依次是新商品、服务展示区，这里放置有模拟的商务座；接下来是存档展示区，这里展示了历代的航空工作人员的制服以及缩小比例 1/50 的飞机模型；然后是制服体验展示区，在这里能亲自穿上客舱乘务人员、航空维修人员的制服进行合影留念；最后一个是关于航空方面具体操作的介绍。从资料显示的数据来看，日航成田机场每年接待的参观人数能达到 12 万人。①

在培养学生对国家工业的自豪感方面，一些历史悠久的企业能担此重任，如日本著名的工程机械制造企业小松集团。进入小松工厂后，展示厅陈列着小松工厂的历史缔造者竹内明太郎的历史。在工厂生产现场介绍了小松制造典型的机械产品推土机的生产过程，分别是制造零件、组装引擎、组装变速箱与组装外壳。工业生产是一个严肃的过程，机械碰撞声能在青少年的感官世界留下深刻的印象，这是工业物质文化。而工业精神文化的植入能为青少年的价值观的塑造提供源泉。以竹内明太郎的创业精神为基础，小松公司的工人们总结编写了一套叫做《小松 Way》的册子，成为小松公司全体员工必须遵循

---

① 昭文社编集部：『まっぷる工場見学社会科見学首都圏』，昭文社 2017 年版，第 8—9 页。

的企业精神,其中分为:(1)对品质和信赖的追求;(2)对顾客的重视;(3)源流管理;(4)现场主义;(5)方针展开;(6)与商业合作伙伴的关系;(7)培养人才与活力。①

亲子类工业研学指的是由父母带领孩子一起去参与的工业研学旅游。亲子相处是家庭教育的重要组成部分,将工业研学旅游渗透入亲子教育中,是家庭教育的生动化体现,也对家庭教育的素质培养提出了更高的要求。在日本开展的亲子类工业研学有如下特点:首先,这些活动尤为重视亲子双方的参与感与体验感;其次,研学地点大多选择食品工厂等加工工厂,这些工厂或许只是地方上规模不大的小型工厂,并非具有很高的知名度。位于新潟县的亚斯达酸奶厂是亲子类工业研学的代表。亚斯达酸奶厂规定活动前应需电话预约,每组参观人数上限为40人,开放时间为上午的10:00—11:30,并明确了中学生以下的参观者需要大人陪同。亚斯达酸奶厂开设游客参观工厂的专用通道,首先是对整个工厂进行参观,包括饮料酸奶的生产线;然后可以在附属的商店中购买生活杂货、化妆品等酸奶厂的原创产品。在商店中,小朋友们还可以享用坐在长椅上看图画书的儿童空间。② 此外,亲子共同参与制作的方式在日本也备受追捧。日本的燕市是金属餐具重要的生产地,以传承的"磨制"手艺为基础,工匠们在此地建造了"燕市磨制第一店"。进入工厂后,首先由工作人员对"磨制"手艺的历史进行说明,其次是参观工厂,最后是进行"磨制"手艺的体验。③

近年来,成人类工业研学旅游在日本工业研学中也逐渐占据着不小的分量。日本的研究认为,对于成年人来说,对于商品究竟是怎么制造出来的以及国家政治和经济的最新动向,是需要亲身体验的,并能够使他们得到一些惊奇的发现。成年人参与工业研学的趣味性体现在最终的收获感中。④

---

① 子供クラブ:『見学!日本の大企業コマツ』,ほるぷ出版2014年版,第20页。
② 早見正明:『ワンダー新潟GO!GO!体験&見学』,株式会社ニューズ・ライン,第8—9页。
③ 早見正明:『ワンダー新潟GO!GO!体験&見学』,第34—35页。
④ TOKYO休日ネットワーク:『(関東)大人のための工場見学&社会科見学』,メイツ出版2012年版,第6—7页。

日本对研学旅游一直有政策扶持，无论在财政拨款还是安全保障方面，都能体现国家对研学教育领域的重视。2013年12月，在日本一项名为"为测定对工业研学的期待指标而进行的网络调查（一般调查）"中，有超过2.4万人参与其中，回应了近5年来是否有参加过工业研学的活动。数据显示，"到现在还未能参加过一次"的受访者占大约37%，而其余63%的人则参加过工业研学。日本有杂志社统计了"工业研学（工場見学）"与"制造"一词的热门程度，总结出二者的变化是同步的。① 研学让制造业走进民众的生活，使民众认为关怀日本制造业也是对自己生活质量的关心，这样更能激发日本国民接触工业生产现场的兴趣与决心。日本政府以发展工业研学作为构建国家创新体系的重要手段。

二、工业文化与研学教育的结合

研学教育在实施过程中尤其强调学生对文化知识的吸收、对物质文化与精神文化真切地体验，最终目的是加深他们对中国文化的认知、增强爱国爱家的情怀。正如研学与旅游存在着亲缘关系，工业文化研学也脱胎于工业旅游。传统工业旅游的主要形式集中于参观工业遗址、工业博物馆、产业园区、现代工厂、国家重大工程等。这些工业资源与旅游服务方式的结合能有效的实现社会产业附加值的提升，增加社会资金运转的活力。工业旅游与研学教育相结合，能拓宽研学教育自身发展的领域。在工业社会，工业文化资源十分丰富，活用这些工业文化资源能为研学教育提供丰富的教学体验。

研学教育的形式可以是多种多样的，但最终目的都是为了教育事业的发展。通过校本课程的学习与课外实践活动的结合，研学教育能实现教育的生动化与全面化，培养学生的人文精神与社会责任感。工业文化与研学教育的结合，不仅能拓宽研学教育的领域，也可以使工业精神得到传承。利用工业文化的各类资源点，学生可以亲眼看到过

---

① 中嶋康博等：『工場見学がファンを作る：実施のウハウと評価方法』，日本経済新聞出版社2016年版，第33页。

去与现在的工业设备的技术演化。在工业文化研学中，学生被带去参观旧的厂房、工业机器，观看现代工业生产的流水线，甚至还能与劳模接触，这些对于他们来讲，是一种新奇并充满意义的体验，能促进他们的全面发展。

实施工业文化研学教育也能够促进整个研学教育体系的专业化。当前的教育系统对研学教育的呼声很高。从研学对象即中小学生的角度来看，他们对假期的期待已经不仅限于从电子产品里获取的对社会的印象，更希望通过实践去探索未知与神秘的社会；从家长的角度来讲，现代化的教育改革使他们除了重视孩子的学期末的成绩以外，也愿意增加业余学习的费用开支，在增加一些兴趣班的同时，也会对研学旅行的实践性教育产生兴趣；从研学的组织者学校与教育机构来讲，则希望通过研学提高学生的综合素质，丰富校园课程文化。由此可见，研学教育的开展是一种多主体性教育行为。研学教育作为一项新型的教育产业，并不是简单的单向发展，而是循环式、多主体，并与市场紧密相连。研学教育的开展需要国家部门通过政策进行扶持，也需要学校、教育机构及家长的积极配合。在研学教育体系中，工业门类的研学是一个薄弱环节，因此，开展工业文化研学，有利于促进整个研学教育体系的专业化。

2019年，中华人民共和国工业和信息部工业文化发展中心联合亲子猫（北京）国际教育科技有限公司、武汉学知研学旅行服务有限公司、山东众乐教育科技有限公司共同制定了《工业文化研学实践教育基地评估试行标准》和《工业文化研学实践教育基地评估试行办法》。2020年11月20日，该中心在工业旅游创新发展论坛上正式发布并启动工业文化研学实践教育基地评估工作。经基地所有权人自愿申请、中心组织专家进行现场评估和网上公示等程序，该中心确定了第一批工业文化研学实践教育基地名单。2021年6月11日，在第五届中国工业文化高峰论坛上举行了授牌仪式，中心为第一批基地授牌。随着这些工作的开展，工业文化研学在中国进入一个规范化、专业化、普及化的快速发展新阶段。

拓展与延伸

大连光洋企业家于德海谈工业文化研学

我真正的用意不是搞博物馆式的旅游，那都是过去的工业。日本、德国的企业陈列馆，摆（着）第一台最古老的产品，咱现在的工业博物馆几乎都是这种模式。光洋想做工业旅游，我有这个条件，有全产业链，就想通过工业旅游的方式带着青少年甚至成年人，来看现代的产品的制造、装配、检测的过程，包括高档数控机床和其他产品。工厂场地1万平方米，既是我们用户的工艺验证区，也是产品的展示区。青少年参观完再参与人机互动。零部件有电机工作原理，进行互动，电机正转、反转、加速、减速，亲自动手操作，传感器、工具、刀具、测量。传感器有什么类型？50多个大学本科生，我问他们长度计量单位是什么，能答出来的寥寥无几，一点概念都没有。人机互动的方式，直线传感器，还有角度，度、分、秒、毫秒，都一样，也通过人机互动的方式，让他们了解原理。机床上的关键功能部件，也搞成人机互动。现在的青少年，玩手机、玩游戏，有几个家长去教？几乎没有，他自己就明白了。五轴机床，搞成人机互动方式，一批来10个孩子，简单地培训操作方法，机组上编一个程序，换一个程序，通过人机互动就像玩游戏。小孩游戏就是互动。把兴趣调动起来。

数字化制造，成年人也没有清晰的概念……智能化制造是非常复杂的系统工程，自学习的能力，智能化得有自学习、自适应、自提高。一个产品的制造过程，智能化制造……国内国外没有一个真正的愿景。

各类机床、工业机器人、数字化生产线，让青少年、成年人一起人机互动。我更关注青少年，目的是想把他们的兴趣激发出来。人这一生的爱好和后面的学习、工作能结合起来是最容易出成绩的。光洋招人更主要看学业以外参加哪些活动，只要能证明他是喜欢这方面的……光洋招了一批有爱好（的员工），工作的兴致和兴趣爱好结合起来，工作不是硬性压给他的，遇到困难，解决以后，他那种兴奋、快乐，对他也是一种享受。

人机互动，（少年）越来越有兴趣。

  一个国家的工业想强大，必须从文化抓起，必须从孩子抓起，目的就是通过这个项目来能够把一批的青少年的兴趣激发出来。

  （光洋厂房）中式古建筑风格，在大连市也是一景。建筑长度有520米。（原来不是中式古建筑风格）为什么改？两个想法：第一，以后还是想搞工业旅游。第二，（上面）中国传统，下面西式的。光洋，有中国文化中强调和谐；有现代文化中工作要求量化管理。

  就是要通过这种方式培养一批（少年），兴趣给激发出来。

  极端的想法，中国的小孩玩手机游戏的兴趣能转到这上面来，这对中国将来工业发展的意义就会非常大。

  我从小就是无线电爱好者。

严鹏访谈，2018年3月28日。

参考文献

1. 王新哲、孙星、罗民：《工业文化》，电子工业出版社2016年版。
2. 严鹏：《富强求索——工业文化与中国复兴》，电子工业出版社2016年版。
3. 严鹏：《富强竞赛——工业文化与国家兴衰》，电子工业出版社2017年版。
4. 严鹏：《简明中国工业史（1815—2015）》，电子工业出版社2018年版。
5. 严鹏：《工匠革命：制造业的精神与文化变迁》，电子工业出版社2020年版。
6. 严鹏、关艺蕾：《产业政策启示录：工业文化的政治经济学》，电子工业出版社2020年版。
7. 严鹏、陈文佳：《工业文化遗产：价值体系、教育传承与工业旅游》，上海社会科学院出版社2021年版。
8. 严鹏、陈文佳：《工业革命：历史、理论与诠释》，社会科学文献出版社2019年版。
9. 严鹏：《红色中车：国家名片的红色基因》，中国人民大学出版社2021年版。
10. 彭南生、严鹏主编：《工业文化研究》第1辑，社会科学文献出版社2017年版。

11. 彭南生、严鹏主编：《工业文化研究》第 2 辑，社会科学文献出版社 2018 年版。

12. 彭南生、严鹏主编：《工业文化研究》第 3 辑，社会科学文献出版社 2020 年版。

13. 彭南生、严鹏主编：《工业文化研究》第 4 辑，上海社会科学院出版社 2021 年版。

14. 爱德华·露西-史密斯著，朱淳译，《世界工艺史：手工艺人在社会中的作用》，中国美术学院出版社 2006 年版。

15. 安东尼·吉登斯、菲利普·萨顿著，赵旭东等译：《社会学》，北京大学出版社 2015 年版。

16. 奥利维耶·阿苏利著，黄琰译：《审美资本主义：品味的工业化》，华东师范大学出版社 2013 年版。

17. 伯格著，陈会昌译：《人格心理学》，中国轻工业出版社 2014 年版。

18. 布鲁斯·马兹利什著，汪辉译：《文明及其内涵》，商务印书馆 2017 年版。

19. 布罗代尔著，常绍民等译：《文明史：人类五千年文明的传承与交流》，中信出版社 2014 年版。

20. 藏田武志等著，刘继红等译：《增强现实（AR）技术权威指南》，电子工业出版社 2018 年版。

21. 查尔斯·格德纳等著，李天元等译：《旅游学》，中国人民大学出版社 2014 年版。

22. 查默斯·约翰逊著，金毅等译：《通产省与日本奇迹——产业政策的成长（1925—1975）》，吉林出版集团有限责任公司 2010 年版。

23. 陈秀爱主编：《金石为开》，中西书局 2012 年版。

24. 陈序经：《文化学概观》，岳麓书社 2010 年版。

25. 程能林主编：《工业设计概论》，机械工业出版社 2011 年版。

26. 村上春树著，林少华译：《日出国的工厂》，上海译文出版社 2012 年版。

27. 戴伦·蒂莫西、斯蒂芬·博伊德著，程尽能主译：《遗产旅游》，旅游教育出版社 2007 年版。

　　28. 丁帆主编：《乔厂长上任记：改革小说选》，人民文学出版社 2008 年版。

　　29. 菲利普·巴格比著，夏克等译：《文化与历史：文明比较研究导论》，商务印书馆 2018 年版。

　　30. 弗朗西斯·福山著，郭华译：《信任：社会美德与创造经济繁荣》，广西师范大学出版社 2016 年版。

　　31. 工信光耀（北京）文化发展有限公司编：《铸工业之魂——首届中国工业文学作品大赛活动集锦》，中国铁道出版社 2018 年版。

　　32. 工业和信息化部工业文化发展中心：《工匠精神——中国制造品质革命之魂》，人民出版社 2016 年版。

　　33. 国家统计局贸易外经统计司：《中国贸易外经统计年鉴 2017》，中国统计出版社 2017 年版。

　　34. 黑格尔著，朱光潜译：《美学》第一卷，商务印书馆 2015 年版。

　　35. 贾玉民、刘凤艳主编：《20 世纪中国工业文学史》，海燕出版社 2015 年版。

　　36. 蒋承勇：《世界文学史纲》，复旦大学出版社 2000 年版。

　　37. 杰夫·刘易斯著，郭镇之等译：《文化研究基础理论》，清华大学出版社 2013 年版。

　　38. 堺宪一著，夏占友等译：《战后日本经济——以经济小说的形式解读 1945 年—2000 年日本经济发展全过程》，对外经济贸易大学出版社 2004 年版。

　　39. 金碚主编：《新编工业经济学》，经济管理出版社 2005 年版。

　　40. 卡尔·乌利齐、史蒂文·埃平格著，杨青等译：《产品设计与开发》，机械工业出版社 2018 年版。

　　41. 克里斯·弗里曼、弗朗西斯科·卢桑著，沈宏亮等译：《光阴似箭：从工业革命到信息革命》，中国人民大学出版社 2007 年版。

　　42. 克里斯蒂娜·查米纳德、本特-艾克·伦德瓦尔、莎古芙塔·哈尼夫著，上海市科学学研究所译：《国家创新体系概论》，上海交通大学出版社 2019 年版。

43. 克利福德·格尔茨著,韩莉译:《文化的解释》,译林出版社 2014 年版。

44. 克利斯·弗里曼、罗克·苏特著,华宏勋等译:《工业创新经济学》,北京大学出版社 2004 年版。

45. 克罗齐著,朱光潜译:《美学原理》,商务印书馆 2017 年版。

46. 勒内·韦勒克、奥斯汀·沃伦著,刘象愚等译:《文学理论》,浙江人民出版社 2017 年版。

47. 雷蒙·威廉斯著,刘建基译:《关键词:文化与社会的词汇》,生活·读书·新知三联书店 2005 年版。

48. 雷蒙·威廉斯著,高晓玲译:《文化与社会:1780—1950》,商务印书馆 2018 年版。

49. 雷纳·班纳姆著,丁亚雷等译:《第一机械时代的理论与设计》,江苏美术出版社 2009 年版。

50. 李珂:《嬗变与审视:劳动教育的历史逻辑与现实重构》,社会科学文献出版社 2019 年版。

51. 李珂编著:《中国劳模口述史》第 1 辑,社会科学文献出版社 2018 年版。

52. 联合国教育、科学及文化组织编,钟娜等译:《世界遗产大全(第二版)》,安徽科学技术出版社 2016 年版。

53. 梁漱溟:《中国文化要义》,上海人民出版社 2011 年版。

54. 柳宗悦著,徐艺乙译:《工艺之道》,广西师范大学出版社 2011 年版。

55. 罗荣渠:《现代化新论——世界与中国的现代化进程》,商务印书馆 2004 年版。

56. 迈克尔·德托佐斯等著,惠永正等译:《美国制造——如何从渐次衰落到重振雄风》,科学技术文献出版社 1998 年版。

57. 茅盾:《子夜》,人民文学出版社 1961 年版。

58. 米切尔编,贺力平译:《帕尔格雷夫世界历史统计(美洲卷 1750—1993 年)》,经济科学出版社 2002 年版。

59. 米切尔编,贺力平译:《帕尔格雷夫世界历史统计(欧洲卷 1750—1993 年)》,经济科学出版社 2002 年版。

60. 米切尔编，贺力平译：《帕尔格雷夫世界历史统计（亚洲、非洲和大洋洲卷 1750—1993 年）》，经济科学出版社 2002 年版。

61. 欧新黔主编：《中国传统工艺美术的保护与发展》，清华大学出版社 2007 年版。

62. 日经设计编著，杜慧鑫等译：《好设计，真的有好方法！》，华中科技大学出版社 2017 年版。

63. 陕西省档案馆等编：《抗日战争时期陕甘宁边区财政经济史料摘编》第 3 编《工业交通》，陕西人民出版社 1981 年版。

64. 斯凯·奈特著，仙颜信息技术译：《虚拟现实：下一个产业浪潮之巅》，中国人民大学出版社 2016 年版。

65. 苏霍姆林斯基著，萧勇等译：《苏霍姆林斯基论劳动教育》，教育科学出版社 2019 年版。

66. 特里·伊格尔顿著，张舒语译：《论文化》，中信出版集团 2018 年版。

67. 特里·伊格尔顿著，范浩译：《文学阅读指南》，河南大学出版社 2015 年版。

68. 王道俊、郭文安主编：《教育学》，人民教育出版社 2016 年版。

69. 王蒙主编：《中国新文学大系（1949—1976）》第七集，上海文艺出版社 1997 年版。

70. 王明友、李森焱：《中国工业旅游研究》，经济管理出版社 2012 年版。

71. 王新哲编著：《零缺陷工程管理》，电子工业出版社 2014 年版。

72. 威廉·拉佐尼克著，徐华等译：《车间的竞争优势》，中国人民大学出版社 2007 年版。

73. 沃尔特·艾萨克森著，管延圻等译：《史蒂夫·乔布斯传》，中信出版社 2011 年版。

74. 乌尔里希·森德勒主编，邓敏等译：《工业 4.0：即将来袭的第四次工业革命》，机械工业出版社 2014 年版。

75. 吴山主编：《中国工艺美术大辞典》，江苏美术出版社 2011

年版。

76. 希尔贝克、伊耶著，童世骏等译：《西方哲学史：从古希腊到二十世纪》，上海译文出版社2012年版。

77. 希拉里·迪克罗、鲍勃·麦克彻著，朱路平译：《文化旅游》，商务印书馆2017年版。

78. 辛国斌、田世宏主编：《国家智能制造标准体系建设指南（2015年版）解读》，电子工业出版社2016年版。

79. 雅克·巴尔赞著，严忠志等译：《我们应有的文化》，浙江大学出版社2009年版。

80. 杨善华等：《缝隙中的改革：黄宗汉与北京东风电视机厂的破冰之旅》，生活·读书·新知三联书店2014年版。

81. 伊列雷斯著，孙玫璐译：《我们如何学习：全视角学习理论》，教育科学出版社2014年版。

82. 约翰·麦休尼斯著，风笑天等译：《社会学》，中国人民大学出版社2015年版。

83. 约翰·特赖布主编，赖坤等译：《旅游哲学：从现象到本质》，商务印书馆2016年版。

84. 约瑟夫·熊彼特著，何畏等译：《经济发展理论》，商务印书馆2014年版。

85. 詹·法格博格、戴维·莫利等主编，柳卸林等译：《牛津创新手册》，知识产权出版社2009年版。

86. 祝胜华、何永生主编：《研学旅行课程体系探索与践行》，华中科技大学出版社2018年版。

87. 佐藤正明著，王茁等译：《丰田领导者》，清华大学出版社2010年版。

附录
工业文化研学项目案例

案例一　江南造船工业文化研学项目

上海中船文化传媒有限责任公司

一、打造"江南造船"工业旅游研学资源

1865年，晚清洋务派以"自强""求富"为目标，在上海创办了中国第一个官办企业——江南机器制造总局，即江南造船（集团）有限责任公司（以下简称"江南造船"）的前身。江南造船开中国民族工业之先河，设计建造了中国最早的蒸汽动力木壳明轮兵船、第一艘

图附-1　江南造船研学活动登上《新闻联播》①

---

① 照片由上海中船文化传媒有限责任公司拍摄并提供。

装甲炮艇、第一艘万吨轮、第一门钢炮、第一支步枪和第一架舰载水上飞机等，艨艟战舰、坚船利炮，百多个"第一"在此诞生。2008年，为配合上海世博会召开，并考虑自身发展需要，江南造船整体搬迁至长兴岛，开启二次创业之路。江南造船长兴基地在生产规模、硬件设施、科技实力等方面都更为先进，一个现代化造船基地在长江之滨崛起。2019年，江南造船注册"看舰"商标，持续完善工业旅游线路，进一步宣传推广江南文化、海洋文化、军工文化。同年，江南造船联合上海尚世影业有限公司，出品民族重工业题材国产动画电影《江南》，引发热议。这是江南造船传播军工文化、弘扬工匠精神的一次成功实践。

"红色基因、军工元素、制造文化、科创战场、工匠传承是江南造船工业旅游的核心内涵，'基于核心文化，讲好江南故事'是江南造船工业旅游的灵魂。通过工业旅游形式，游客可以实地感受中国民族工业发展史，了解先进造船技术，体验工业制造之美，激发爱国热情与民族自豪感。"江南造船旗下的上海中船文化传媒有限责任公司工业旅游相关负责人姜瀚说。

通过整理和挖掘，生动展现江南造船百年史的"江南百年"工业旅游线路成为市场上的香饽饽。与江南造船开展工业旅游合作的上海前卫旅行社总经理助理严伟说道，近年来，该旅行社每年组织至少上万名游客参访江南造船，大家都感到非常满意，因为在江南造船，无论是看历史，还是看今天的大国重器，都非常有故事性和体验性，给参观者带来深深的震撼。

工业旅游是推动上海百年工业文明创造性转化和创新性发展的重要载体和展示窗口，也是助力上海旅游业高质量发展的重要战略支点和颇具活力的新增长点。目前，上海有工业旅游景点约120家、工业旅游达标单位52家、全国工业旅游示范点19家、国家工业遗产旅游基地1家。其中，江南造船是上海工业旅游品牌的代表。上海工业旅游促进中心主任刘青表示："江南造船拥有150多年的悠久历史，同时，还具备先进的制造技术水平，其独有的历史和资源，非常契合上海市推进工业旅游的要求。"

江南造船把先天优势、文脉资源与旅游元素充分融合，既做强中国制造江南品牌，又形成独特的工业旅游江南品牌，承担起央企社会责任的同时，培育并影响更加广泛的受众群体。

作为我国先进制造业企业，江南造船用科学态度来推进工业旅游，按照《上海市工业旅游创新发展行动方案（2018—2020）》踏实前行，并为之成立了专门的班子，配备了专职人员，与专业旅行社合作，注重游客感受。2019年1月，江南造船工业旅游开始试运营，当年年底，成功通过上海市工业旅游标准达标评定委员会的评定，成为上海工业旅游达标单位之一。

作为军工企业，江南造船开展工业旅游最大的难点，就是把握好开放的尺度。特别对一家百年军工船厂来说，在生产区域中设置适宜工业旅游的线路和景点并非易事。"吸引人的东西很多，但能给人看的有限。"上海中船文化传媒有限责任公司总经理孙佳磊坦言，鉴于制造产品的特殊性，江南造船很难像德国迈尔船厂那样，在室内船台单独开辟一条玻璃栈道，供游客身临其境感受船舶建造全过程。"确实会有遗憾，会让人觉得，进了江南造船，看似离船很近，其实尚有距离。"

为了尽量消除游客的距离感，运营团队在完全满足保密要求的前提下，想方设法丰富工业旅游的产品和内容。比如，在5号码头1∶1等比例复建了万吨大驱南昌舰的直升机平台；改造了江南造船展示馆和安全培训中心；学习青岛海军博物馆的经验，让游客零距离了解舰船；建设了海军舰船仿真餐厅，让游客体验独特的舰船用餐文化；研发舰船文创产品，开设"看舰"文创礼品店等。

在提升硬件配套、整合资源的基础上，运营团队着力于软件能力的提升，特别注重工业旅游的趣味性，以拉近与游客的距离。例如，江南造船特地为孩子们在"远望1号"科考船上设置了"涂鸦墙"。学生们在参观"远望1号"，了解其作用后，可以在指导老师的基础描线里涂上颜料，并写下自己的名字和祝福语。

作为工业文明中淬炼成长起来的企业，江南造船尤其注重产业链生态圈的建设，在推动工业旅游发展中，与旅行社分工合作，彼此赋能，取得双赢的效果。

上海前卫旅游发展有限公司副总经理汪新生说，近年来，该公司把工业旅游作为发展旅游的突破口，与江南造船集团合作，进展十分顺利。2020年国庆假期开通长兴岛郊野公园—江南造船旅游直通车，产品火爆申城。2021年，该公司通过大旅游资源整合包装，旅游营收同比增长2.8倍。"说句心里话，我们央企国企之间是以真心换真心，相互赋能，形成了工业旅游发展共同体。"

"2020年8月，我们跟江南造船计划合作5个批次的研学活动，名额预订爆满，家长和孩子们反响很好。"上海游侠客旅行社游侠研学项目总监王闻业说。

同样尝到甜头的还有上海前卫旅行社。该旅行社在2021年新招录了5名员工，以加强工业旅游的一线讲解力量。"在当下旅行社业普遍承压的情况下，我们实现了业务扩张，这得益于我们与强大央企之间的产业链合作。"严伟表示。

现在，江南造船已经获得全国爱国主义教育示范基地、全国工业旅游联盟副理事长单位、上海市工业旅游景点服务质量达标单位、上海市科普教育基地、上海市学生社会实践基地和军工文化教育示范基地等一系列荣誉。随着跨越式发展，江南造船已把科技型、数字化制造企业视为发展目标，未来将有更多的科技创新实验室赋能工业旅游，游客可以走进数字化造船实验室、5G智能制造实验室、智能焊接实验室等先进制造实验室。"未来，江南造船的前沿科技发展到哪里，游客就能看到哪里，并结合江南造船智慧园区技术，打造智慧旅游新体验，感受百年江南的全新面貌。"江南造船相关负责人说。

二、研学路线安排

表附-1　第一天路线安排表

时间	项目内容	行程
10:00—10:30	中国船舶馆前身为江南造船压容车间，建于1994年，曾承建过各型舰船。2010年，该馆成为世博会史上第一个以"船舶"为主题的独立展馆	中国船舶馆集合
10:30—11:00	1977年，我国第一代两艘2万吨级的远洋测量船在黄浦江畔诞生，毛主席书写的"远望"二字醒目地镶嵌在船道	触手可及的"远望1"号
11:00—12:30	1931年在江南造船所设立的海军制造飞机处的飞机制造车间，研制了我国第一架舰载飞机"江凤号"、我国第一架舰载水上侦察机"宁海2号"等。	走近海军制造飞机库

（续表）

时间	项目内容	行程
12:30—14:00	船舶食堂的标配午餐，体验真正的海上生活	船舶研究员标配午餐
14:00—15:30		前往江南长兴基地
17:30—19:30	聆听船舶结构的发展、船舶动力的发展及船舶作战方式的发展	军事船舶专题科普讲座

表附-2　第二天路线安排表

时间	项目内容	行程
8:00—8:30	在长兴岛，进入机密基地前，来一场严格的保密安全培训	保密安全培训
8:30—9:30	在这个跨越3个世纪的博物馆里，你会看到高科技造船沙盘，了解数字化的造船模式	江南造船展示馆
9:30—11:00	"低头。捂住口鼻。弯腰前行。""听脉搏。开始人工呼吸！"体验紧急逃生，进行急救技能实训；叉车模拟实训；火灾逃生实训	安全体验培训中心
11:00—12:00	站在1∶1南昌舰直升机平台，当你近距离观看封闭式施工现场，看船舶建造全流程，知道"纸上得来终觉浅"	1∶1南昌舰直升机平台
13:00—14:30	以家庭为单位，亲子互动，拼插3D立体舰船模型。从材料的粘合，打磨，到小部件的安装	3D立体舰船模型
14:30—16:30	用最短的时间让孩子们在脑海里构建民用船舶的基本框架	民用船舶专题讲座
17:30—19:30	看电影《江南》，用动漫这种唯美的表达方式，从历史里找到中国军工业从学习到自主研制的图强之路，找到支撑中华民族崛起的精魂。	观看电影《江南》

三、研学案例：崇明区裕安中学研学活动

项目一：展示馆参观。在模型展示馆中，同学们聆听了老师对国之重器、"雪龙2号"等江南造船的"明星产品"的介绍，回顾了"江南"发展之概貌，展示了"江南"未来发展图像。在这里同学们了解了军工文化基因，读懂了"江南"发展的不竭动力，畅想了"江南"发展的未来之路。接着同学们观看了纪录片《创新重器》《"雪龙2"号》，记录了江南造船焊工们平凡而伟大的瞬间，聚焦装配、调试等一线劳动者，展现机造重地的工业之美。

项目二：生产现场观摩。观看大型生产设备设施，了解企业的高效管理。同学们知道了船舶建造流程、看见了最大级别集装箱船，学习了船舶知识。在这里同学们感受到了国家的科技力量，也感受到了"强国有我"不仅仅只是一句口号。

图附-2 观摩学习

项目三："小钳工"实践体验。下午，同学们在江南船厂技校老师的介绍下，体验了一次做"小钳工"的乐趣。同学们既动脑又动手，细心切割，认真打磨，提高了动手操作能力。看着亲手制作的一个个漂亮钥匙扣，收获了成功，培养了自信。

图附-3 "小钳工"体验现场

项目四：专家课堂学习。同学们在礼堂聆听了专家关于江南造船的发展报告，了解了江南造船的前世今生。原来，江南造船可不是简简单单的一家制造船只的企业，它还是担负着我国科考船只、高新产品等重要项目研发与制造的企业。在"古今船舶知多少"活动中，同学们在知识的海洋中，在思维的碰撞中，产生了巨大的学习兴趣，引发了诸多想要了解的知识，犹如"十万个为什么"，专家和老师们也是耐心十足，有问必答。

案例二 青岛纺织谷工业文化研学项目

山东省青岛实验初级中学 秦梦瑶

近年来，很多工业遗产"变身"创意园区、景观公园、博物馆，成为火爆一时的"网红"打卡地、历史与现代的光影交汇点，承载着城市记忆，刻印着发展足迹。2020年6月，国家发展改革委会同工业和信息化部、国务院国资委、国家文物局、国家开发银行联合印发了《推动老工业城市工业遗产保护利用实施方案》并提出，坚持把工业遗产保护利用作为推动老工业城市高质量发展的重要内容，加快发展新时代中国特色工业文化，推动工业遗产保护利用与文化保护传承、产业创新发展、城市功能提升协同互进，打造一批集城市记忆、知识传播、创意文化、休闲体验于一体的"生活秀带"。工业遗产的保护利用，正是对国家方案的贯彻落实。

近代以来，青岛拥有良好的海港和较为完整的工业体系，被誉为"近现代民族工业摇篮"。其中，纺织工业发展尤为迅猛，曾与上海、天津鼎足而立。20世纪50年代至90年代初，青岛纺织工业为青岛的经济发展做出了巨大贡献，是青岛工业现代化发展的重要"推动者"。纺织工业遗产历经青岛百年兴衰沉浮，见证了工业文明对这座城市的深刻影响。

新的历史时期，工业遗产蕴含了无限价值，他们吸收时代元素可以释放活力、温暖人心。进一步保护与利用中国工业遗产，传承和发展中国工业文化、品牌文化，充分发挥历史优势，有助于中国工业适应当代发展潮流。

一、活动主题分析

（一）课标要求

《义务教育历史课程标准（2022年版）》在学习主题"在身边发现历史"的设计思路中提出：本主题的设计，旨在从物质文化遗产和非物质文化遗产入手，引导学生从身边的生活探寻其中反映的历史，拉近学生生活与历史之间的距离，提升学生对历史的认知，发展历史思维。本主题学习活动，不仅要求学生对历史课程所学内容进行梳理，还要创新探究方式，要深入社区、走进家庭，将资料解读与实地调研结合起来，综合运用跨学科的知识和方法。

（二）学情分析

学生在初中学段各学科的学习中，并未接触过与青岛工业遗产有直接关联的内容。初中历史教材在近现代史中涉及工业的内容比较分散，并没有系统介绍。多数学生了解近代史中民族工业的发展历程及基本特征、现代史中新中国工业化的起步，但他们并未关注也不熟悉伴随工业化进程而形成的工业文化、家乡的民族工业发展史。身处当今时代，学生能够享受到工业发展在各个方面带来的生活红利，但很少有学生去思考大机器生产、工厂制度等对人类劳作方式及生活方式的重要影响，中国特色工业精神有哪些、是如何形成的，在工业生产中人们会遇到哪些困难、人们如何解决这些困难等问题。

（三）活动主题及立意

1. 活动主题

根据课标的要求，从青岛的纺织工业遗产入手，本活动主题定为"在身边发现历史——探寻工业遗产，触摸纺织根脉"，通过一系列工业文化研学活动，让成长中的青少年了解自己家乡的纺织工业发展历程，加深对工业文化价值观的认同感、认识到劳动的社会意义，日后更好地为社会主义工业化建设贡献力量。

2. 活动立意

每座城市都有属于它的故事，青岛亦如此。青岛的工业曾有着无数"中国之最"，青岛的工业遗存不仅是一个城市的记忆，也是我国进入工业时代以来的重要历史见证。

作为行走在路上的课堂，本课程活动能够有机融合历史、地理、道德与法治、语文等课程，帮助学生开拓视野、以研促学、在实践活动中培养核心素养的良好方式。在学习活动中，学生可以尽情发挥自身的主观能动性，从身边的工业遗产着手，创新探究方式，走进博物馆、深入工厂，将资料解读与实地调研结合起来。

二、活动步骤

（一）布置任务

根据主题学习内容和目标，制作主题学习资源包，指导学生在网络平台阅读学习资源包、搜索相关资料，通过自主学习与合作探究的方式，完成各项任务。

（二）学生自学

结合本课内容及本主题学习具体内容，提出具体自学任务和要求，学生独立自学，完成学习任务单。

（三）课堂展示

1. 情境导入

创设情境导入新课，评价学生自学成果，表彰先进，提出学习改进建议。

教师：（展示青岛纺织厂图片）同学们，请看图附-4—图附-7，思考图附-4、图附-5呈现了怎样的情景？图片中的人他们在做什么？

学生：（回答）。

教师：图附-4、图附-5展示的是20世纪70年代的青岛纺织厂织绸车间，女工们正在热火朝天地忙碌工作着。纺织业是青岛的"母亲工业"，如果你的父母是老青岛人的话，想必他们尘封的记忆中都会有关于纺织的碎片。中华人民共和国成立后，青岛纺织工业已经成为中国纺织行业的主力军，并且涌现出郝建秀等众多劳动模范，与上

图附-4　20世纪70年代青岛纺织厂织绸车间（1）　　图附-5　20世纪70年代青岛纺织厂织绸车间（2）

图附-6　青岛纺织谷内纪念标志　　图附-7　纺织厂机器展示

海、天津齐名，有着"上青天"的美称。图附-6、图附-7是青岛的哪里？和图附-4、图附-5有何关联呢？

学生：（回答）。

教师：在众多纺织工厂中，国棉五厂是青岛纺织骨干企业之一，是青岛市内保留的建成年代最早、规模最大、工业体系最完整的纺织工业遗产。为了更好地适应时代发展，老国棉五厂经过改革创新，摇身一变，化身"纺织谷"，成为青岛纺织业的新名片。昔日旧工厂，今朝梦工厂，这是青岛工业遗产保护和利用的典范。什么是工业遗产？青岛如今典型的工业遗产有哪些？究其历史，青岛近现代工业发展状况如何？在工业生产中人们会遇到哪些困难、人们如何解决这些困难呢？今天，我们一起走进这门课程，在探寻青岛工业遗产的同时触摸岛城发展根脉。

学生：根据自学成果，展示已完成的任务单与青岛近代典型工业遗产再利用情况图表。

教师：工业遗产是指人类在工业活动中保存下来的、与技术进步、生产制造、配套服务等相关的、具有一定价值的物质遗产和非物质遗产。我们的家乡青岛作为中国重要的工业城市，拥有丰富的工业遗产资源，也是我国较早进行工业遗产再利用的城市之一。不难发现，在工业遗产再利用的产业类型中以产业园、博物馆项目为主，少量为景观公园和商业办公。你参观过上述博物馆或者是产业园吗？在参观的过程中你有何感受？对相应工业的发展历史有多少了解？

学生：（回答）。

教师：这些工业遗产，它们就像是"青岛近代工业的活化石"。工业遗产见证了工业活动对历史和今天所产生的深刻影响，见证了科学技术对于工业发展所做出的突出贡献，也见证了工业发展对经济社会的带动作用。

设计意图：了解基础知识，引导学生以自学的方式，结合资料、联系地理学科知识，整理青岛近代典型工业遗产再利用情况，掌握青岛现存典型工业遗产的基本情况，初步学会阅读史料，获取关键信息。

2. 合作探究（研学过程）

引导学生提出问题与解决问题，组织学生前往青岛纺织谷，开展工业研学与深度学习，重新建构知识，内化知识。

（1）研学前

在班级内组建研学旅行小组，建立"研学旅行自管会"，引导各学生开展旅行安全纪律研讨会，确保研学过程中各项工作安全有序地进行；发放纺织谷的研学教材、研学旅行手册、宣传资料等，引导学习利用网络资料，搜集与本研学主题相关的资料，为后期的探究做准备；引导各小组召开研学旅行知识研讨会，确立各个小组的主要探究问题，经过商讨，各组探究问题如下：

① 青岛近现代纺织工业发展状况如何？

② 工业遗产都有哪些价值？为什么我们要保护和再利用？

③ 在青岛近现代工业发展历程中，有哪些劳动模范给你印象深刻？他们身上都体现了什么精神？

④ 在工业生产中人们会遇到哪些困难、人们如何解决这些困难？

⑤ 参观完纺织谷，你有何感受？作为中学生，你能为保护和弘扬家乡工业遗产做些什么？

设计意图：通过一系列研学前的活动，教师指导、学生互助，为之后研学的顺利开展做好准备；引导学生初步学会从多种渠道获取历史信息，同时在自主管理中培养社会责任感。

（2）研学中

① 了解纺织历史，解码城市记忆

师生在讲解员的带领下，通过珍贵的历史图片和斑驳的机器，了解青岛纺织的百年历史进程。小组长组织组内成员进行责任分工，开展调研活动，记录整理本小组所考察的青岛纺织相关内容，并选出代表在之后的课堂中进行成果展示。

② 假如机器会说话

师生在纺织科普互动展厅，通过互动，了解高科技纺织知识和现代高科技纺织的发展趋势。进一步思考：工业遗产都有哪些价值、为什么我们要保护和再利用？小组长组织组内成员进行责任分工，开展调研活动，记录整理本小组所考察的青岛纺织相关内容，并选出代表在之后的课堂中进行成果展示。

③ 走进劳模生活，感知昔日辉煌

师生通过走进纺织谷工业遗址中的青岛印染厂、国棉九厂、国棉三厂粉刷油漆车间，想象几十年前印染工人、纺织工人的车间工作场面，感受产业工人的勤奋劳动和忘我奉献精神，探寻纺织背后的劳模故事。

小组长组织组内成员进行责任分工，开展调研活动，记录整理本小组所考察的青岛纺织相关内容，并选出代表在之后的课堂中进行成果展示。

④ 体验纺织工艺，感受纺织魅力

师生参观纺织谷车间等工业遗址，了解纺织业生产的基本工艺流程，绘制工业产品生产流程图。师生亲身体验扎染工艺，分小组进行，分别用4种不同的扎染方式来染制纯白色的围巾，了解不同的扎染工具、仪器，亲身体验纺织生产中会遇到哪些困难、如何解决这些困难。小组长组织组内成员进行责任分工，开展调研活动，记录整理本小组所考察的青岛纺织相关内容，并选出代表在之后的课堂中进行成果展示。

⑤ 定格最美瞬间，我和纺织谷有个约会

在纺织谷研学的过程中，同学们可以拿出相机或手机拍自己感兴趣的内容，寻找过去的工业印记，用相机定格最美瞬间：有着80年历史的日式水塔依旧高高矗立；错落有致的锯齿形老厂房、采光老虎窗、湿式报警阀等保存如新；曾经日夜运转的纺纱机、自动织机仍保留着当日停产的状态……

引导各个小组在纺织谷寻找工业印记,并且拍照记录,在研学后开展工业遗产摄影展,用照片追忆那段机器轰鸣、纱布流淌的纺织往事。小组长组织组内成员进行责任分工,开展调研活动,以纺织谷为例探究:作为中学生,你能为保护和弘扬家乡工业遗产做些什么?

3. 成果展示

分组讨论,合作探究,通过多种方式展示研究成果,用所学知识解决现实问题,学以致用。

教师:(汇集各小组研究成果,组织全班同学开展研讨交流,并适时进行指导与引导)请各小组展示自己的研究成果。

学生:分小组进行专题展示与讨论,展示研究成果,通过研学汇报、摄影展、编演节目访谈、讲述历史故事、历史文物介绍等方式进行成果展示。

预设如下:

教师:同学们,上个周末,我们一同前往纺织谷进行工业研学,进行实地调查采访,并搜集相关资料,以纺织谷为例探究青岛工业遗产的相关问题,细分为5个问题进行分小组探究。各个小组都取得了一定的调查成果,那接下来的时间就交给大家。请小组代表围绕本组调查的主题进行展示汇报。

教师:首先我们有请第一组,围绕青岛近现代纺织工业发展状况这一主题进行分享。

学生1:(……具体分享内容省略)。

教师:我们有请第二组,围绕工业遗产的价值这一主题进行分享。

学生2:(……具体分享内容省略)。

教师:我们有请第三组,围绕令你印象深刻的劳动模范这一主题进行分享。

学生3:(……具体分享内容省略)。

教师:我们有请第四组,围绕工业生产中可能会遇到的困难这一主题进行分享。

学生4:(……具体分享内容省略)。

教师：我们有请第五组，围绕保护和弘扬家乡工业遗产这一主题进行分享。

学生5：(……具体分享内容省略)。

教师：经过5个小组的分享，能看得出来大家做了非常充分的调查与准备，我们对以纺织谷为代表的青岛工业遗产有了一定程度的了解。昔日旧工厂，今朝梦工厂，改造升级是老国棉五厂没落中的希望，对工业遗产的保护和再利用也为青岛人留住乡愁与记忆，再续城市之光。

教师：接下来，我们进行讨论会，请同学们以提问—质疑—解答—讨论的方式，进行团队讨论，然后由各小组派代表归纳总结。

学生1：青岛发展纺织工业的自然条件及工业区位因素有哪些？

学生2：中国特色工业精神有哪些？它们与社会主义核心价值观有何联系？

学生3：工业发展带给自己家庭、自己家乡都带来了哪些变化？工业发展有何重要性？

……

学生：(讨论并归纳总结)。

教师：通过上述变迁的了解，我们知道了影响青岛发展纺织工业的自然条件及工业区位因素，感知到工业发展带给自己家庭、自己家乡带来了巨大的变化。我们一起从日常生活的变化看到了整个青岛的发展，以小见大。请大家思考，为什么青岛能够从一个落后的小渔村发展为今天众人心向往之的滨海城市？

教师：请大家小组讨论，尝试从国家政策、人民、党等多个角度思考这个问题。

学生1：改革开放的伟大决策。

学生2：党的正确领导。

学生3：青岛人民的努力奋斗。

……

如果我们能到达未来，请大家发挥想象，20年后的青岛会是什么样子呢？青岛工业遗产发展情况如何呢？20年后的你又会是什么样子呢？请大家畅所欲言。

学生：青岛成为重要的一线城市。

学生：会有依托工业遗产建立的科技中心，让相关工业发展的过去、现在与未来更紧密的联系。

学生：年少有为、青年才俊、互联网代表。

教师：那大家觉得如何才能实现中国梦，我的梦呢？

学生：坚持党的领导，坚持创新，坚持发展。

学生：努力奋斗！

学生：……

教师：大家都说得非常好，梦想的实现并不是口头说说就可以的，还必须付诸实践。最后，用习总书记的一句话送给大家："幸福是奋斗出来的"。不仅国家如此，我们个人更是如此。改革，青岛一直在路上。发展，青岛一直在路上。成长，我们也一直在路上。

设计意图： 通过汇报展示、互动答疑，对历史问题进行探究与讨论，交流学习心得和经验，提高表达与交流能力；通过汇报展示、互动答疑、团队讨论，对历史问题进行探究与讨论，交流学习心得和经验，提高表达与交流能力。

（四）活动小结

教师：回望百年前的中国，纺织工业是最重要的工业门类，是国家最重要的经济支柱，直接左右着中国城市的发展格局——"诞生于世纪之交，成长于乱世烽火，积淀于建设时期，成熟于改革开放"。2005年，国棉五厂的时代结束，2014年，在原址之上，青岛纺织谷诞生了。今天，我们一起探究了以纺织谷为代表的青岛纺织工业遗产，触摸了岛城的些许发展根脉，下面请各组代表进行交流分享。

学生围绕学习内容、学习过程、学习收获进行交流分享。

设计意图： 学生进行学习小结，各组代表围绕学习内容、学习过程、学习收获进行交流分享。教师点评学生的分享，对主题学习活动进行整体评价与总结，根据学生表现，多元科学客观评价，小结学习内容。学生总结学习成果，解决新的问题。

教师：我们通过工业研学，实地考察了纺织谷的方方面面，了解到青岛工业遗产的发展情况，感知到工业遗产的重要价值，也通过一系列特色活动，为保护和弘扬家乡工业遗产做出了努力。最后畅想未来，感悟圆梦之路，不管是国家还是个人，都应该坚定信念，努力奋斗。

设计意图：回顾本节课知识，再次理解保护和弘扬工业遗产的价值与重要性。

三、活动延伸

拓展探究：你的1分钟可以发生些什么？青岛的1分钟可以发生什么？观看《青岛1分钟》的城市形象宣传片，了解家乡每一分钟的成就与发展，每一份成就都源自每1分钟。开展"青岛的1分钟，我的1分钟"vlog（视频网络日志）创作活动。

设计意图：让学生走进历史，让历史回归生活，此活动的设计注重历史与现实生活的贯通，为了充分挖掘家庭、社区和社会的课程资源，以学生熟悉的家庭生活、社会生活和学生感兴趣的社会热点为载体，并且用时下热门的vlog创作为载体，引导学生回归生活，理解历史，在感悟历史和历史服务现实方面做探索。

案例三　金石滩集团大连光洋工业文化研学项目

大连光洋科技集团

　　2021年8月28日，在大连金石滩国家旅游度假区管委会的领导下，大连金石滩旅游集团联合大连光洋科技集团打造的第一届工业研学游在大连光洋科技集团正式开营。

　　本次活动以传承和培育自力更生、艰苦奋斗、无私奉献、爱国敬业等中国特色工业精神为着眼点，带领小小体验官们，以沉浸式参观车间、聆听创业故事、描绘职业规划为主要内容，通过实地观摩大连光洋科技集团这一行业内的领军企业，让孩子们了解中国民族工业，传播工业文化，增强民族自信心。

　　在开营仪式上，大连金石滩旅游集团党委书记、董事长周凯对此次首批工业研学游的正式开营表示祝贺，并寄语参与活动的青少年，希望他们通过本次研学游了解中国民族工业，激发创造精神，树立职业规划意识，更加清晰地描绘属于他们的人生蓝图。

　　在研学现场，大连光洋科技集团董事长助理江世琳带领学生"初识机床"，详细地向学员们介绍

图附-8　孩子们参观生产车间

了机床的内部结构、应用情况以及工业车间的职能分工。

　　明黄色的安全帽檐下，一双双好奇、求知的眼神，传递着对工业生产精细化和现代化的惊叹。通过参观学习，提升孩子们对工业的认识与兴趣，培养其责任心、耐心，锻炼团结协作能力，让民族自豪、科技创新的种子在他们心中生根发芽。

　　走进会议室，学员们聆听企业创业故事，感受大连光洋科技集团以及祖国在工业发展的道路上攻坚克难、开拓创新、砥砺前行的奋斗精神。

　　随后，在研学导师的引导下，孩子们发挥想象，制订属于自己的

未来职业规划并在小组内进行交流分享。通过互动交流让孩子们从初识职场到初步进行自我认识与评估，再到未来职业规划。虽然，他们还很稚嫩，但对他们来说，这的确是一次难得的职业生涯教育。

活动最后，一声声铿锵有力的《少年中国说》响彻大厅，传递着小小体验官的少年意气与爱国情怀。

"少年强则国强"，少年儿童是祖国的希望。此次工业研学游是推广民族工业、拓宽孩子视野的一个开始。

作为金普新区国有企业，金石滩旅游集团以本次开发大连光洋科技集团工业研学游为契机，充分发挥资源优势，整合金普新区、大连乃至辽宁省的工业旅游资源，与千山旅游集团、鞍山钢铁集团有限公司等省内知名的旅游企业和工业企业联合，开发更多各具特色的工业研学游、特色亲子游、夏令营、冬令营等产品，并与金普新区景点进行线路组合、联动营销，进一步推广大国重器、民族工业、数字产业及制造产业，做大做强金普工业旅游，开创东北地区工业旅游专业化、产业化、精品化新模式，让"工业+"旅游成为区域创新发展新引擎。

图附-9 活动合影

案例四　安溪茶厂工业文化研学项目

泉州建旅国际旅行社有限公司

福建省泉州市安溪县产茶历史悠久，最早可追溯至唐朝末年，是古代海上茶路的重要起点之一。

作为中国乌龙茶之乡、铁观音的发源地、中国产茶第一大县，安溪县连续10年位居中国重点产茶县首位，被称为"一片神奇的树叶托起一个地方产业"。

创办于1952年的国营安溪茶厂，见证了安溪县茶产业发展的辉煌历史。

一、研学项目概况

（一）安铁茶厂概况

福建安溪铁观音集团，前身是1952年创建的国营福建安溪茶厂，也是中国乌龙茶行业历史最悠久、规模最大的茶叶生产企业。在近70年的发展中，安溪茶厂创造多项业界第一——乌龙茶精制加工业中最早实现机械化生产、参与制定乌龙茶国家和国际标准、参与制定陈香型铁观音国家标准、茶叶界老牌重点出口创汇企业、最早拥有自营出口权的茶企业、首批农业产业化国家重点龙头企业、成立国家茶叶质量安全工程技术研究中心。

安溪铁观音集团的工业遗产项目总体保存状况良好、产权关系明晰，工业特色鲜明、工业文化价值突出，具有较高的历史价值、科技价值、社会价值和艺术价值。

毛茶实木仓库、无烟灶、筛分车间、水塔、防空洞、乌龙茶精制流水线设备、大量珍

图附-10　厂史馆内景

贵的历史档案、荣誉证书、历史老照片等历经时光的打磨和沉淀，别有一番风味，数百缸陈年铁观音储存其间，茶厂依旧飘香。

20世纪60年代初，安溪茶厂就陆续建造储存陈年铁观音的专用仓库，现已形成一座大型拥有国家专利认证的石木结构仓库群，成为全世界乌龙茶行业中陈香型铁观音储藏量最大、年份最久、储藏工艺最专业的茶仓库之一。陈茶仓库既防潮又透气，茶香不易扩散到空气中，茶叶内含物茶多酚、维生素、游离氨基酸等发生反应，茶叶香气出现陈香且内敛，滋味就变得醇厚浓郁且生津，茶水柔顺润喉、回甘快、香高韵长、耐冲泡；同时其内的物质发生氧化和化学反应，有益于人体健康。

（二）研学项目

1. 茶叶初体验

了解茶文化，体验传统制茶工艺。安溪茶厂的花砖馆，生动，丰富的茶叶讲堂将带你进入茶叶的精彩世界。现场茶艺表演让你领略茶叶与水的万千变化。当然，你也可以在这里化身为一名制茶大师，体验传统制茶的流程与工艺，亲手为自己制作一道好茶。具体项目包括：茶艺表演及泡茶的礼仪、茶文化讲堂、传统制茶体验等。

2. 趣味茶叶DIY

除了泡茶，茶叶还有许多丰富有趣的创意玩法。例如制作一杯专属的网红款奶茶或者茶果冻，或是制作茶香囊、茶香皂、茶叶画等。品尝茶的香韵之余，还能将这份茶香带回家。

（三）研学线路

表附-3　研学线路表

时间	流程
8:00—9:00	前往茶园
9:10—10:30	前往茶园，了解茶山，唱茶山歌及采茶体验
10:40—11:00	体验铁观音早期制作的工序：采青、晒青、摇青、摊青、炒青
11:00—11:20	参观厂史馆，了解福建安溪铁观音集团的发展历程和辉煌成就
11:20—11:40	参观初制长廊，了解铁观音早期制作的工序
12:00—12:40	午餐时间
12:40—13:40	参观1957年安溪茶厂自主研发了第一代烘干机炉灶 参观老茶仓库，独特的陈年大缸，配以特殊的窖藏仓库，造就陈香型铁观音产品的韵味绵长，独具特色

（续表）

时　间	流　　程
13:40—14:00	全部工业设备、厂房都是由当年在厂员工独立自主研发设计的。整个流水线从研发至今，它的理念仍在很多茶厂使用
14:00—14:30	参观花砖馆；茶文化课堂——茶知识、泡茶知识、泡茶礼仪等现场体验教学
（可选） 13:00—15:00	可选 DIY 项目（5 选 1）奶茶 DIY、茶香囊、茶香皂、茶果冻、茶叶画

（四）研学案例

安溪茶厂在 2021 年被评为工业文化研学实践教育基地，在此前已接待多个学校研学活动，包括泉州聚龙外国语学校、北大培文实验学校、晋江中小学生示范性综合实践基地学员、其他研学营学员等。

图附-11　安溪茶厂研学场景

（五）交通线路

安溪茶厂交通便利，省内研学团队轻松可达。省外团队从厦门或泉州/晋江机场出发，也仅需约 1 小时车程。

二、安溪华侨职校研学案例

（一）研学地点

安溪铁观音集团、安溪华侨职校。

（二）研学目标

1. 通过接触茶文化，在学习的过程中接受传统文化的熏陶，掌握传统的茶文化精髓，领悟茶道精神，养成待人温和、敬老爱幼的良好品质，增强学生人际交往能力。

2. 走访安溪铁观音茶厂，观摩制茶工艺流程，培养勤思考的好习惯。

3. 通过体验茶文化，让学生在学习茶文化的过程中掌握传统的礼仪，懂得以茶为媒的生活礼仪，了解以茶修身的生活方式。

4. 学习非遗藤编技艺，设计一款藤编工艺品。

（三）研学行程

表附-4　研学行程表

研学时间	课程内容	教学方式	研学地点
上午	07:20 分学校集合前往安溪	互动教学	安溪铁观音集团
	研学第一课——非遗大课堂《安溪双铁非遗技艺》		
	课题一：传统制茶工艺学习传统制茶工艺流程，帮助学生了解优良的传统制茶工艺，从而提升对民族文化的认同感	影像教学 实地走访	
	课题二：斗茶大会 1. 点鼓起戏响锣斗茶学生才艺展示 2. 观看茶道，探究茶文化内涵 3. 设计铁观音未来的外包装	体验教学	
中午	补充能量，品尝美味午餐		待定
下午	课题三：手工体验 1. 听讲解员讲解非遗藤铁发展历程 2. 了解藤铁工艺品的生存现状 3. 跟着师傅学习藤编技艺，设计一款藤编作品	体验教学	安溪华侨职校
	16:30 完成一天研学活动，满载而归		

（四）研学课程

1. 寻访铁观音的"前世今生"

安溪铁观音采自福建安溪县乌龙茶珍贵品种铁观音茶树，沿袭传统制作工艺，经过凉青、晒青、凉青、做青、炒青、揉捻、初焙、复焙、复包揉、文火慢烤、拣簸等工序才制成成品。成品安溪铁观音以"芽壮、心红、叶厚、腹绿"和"香高、味浓、韵明、水甘"而著称，形成超凡脱俗的品质，具有独特的风格和韵味。

据记载，安溪产茶历史始于唐朝，宋元时期作为重要的外销商品，通过"海上丝绸之路"走向世界。至明代中叶，安溪全县已经大面积种植茶叶。公元 1725 年前后，名茶铁观音的发现培育和推广种植，使得安溪茶叶的生产发生了质的飞跃。2005 年 12 月，安溪铁观音成为全国茶叶中首个"中国驰名商标"。近年来，安溪铁观音还先后被外商评为最熟悉和所喜爱的唯一农产品品牌，荣获"品牌泉州"公众印象奖，并成为中国茶业的重要代表。

安溪茶厂创办于1952年，至今已有66年历史，其间，几经迁徙，几经变革，从无到有，从小到大，不断发展。

2. 安溪铁观音传统制作工艺流程

（1）第一步：采青

鲜叶采摘标准必须在嫩梢形成驻芽后，顶叶刚开展呈小开面或中开面时，采下二、三叶。采摘时要做到"五不"，即不折断叶片、不折叠叶张、不碰碎叶尖、不带单片、不带鱼叶和老梗。生长地带不同的茶树鲜叶要分开，特别是早青、午青、晚青要严格分开制造，以午青品质为最优。晴天的10:00至15:00时采摘的鲜叶质量最好，采集时不能在下雨天及阴天中采摘，否则将很难形成甘醇的滋味及香气；而且茶叶的鲜嫩度要适中，一般选芽三叶，枝梗宜短、细小。这样枝梗的含水量才会少，制作出来的茶才会形成高档品质。

（2）第二步：晒青

将叶子摊放在阳光下，晒青时间以午后16:00时阳光柔和时为宜，叶子直薄摊，子柔软，顶叶下垂，失重6%～9%左右为适度。然后移入室内凉青。

（3）第三步：凉青

将茶叶摊凉在晾青筛上面。鲜叶经过晒青后，将青叶归筛，放入做青室静置，青叶经过晒青时，会蒸发部分水分，青叶成遇软样，在青间静置时，叶梗、叶脉的水分这时会往叶面补充，这时，叶面又会挺直起来。

（4）第四步：摇青

传统制茶将茶叶放进摇青筛内进行摇青。当鲜叶静置后，根据鲜叶的水分变化情况，就可以决定是否摇青了。将水筛中的青叶倒入竹制"摇青机"中准备摇青。鲜叶在摇青筒中进行碰撞、散落、摩擦运动，大部分叶缘细胞破碎和损裂，水分发生扩散和渗透，细胞间隙充水，青草味挥发。通过摩擦作用使茶多酚等化合物与酶接触，促进物质的转化；同时，水分也缓慢地蒸发而减少。摇青与静置是多次交替进行的。其是形成茶叶品质最关键的环节。摇青与静置合称做青，做青适度的标准就是所说的"绿叶红镶边"。

3. 安溪铁观音茶道

安溪茶艺是安溪茶文化的精华，带着有浓厚的闽南气息和艺术情调，追求清雅、向往和谐，在人与茶的互动中传递着"纯、雅、礼、和"的茶道精神。

（1）白鹤沐浴（洗杯）：用开水洗净茶具。建议选用功夫茶白瓷杯组，这样在冲泡时既可享受铁观音冲泡时清香飘逸的茶香，又可欣赏铁观音叶底在水中舒展的优美姿态与晶莹剔透的茶汤。

（2）乌龙入宫（落茶）：把铁观音茶放入茶具，茶和水的比例以1∶30为宜。

（3）悬壶高冲（冲茶）：把滚开的水提高冲入茶壶或盖瓯，使茶叶转动。铁观音茶条形紧结，要用近100 ℃沸水直接冲泡，才能散发出内含物质，其韵味和香气才能得到充分的体现。高冲使开水有力地冲击茶叶，使茶的香味更快挥发，由于茶精迅速挥发，单宁则来不及溶解，所以茶叶才不会有涩滞。

（4）春风拂面（刮泡沫）：用壶盖或瓯盖轻轻刮去漂浮的白色泡沫，使其清新洁净。

（5）关公巡城（倒茶）：把泡1、2分钟后的茶水依次巡回注入并列的茶杯里。

（6）韩信点兵（点茶）：茶水倒少许时要一点一点均匀地滴到各茶杯里。

（7）鉴尝汤色（看茶）：观察杯中茶水的颜色。

（8）品啜甘霖（喝茶）：乘热细啜，先闻其香，后尝其味，边啜边闻，浅斟细饮。极品铁观音，香气馥郁持久，有独特的兰花香，滋味醇厚甘鲜，喉韵好，唇齿留香，回味悠久，泡至7次仍有余香。

4. 安溪竹藤编·圆七彩艺术梦

安溪县位于福建东南部，竹藤编技艺历史悠久。据《五代初建安溪县记》记载："坐肆列邸，贸通有无；荷畚执筐，为安职业"。《泉州府志》载五代越王钱弘俶幕僚黄夷简退隐安溪，有诗"宿雨一夜疏甲嫩，春山几焙茗旗香"，这说明1000多年前"执筐、焙茗"等竹制品已在安溪流行。宋元时期，竹藤编生活用具开始普及，有篾箍、筛、笼、篱、灯等 14 类 40 多种品种。明清时期安溪竹藤编艺人不断增多，工艺水平不断提升。晚清至民国，安溪竹藤编多散见于内安溪农村的家庭副业，篾货上圩市交易，或请师傅上门编织。20 世纪 70 年代，安溪尚卿公社先后创办竹编车间、竹编工艺厂，1983 年尚卿竹编工艺厂生产的竹藤工艺品，达到 6 大种类、40 多个花色品种。

安溪竹藤编的主要原料有毛竹、海南藤、龙须藤或本地山藤、猫儿藤和部分木料以及各色染色料、淳酸清油等。

编织是竹藤编工艺品成型的主要工艺流程，是在两向互相垂直的编织材料间，相互作挑和压的交织中完成的。纵向的线条称为"经"，横向的线条称为"纬"，由此引申出变化多端的编织花样来。编织在形式上有立体编织和平面编织两大类，在方法上有密编和疏编两种。主要有六类普通编织法和八类特殊编织法，以及收束和夹口技法。编织程序，包括竹篾和藤片加工、编织（含设计、取料、编织、装饰、装配、油漆等工艺过程）；后续工序，包括剧色和上漆、编材和竹隔编制品的防蛀防霉处理。安溪竹藤编工艺精湛、用料上十分考究，具有传统的地方特色和浓厚的生活气息。

安溪竹藤编深受群众喜爱和工艺界人士的高度赞扬，产品远销美国、欧盟、加拿大、日本及南美洲、澳洲、中东等 50 多个国家和地区，深受外国客商青睐。至 2009 年，安溪县藤铁工艺业达 700 多家，生产总值已达到 33 亿人民币，成为安溪县仅次于茶业的第二大特色产业。

安溪竹藤编工艺历史悠久，其发展传承历程与民众生产生活息息相关，竹藤编工艺为纯手工操作，技艺精湛，编织造型丰富多彩，编织工艺讲究精致、美观、耐用，产品色彩明快、淡雅清新、精巧实用、闻名遐迩，极具历史文化研究价值。

案例五　嘉阳桫椤湖工业文化研学项目

成都来也旅游发展股份有限公司

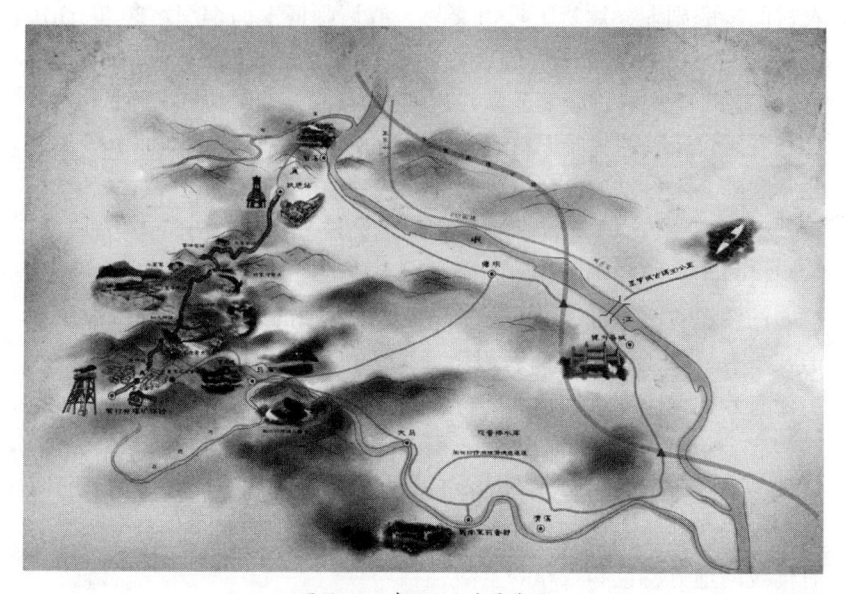

图附-12　嘉阳小火车导览图

一、嘉阳科普体验爱国主义教育基地简介

嘉阳煤矿成立于 1938 年，是国民政府在四川大后方成立的四大抗战煤矿之一。中华人民共和国成立前嘉阳煤矿属于中英合资企业，首任董事长翁文灏曾任国民政府行政院院长（总理），首任总经理孙越崎曾任国民政府资源委员会委员长、经济部部长。历史悠久，文化厚重。中华人民共和国成立后嘉阳煤矿直属中央部属406 煤矿，1958 年下放四川

图附-13　嘉阳小火车

省政府管理，是省属国有重点煤炭企业，中国薄煤层开采先进矿井，全国煤炭工业先进集体，四川省改革发展保存最完好的国有独资企业。

嘉阳煤矿 70 多年的开矿办厂形成了丰厚的矿业资源和工业遗迹，主要有

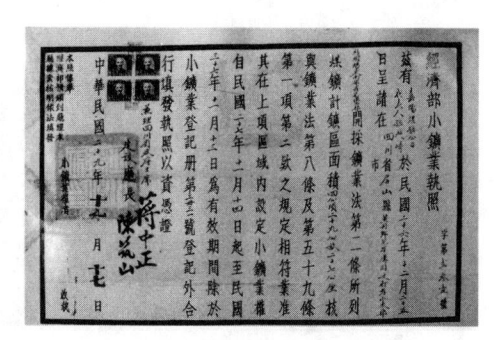

图附-14　国民政府下发的营业执照

全世界唯一每天还在正常运行的燃煤式窄轨蒸汽客运小火车、抗战时期遗存的煤矿经重新打造可观光体验的真实矿井——黄村井煤矿、以中西建筑为亮点的芭蕉沟工业古镇、中国唯一的薄煤层矿山主题博物馆和唯一的窄轨铁道博物馆。利用这些稀有的工业资源，四川嘉阳集团有限责任公司（以下简称"嘉阳集团"）于 2010 年成功申报"四川嘉阳国家矿山公园"。2012 年，该公园成为省级科普基地。2013 年，乐山市政府授牌该公园为爱国主义教育基地。同年，该公园与中国铁道博物馆合作建立中国铁道博物馆四川嘉阳小火车科普体验基地，与中国煤炭博物馆合作建立中国煤炭博物馆四川嘉阳馆。

嘉阳集团高度重视科普基地建设和科普教育工作，政策补助和企业投入大量资金，3 年投入 5000 多万元用于科普项目建设、保护蒸汽小火车、制造铁道观光专列、建设煤矿和铁道两个博物馆、建成游客接待中心、开发工业旅游项目，成为国家 4A 级旅游景区。每年乘坐小火车和体验观光矿井游客约 20 万人次，有 10 万人次免费参观博物馆，取得了良好的经济效益和社会效益。

2016 年由于转型发展需要，旅游产业从嘉阳集团剥离，单独成立了由川投集团、峨眉山旅游股份

图附-15　嘉阳集团科普基地景观

有限公司、犍为世纪旅游发展有限公司、成都天友集团、嘉阳集团5家公司投资入股的四川川投峨眉旅游开发有限公司，对嘉阳桫椤湖旅游景区及科普基地、爱国主义教育等项目进行专业化经营管理。旅游

图附-16　嘉阳小火车科普体验基地研学场景

公司建立健全了科普工作制度，制订了年度工作计划，以及人员落实和经费保障，每季度均组织开展科普教育活动，进行常规科普工作宣传教育。

嘉阳桫椤湖旅游景区科普教育基地经过文化资源的挖掘和持续的打造建设，形成了历史悠久、资源稀有、聚集人气、教育意义重大的省级科普教育基地和市级爱国主义教育基地。

（一）把嘉阳小火车作为蒸汽文明的活教材

嘉阳小火车延续了蒸汽文明最原始的燃煤方式和蒸汽动力，保留着蒸汽机车最原始的基本形态、基本结构和操作方式，对于研究第一次工业革命的发展、人类社会的进步、蒸汽机车的演变等，具有重要的历史价值和文物价值，是对青少年进行历史宣传、科学普及和爱国主义教育的活教材。

（二）把黄村井煤矿体验作为爱国教育教材

黄村井煤矿于1938年建矿，是抗日战争时期保障炼钢原料供应的重要煤矿之一。游客在此可到地层深处了解亿万年前成煤历史，体验矿工挖煤的艰辛，乘坐矿工"猴儿车"等项目，深刻感受煤炭在国民经济发展中的地位和作用，提升对安全生产重要性和珍爱生命的认识，感受煤矿工人工作和生存环境的艰辛，进一步激发爱国爱岗和尊重劳动者的热情。

（三）把芭蕉沟矿业小镇作为怀旧教育题材

芭蕉沟工业古镇浓缩了嘉阳煤矿70多年的发展历程。英式风格的生活住宅，苏式民居建筑群落与川西南小青瓦建筑包容并存。煤矿

工人深居荒陬，艰苦创业，为祖国奉献能源的精神感染了游客。博物馆关于煤炭形成、开采、矿史以及抗战厅的丰富内容和生动故事，是科普教育的极好题材。

嘉阳桫椤湖旅游景区科普教育基地注重参与性、互动性，动态体验和静态参观相结合，室内场馆和室外展场相结合，地面小火车体验和井下挖煤体验相结合，视频播放与图文说明相呼应。该基地注重科普宣传教育工作，建立了网络平台，全方位介绍

图附-17　嘉阳国家矿山公园博物馆展板

图附-18　研学场景

科普教育基地资源，近10部电视专题片滚动播放，画册、讲解词、宣传资料丰富多彩。

二、嘉阳桫椤湖社会实践活动

（一）活动主题

游客接受爱国主义教育，参观抗战工业遗址，接受科普体验教育，了解火车发展史及蒸汽机原理，探秘煤炭开采和应用的工业流程，观察珍稀"植物活化石"桫椤树的生长环境及生物形态。

（二）活动内容

1. 乘坐嘉阳小火车和参观中国铁道博物馆四川嘉阳科普体验基地。

2. 实地体验手工采煤，体验矿工艰辛，了解煤炭工业流程，了解抗战时期工业内迁历史。

3. 参观嘉阳矿山博物馆、芭蕉沟矿业小镇，了解更多关于嘉阳的历史，观察川南民居以及仿英国式和苏联式的建筑风格，以及芭蕉沟的地质地貌。

4. 穿越芭马运煤古道——桫椤峡谷，观察珍稀"植物活化石"桫椤树和它所生长的自然环境。

（三）活动意义

《中华人民共和国教育法》第五十一条提出："国家、社会建立和发展对未成年人进行校外教育的设施。学校及其他教育机构应当同基层群众性自治组织、企业事业组织、社会团体相互配合，加强对未成年人的校外教育工作。"《四川省〈中华人民共和国教育法〉实施办法》第四十四条提出："学校应当组织学生开展体育、文艺、科技和社会实践活动，有计划地组织学生参观博物馆、科技馆、纪念馆和爱国主义教育基地等场馆。"

由此可见，学生通过参加爱国主义教育、科普体验、传统历史文化学习、科技发展和自然科学探索等社会之间活动，技能开阔视野，也能在亲身参与中更好的理解、消化各项知识，促进文化学习。

三、嘉阳国家矿山公园研学介绍

（一）研学地点

嘉阳桫椤湖景区嘉阳小火车的起点站——跃进站，嘉阳国家矿山公园主碑、创始人雕像所在地。

（二）研学任务

相关学科：地理、历史。

学习主题：乘坐嘉阳小火车，了解小火车背后的故事。

学习目标：1. 观察嘉阳小火车和其他火车有什么不同的地方。

2. 了解小火车对当地环境、经济等方面有什么影响。

3. 结合芭石铁路修建的时期，思考当时建造这条铁路的意义。

（三）研学内容

嘉阳国家矿山公园位于四川省乐山市犍为县芭沟镇，经国家矿山公园评审委员会评审通过、国家矿山公园领导小组研究批准，于 2010 年 5 月被授予国家矿山公园资格。

嘉阳集团是一家历史悠久的煤炭企业，长期致力于能源开采以及煤炭工业遗迹的开发和保护。前身是成立于 1898 年的焦作中福煤炭公司。

1937 年 7 月 7 日，卢沟桥事变，全面抗日战争爆发了。日本侵略者以平津为据点，向华北大举进攻。不到 100 天的时间即占领了安阳。安阳距离焦作 200 千米。日本的飞机飞越新乡、焦作上空，轰炸洛阳军用机场。在这危急时刻，孙越崎从民族大义出发、从抗日战争的长远考虑计，力排众议，力主南迁。时任第一战区司令长官程潜、副司令鹿钟麟、国民党陆军第 20 军团长汤恩伯，都在焦作张贴了签名布告，支持拆迁。在南迁过程中，日军一路狂轰滥炸，从河南到四川，一路都留下了焦作煤矿大迁徙的印记。特别值得一提的是，中福公司的汽车队，满载着精密仪器，无法从水路入川，他们就绕道湖南、广西、贵州，在近 1 万千米的山间公路上艰难行进。一路上他们风餐露宿，几个月的颠沛流离，克服了难以想象的困难，才完成了入川的转移。

在经过重重困难险阻之后，这些焦作煤矿转移过来的先进设备被分成 4 份，分别在四川大后方成立了天府煤矿、威远煤矿、石燕煤矿和嘉阳煤矿，孙越崎兼任四矿总经理。这四个煤矿在孙越崎的领导下蓬勃发展，为抗战后方工业和煤炭开采贡献极大。

嘉阳煤矿就在抗战的烽火中诞生，在国民政府的支持下渐渐成长。由于嘉阳煤矿开采出来的煤炭发热量达到了 7000 大卡以上，属优质煤炭。而这些煤炭源源不断地运输到重庆、成都、宜宾、泸州等重工业城市，用于冶炼钢铁。到中华人民共和国成立以前，嘉阳煤矿一共开采出了 300 多万吨优质煤炭，为抗日战争的胜利和西南工业发展贡献了一份力量。

1950 年，中华人民共和国政府接管了嘉阳煤矿。嘉阳在党的领导下得以凤凰涅槃，重获新生。1952 年，嘉阳煤矿改为中央部属 406 煤矿，正式成为中央政府直属监督管理的国有企业。在党和政府的关怀下，嘉阳煤矿生产力进一步提高，安全保障更加完善。嘉阳煤矿生产的煤炭，为中华人民共和国的建设，源源不断地输送着宝贵的能源。

建矿历史已有 80 多年的嘉阳煤矿，在岁月的流逝中，沉积了丰厚的工业遗迹和人文历史。其中，被誉为工业革命"活化石"的嘉阳小火车、国内唯一专门用于观光体验的真实矿井——黄村井以及具有中西建筑特点的原生态小镇芭蕉沟等矿业遗迹，被专家认为是中国煤炭工业发展的"活体里程碑"和"实体博物馆"，不仅是研究中国煤矿地质科学、煤矿工业技术的重要场地，也是开展爱国主义教育和科普体验教育生动的实践基地。

（四）实践问答

1.（政治）什么是国家矿山公园？参观国家矿山公园对你有什么启发？

2.（历史）想想看，嘉阳煤矿为抗日战争做出了哪些贡献？

（五）延伸阅读

1. 嘉阳矿山公园主碑广场

嘉阳国家矿山公园是国土资源部于 2010 年 5 月评审通过的第二批国家级矿山公园，2011 年 9 月 23 日揭碑开园。矿山公园的主碑是嘉阳国家矿山公园

图附-19 嘉阳矿山公园主碑广场

的标志性建筑。高 15 米宽 7.5 米，主体塑形为钢结构，由井架、矿工帽、支柱、翻笼、天轮、铁轨等常见矿工元素组成，蕴含煤矿开采、矿工作业、遗迹保护、安全发展等文化理念。一条窄轨经由主碑穿越，寓意煤炭工业从远古走来向未来奔去的美好前景，主碑由四川大学教授段禹农先生设计。

2. 创始人塑像

1937 年，全面抗日战争爆发，开办于 1897 年的中英合资中福公司（即河南焦作煤矿）即将遭到战火的吞噬。为了不让这些先进的煤矿设备落入日本人之手，中福公司整理专员孙越崎把这些煤矿机械设

备迁往长江以南，在四川开办了天府、威远、石燕、嘉阳等4个煤矿。这三位名人不仅是嘉阳煤矿的创始人，更是中国能源工作的奠基人。翁文灏先生是中国第一位地质学博士，曾担任国民政府行政院院长，是嘉阳煤矿第一任董

图附-20　创始人塑像

事长。孙越崎曾担任国民政府经济部部长和资源委员会委员长，掌管着国民政府的经济命脉，国民政府90%以上的煤矿和石油都由他掌握，所以也被称为中国的"煤油大王"、"工矿泰斗"，是嘉阳煤矿第一任总经理。汤子珍是中国著名的煤矿实业家，曾担任中福公司总经理，是嘉阳煤矿的第一任矿长。

（六）延伸问答

1.（历史）嘉阳煤矿创始人孙越崎曾经担任过哪些重要职务？

2.（历史）在1937年中国发生了哪些大事？将煤矿从河南迁徙到四川的目的是什么？

3.（政治）矿山公园主碑有体现了哪些矿业元素，分别在煤矿中的作用是什么？

四、芭石铁路·嘉阳小火车研学介绍

（一）研学地点

嘉阳桫椤湖景区芭石铁路（跃进站—芭蕉沟），全程约14千米，乘坐嘉阳小火车时间约1.5小时。

（二）研学任务

相关学科：政治、历史。

学习主题：参观了解嘉阳国家矿山公园的主碑广场，观看宣传视频。

学习目标：1. 思考矿山公园和其他主题公园有什么不同的地方？

2. 嘉阳煤矿创始人是哪三位，他们当时在政府中担任什么职务？
3. 观看矿山公园宣传视频后有哪些启发？

（三）研学内容

嘉阳蒸汽小火车是嘉阳国家矿山公园的一道亮丽风景线，是全世界最后一列每天还在正常运行的客运窄轨蒸汽小火车，保留了蒸汽时代传统的操作方式。手动加煤、手动刹车、信号旗、信号灯指挥等，由于隶属于嘉阳煤矿，被人们亲切地称为"嘉阳小火车"。

嘉阳小火车运行在四川省南部乐山市犍为县的芭石铁路上，这条铁路修建于1958年，轨距为762毫米，仅为标准轨距的一半，铁路全长19.84千米，单程运行需要70分钟左右，被誉为"工业革命的活化石""比大熊猫还要珍贵的国宝"，是四川省重点文物保护单位。

嘉阳小火车累计载客量已超过1200万人次。铁路全程一共有108个弯道，海拔最高处与最低处相差238米，其坡度和弯曲度在全世界铁路上首屈一指。小火车一直沿用18世纪英国发明家瓦特的蒸汽机技术和史蒂芬孙的蒸汽火车技术，这种原始的工业文化不仅吸引着国内的蒸汽机车爱好者，同时也吸引着来自英国、德国、日本、澳大利亚和新西兰等国的蒸汽机车爱好者频繁光顾这里。

跃进站是嘉阳小火车的起点站。因这里有芭石铁路唯一铁路桥——跃进桥而得名，同时也是嘉阳集团总部和三号矿井的所在地。小火车会载着游客

图附-21　嘉阳小火车

图附-22　嘉阳小火车运行场景

沿着 19.84 千米的窄轨铁路到达终点站芭蕉沟。

蜜蜂岩站是中国铁道博物馆四川嘉阳科普体验基地。这里陈列了各式各样的准轨蒸汽火车的火车头、车厢以及窄轨蒸汽火车的火车头、车厢、内燃机车等。这里地形狭长，小火车无法正常转弯，所以芭石铁路的建设者采用了中国铁路之父詹天佑设计的"人"字形掉头来解决了这个转弯的问题。在火车掉头以后，车头变车尾、车尾变车头，换个方向继续前进。

图附-23　嘉阳小火车运行场景

段家湾于 2014 年被《中国国家地理》评为了"四川最美的 100 个摄影观景点之一"。每年 3—4 月，这里会盛开满金黄的油菜花。而在 8—10 月又会盛开满绯红的万寿菊。最特别的是小火车将会在这里进行穿越花海的动态表演。

老鹰嘴隧道之所以叫老鹰嘴，是因为从远处望过来，这里山崖陡峭，像极了老鹰的嘴巴。隧道里没有灯光，伸手不见五指。这条隧道很短，仅仅只有 49 米，但接下来的旅程中还有 4 条更长的隧道，最长的隧道达到了 224 米。

菜子坝有着全世界的铁路上转弯半径最小，弧度最大的一个弯道。转弯半径只有 70 米，而转弯弧度达到了 180 度。从山顶俯瞰下来就像一个大大的"C"字。这里有川南特色的梯田风光，6—11 月，铁路两旁会开满美人蕉，春天里，梯田上会开满油菜花，夏天里的池塘又会开满荷花，煞是好看。

图附-24　嘉阳小火车运行场景

图附-25　嘉阳小火车在亮水沱进行蒸汽动态表演

亮水沱景点是全程最有特色的一个景点，小火车将在这里进行蒸汽动态表演，在阳光灿烂的日子，很有可能会看到蒸汽折射出来的一道五光十色的彩虹哟！

（四）知识问答

1.（历史）从芭石铁路修建于1958年推断，跃进站的命名和当时中国什么运动相吻合？

2.（历史）京张铁路是谁修建的？芭石铁路和京张铁路有什么相同之处？

3.（物理）什么样的天气会使小火车的蒸汽更加明显？为什么？

4.（物理）彩虹的出现是哪种光学现象？正常情况下，什么样的天气更容易看见彩虹？

（五）延伸阅读

芭石铁路修建于1958年，之所以叫做芭石铁路，是由当时的起点站芭蕉沟和终点站石溪而得名。芭石铁路全程长19.84千米，由于小火车从起点出发到终点一直在爬坡，跃进站和芭沟站海拔高度相差约238米，因为对流层大气的主要直接热源是地面，离地面越远，气温也就越低，每上升100米，气温下降0.6 ℃，加上芭蕉沟植被覆盖率高，人口密度低等因素，导致芭蕉沟的实际温度比跃进站或犍为县的温度低2～3 ℃。所以芭沟流传着这样一句民谣："说起芭蕉沟，心头凉悠悠，跟着工人走，还有烟儿抽，再过三五年，还有娃儿逗。"

当初修建这条铁路的

图附-26　芭石铁路

目的主要是为了运煤出山，所以当时为了加快速度，节约成本，铁路依山而建环绕而行，最终形成了 108 个弯道，转弯几乎占了全程的一半。由于山壁过于陡峭，不便于环绕修建铁路，所以整个行程中还会穿越 5 条隧道。从隧道口可以看到，隧道都是拱形顶的，那为什么不建成方形的或者是其他形状的呢，应用了什么科学原理？这是因为隧道往往顶上有荷载，做成拱形能把力比较均匀地传递到相对稳固的侧壁，使隧道更坚固和安全。如果将隧道做成平顶的，平顶中线应力集中，容易造成塌方。

图附-27　嘉阳小火车内部

　　嘉阳小火车之所以"小"的根源就在于轨距窄，国际上轨距运用较为典型的有 4 种：一种是俄罗斯的 1524 毫米"宽轨"，一种是包括中国在内的多数国家主要采用的 1435 毫米"准轨"，还有一种是滇越铁路的铁轨轨距只有 1 米，被称为"米轨"，最后一种就是芭石铁路采用的只有国家标准轨距一半宽的 762 毫米"寸轨"了。由于轨距窄，从而影响了车厢宽度窄，车厢宽度又限制了车厢的长度，如今游客乘坐的观光车厢可以说是它最大的车厢了，座位是 37 个，而普通车厢只有 4.5 米长、2 米宽，座位也只有 18 个，相当于一个中型巴士车。一节节小巧的车厢串联起来，就变成了现在所乘坐的嘉阳小火车。有很多小朋友把嘉阳小火车亲切地称为童话故事里的"托马斯火车"。

　　（六）延伸问答

　　1.（物理）铁路主要是由铁轨和轨枕组成，它们分别的作用是什么？

　　2.（物理）轨距的宽和窄对火车的运行有什么影响？

　　3.（历史）结合芭石铁路修建的历史背景，想想为什么弯道多却不架桥？

（七）延伸阅读

嘉阳小火车是目前全世界唯一还在正常运营的客运蒸汽燃煤窄轨小火车。蒸汽火车是第一次工业革命的产物蒸汽时代的象征，距今已有200多年的历史，在全世界都已经不多见了，于是有人把嘉阳小火车称为工业革命的"活化石"，比大熊猫还要珍贵的国宝。

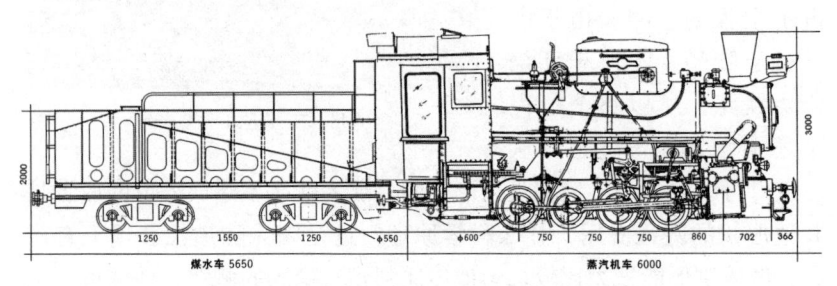

图附-28 嘉阳小火车（ZM16-4蒸汽火车）矢量图

1785年，英国科学家瓦特制造出第一台改良型蒸汽机，在工业上得到广泛应用，推动了机器的普及和发展，使人类进入"蒸汽时代"。后人为了纪念这位伟大的发明家，把功率的单位命名为"瓦特"。

1814年，乔治·斯蒂芬森发明了一台蒸汽机车，被称为"火箭号"，由于蒸汽火车在前进时不断从烟囱里冒出火来，因此被人们称为"火车"。蒸汽机车在交通运输业中的广泛应用，使人类迈入了"火车时代"，迅速的扩大了人类的活动范围。到19世纪中期，随着铁路逐渐在世界各国推广开来，成为远距离运输的主力，蒸汽机车经过几十年的不断改进和完善，能够满足各行业不同的运输要求。

乘坐小火车既是一次课外实践之旅，又是一次探索发现之旅。1841年7月5日，托马斯·库克包租了一列火车，将500多名游行者从英国中部地区的莱斯特郡送往拉巴夫勒郡参加禁酒大会。托马斯·库克组织的这次活动被公认为世界第一次商业性旅游活动，因此，他本人也就成为旅行社代理业务的创始人。而这次活动在旅游发展史上也占有重要的地位，成为了近代旅游活动的开端。同时，刚才介绍的世界上第一趟旅游专列的起点站莱斯特郡和四川省是长期友好省郡关系，而莱斯特郡的查恩伍德与四川省乐山市又是友好城市。

2007年，由莱斯特郡与乐山市共同授权，将嘉阳小火车的2号车厢被命名为"莱斯特郡之骄"，成为中英友谊象征。

（八）延伸问答

1.（历史）蒸汽火车是哪一次工业革命的产物？蒸汽火车的原理是什么？

2.（历史）是谁发明了蒸汽火车？"火车"二字是因为什么而得名的？

3.（历史）你认为什么事件被称作是近代旅游业开端？

（九）延伸阅读

蒸汽机车是蒸汽机的延伸产物。通过煤的燃烧，将机车锅炉中的水加热、汽化，形成400 ℃以上的过热蒸汽，蒸汽再进入蒸汽机膨胀做功，推动蒸汽机活塞往复运动，带动机车动轮转动，从而牵引列车前进。由于通过煤炭燃烧，加热锅炉中的水产生蒸气的这一复杂转换过程，导致蒸汽机车的实际能量利用率只有5%～7%，所以我国从1988年就停止生产蒸汽火车，改为生产内燃机车和电机机车了。嘉阳小火车能够运行到现在可谓是极其罕见。

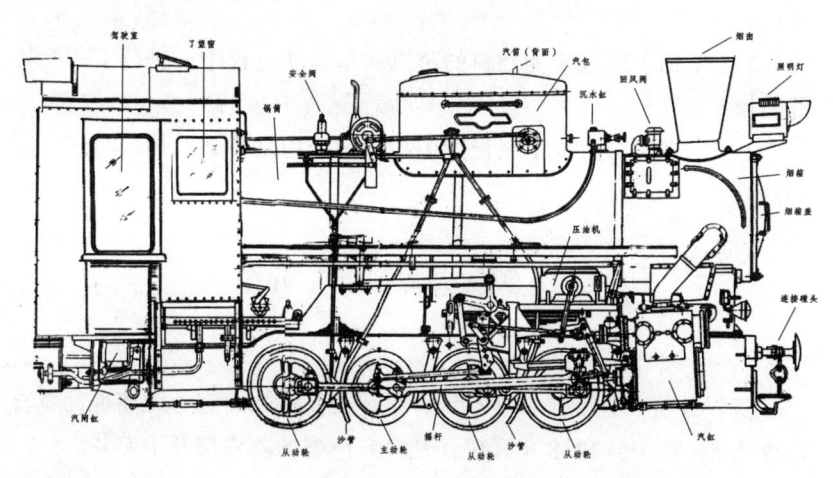

图附-29　蒸汽机车头矢量图

除了蒸汽机头非常原始以外，嘉阳小火车还保留了20世纪蒸汽时代最原始的手动操作。机头里有2个工作人员：一名司机和一名司炉。司机负责手动开车，司炉负责铲煤加煤。火车来回一趟要烧1吨多的煤炭，全靠司炉人员一铲一铲往锅炉里加煤。他们的工作是非常辛苦的，这样近距离的接触锅炉，烟尘非常大，冬天站在锅炉前觉得还很温暖，但是在夏天同样的工作环境下，里面的温度达到50 ℃，甚至是60 ℃，可想而知他们的工作有多辛苦，工作环境是多恶劣。每一节车厢都是独立的，全靠挂钩师傅人工挂钩和人工取钩。在我们车厢里面也有一个手动装置，就是我们乘务员座位下面有一个刹车，每一个车厢都有这个刹车系统，刹车有2个作用：一是当车头离开车厢时，需要工作人员手动刹车，防止发生跑车事故，保证车厢内游客的安全。二是返程时因为是下行，车厢就要协助车头刹车，如果不刹车所有车厢重量全部压到了车头，车头承受不了那么大的压力。

嘉阳小火车也是当地人进出大山的唯一交通工具，不管有没有游客，无论刮风下雨，它都正常运行，准点发班，在以前还有很多村民把火车的汽笛当成了时间表。小火车不仅载客而且运货。沿线村民的货物都是通过小火车来运输的。

（十）延伸问答

1.（物理）蒸汽火车运动过程中活塞在气缸内要经过哪4个冲程？

2.（物理）以煤炭为燃料的蒸汽火车运动过程中，进行了哪些势能转换？

3.（物理）蒸汽火车矢量图中沙管的作用是什么？什么时候会用到沙管。

五、黄村井煤矿研学介绍

（一）研学地点

黄村井位于芭蕉沟矿业小镇，是芭石铁路的终点，距离地面垂直深度为46米，于1938年开矿，是南方典型的薄煤层开采矿井。

（二）研学任务

相关学科：历史、物理、地理。

学习主题：参观黄村井，乘坐井下猴儿车，体验挖煤，穿越炫彩水仓。

学习目标：1. 煤炭这种不可再生能源在地下是如何生成的？
2. 为什么说矿工属于是高危行业？
3. 如何辨别一块煤炭质量的好坏？

（三）研学内容

黄村井是嘉阳煤矿一号矿井的延伸井，从1930年代到1980年代，黄村井一共开采了数千万吨优质原煤，不仅为支援抗日战争输送了大量宝贵能源，还为中华人民共和国建设贡献了一份力量。

图附-30　黄村井研学场景

黄村井采掘出的煤炭称为"K3煤"（嘉阳本地含煤11层，仅有"K3"和"K7"煤层较厚，具有工业开采价值，所以嘉阳在采这两层煤炭，"K"就是层的意思）。这种煤炭的发热量可达7000大卡，用于冶炼钢铁，在抗日战争时期和新中国建设初期是用于保证钢铁生产的军用煤炭，所以也被称作"保钢煤"。嘉阳的煤炭就这样为抗日战争胜利和新中国建设做出了不可磨灭的贡献，作为抗战工业遗址的黄村井也成为了爱国主义的教育基地。

嘉阳国家矿山公园正式成立后，黄村井这个在20世纪80年代关闭的矿井被重新打开，并改造成为集风井巷道展示、断煤层展示、矿工蜡像井下作业模拟展示、井下猴儿车乘坐体验、手工挖煤体验为一体的四川省第一个真实观光体验矿井。

（四）实践问答

1.（物理）简单概述煤炭是如何在地下形成的？

2.（物理）黄村井煤炭7000大卡相当于多少焦耳？

3.（地理）中国产煤最多的省份是哪里？北方煤和南方煤开采有什么区别？

（五）延伸阅读

煤炭是古代植物埋藏在地下经历了复杂的生物化学和物理化学变

化逐渐形成的固体可燃性矿物。是一种固体可燃有机岩，主要由植物遗体经生物化学作用，埋藏后再经地质作用转变而成，俗称煤炭。煤炭被人们誉为"黑色的金子""工业的食粮"，它是18世纪以来人类世界使用的主要能源之一。

水灾、火灾、瓦斯爆炸、顶板（顶板伤亡占整个煤矿事故的37%）、煤尘（主要由瓦斯爆炸引发）是煤矿的五大灾害。其中瓦斯事故是目前最严重、死伤人数最多的事故。瓦斯其实就是沼气，主要成分是甲烷，当瓦斯浓度达到5%～16%、氧气占12%以上，遇到火源就会爆炸，威力之大可以摧毁整个矿井。瓦斯爆炸会产生大量有毒有害气体导致人员窒息死亡，还会引发煤尘爆炸造成更大的灾害。所以煤矿安全生产的重点是"一通三防"（通风、防瓦斯、防煤尘、防火）。

旧社会煤矿工人有很多禁忌。以前，煤炭不能叫"煤"，因为"煤"与倒霉的"霉"同音，所以把挖煤叫"挖炭"，煤矿工人叫"打烧炭"。两边的岩（ai）不能叫"岩"，岩是挨打的谐音，要叫"帮"，是左帮右帮、大家互相帮助的意思。以前矿工称煤矿的井口为"马门"，工人第一次入井先要到井口祭马门，用公鸡滴血、烧纸钱点香烛，窑主和窑工都要磕头，祈平安。在井下老鼠叫"地虎"，不仅不能打，而且矿工还要尊重它，给它喂食。因为在矿井发生灾害以前（瓦斯爆炸、井下穿水、地震）常有老鼠从井下跑出地面，矿工看见后预知将有大事故发生，迅速组织安全撤离。

矿井下还有被称为"娃娃鱼"的大鲵，大鲵是国家二级保护两栖野生动物，是世界上现存最大的也是最珍贵的两栖动物。它的叫声像婴儿的哭声，因此人们又叫它"娃娃鱼"。它全长可达1米及以上，体重最重的可超百斤，而外形有点类似蜥蜴，只是相比之下更肥壮扁平。大鲵头部扁平、钝圆、口大、眼不发达、无眼睑。身体前部扁

图附-31　大鲵

平，至尾部逐渐转为侧扁。体两侧有明显的肤褶，四肢短扁，指、趾前四后五，具微蹼。尾圆形，尾上下有鳍状物。娃娃鱼的体色可随不同的环境而变化，但一般多呈灰褐色。体表光滑无鳞，但有各种斑纹，布满黏液。身体腹部颜色浅淡。不知者或误以为鱼类，其实属两栖动物，水中用鳃呼吸，水外用肺兼皮肤呼吸，皮肤只有黏膜，没有鳞片覆盖。

（六）延伸问答

1.（化学）煤炭的主要化学元素是什么？在空气中燃烧后会产生哪些物质？

2.（化学）瓦斯的化学式是什么？它是一种什么味道的气体？

3.（政治）除了上面提到的矿井禁忌以外，你还知道矿井有哪些禁忌吗？请列举出来。

4.（生物）娃娃鱼是国家几级保护动物？它的生长需要怎样的环境条件？

六、芭蕉沟矿业小镇和矿山博物馆研学介绍

（一）研学地点

芭蕉沟矿业小镇，因矿而生，因山谷有沟壑，芭蕉树丛生而得名，从20世纪30年代以来，到现在保留有完整的中西特色建筑群落，是嘉阳文化的起源地。

（二）研学任务

相关学科：历史、地理。

学习主题：游览芭蕉沟矿业小镇，参观矿山博物馆。

学习目标：1. 观察芭蕉沟的建筑特色风貌。

2. 从芭蕉沟地形分析这里成煤的原因。

3. 通过参观矿山博物馆，了解嘉阳人文和抗战历史。

（三）研学内容

"说起芭蕉沟，心头凉悠悠；跟到工人走，还有烟儿抽；再过三五年，还有娃娃逗。"这首流传于中华人民共和国成立初期的民谣，印证了芭蕉沟历史上曾经有过的工业辉煌。几载繁华后，这里形成了

图附-32 芭蕉沟老矿区

图附-33 芭蕉沟老矿区

图附-34 芭蕉沟老矿区

一沟一镇的格局。芭蕉沟是一个名副其实的深山沟,这里四面环山,一条清澈的小溪横穿小镇,这里是嘉阳煤矿的老矿区。

芭蕉沟阡陌纵横的青石板路连接的不仅有风格较统一、保护较好的川西南民居建筑群,还有青砖绿瓦的苏联风格小别墅、开着小天窗的英式小阁楼、岁月斑驳的墙上遗留着中华人民共和国成立初期的工业沿革印记。

芭蕉沟真正成规模的是在抗战时期。1937年全面抗日战争爆发后,位于河南焦作的中福煤矿公司南迁至四川犍为的芭蕉沟,并成立中英合资的嘉阳煤矿股份有限公司。这一时期,芭蕉沟建了大批的英式民居,以及办公和生活区,基本形成现在的建筑群落。

20世纪50年代初期,在苏联的援助下,煤矿扩建,修建了一批更具规模的带有鲜明苏式风格的行政办公楼、医院、民居等建筑。这些建筑在"文化大革命"时期又被打上了当时特殊的历史印记。20世纪80年代,煤矿枯竭,企业外迁,这里寂静下来。由于除了小火车之外,此处不通大型交通工具,所以这座具有80多年历史,保持着英式、苏式,以及红色年代的工业小镇，被原汁原味地保留下来了。

嘉阳国家矿山公园博物馆保持了20世纪50年代嘉阳行政办公楼的外观，1988年搬迁至跃进桥，由于景区开发的需要把内部改建成博物馆。这是典型的苏式建筑，左右对称，砖木结构，是芭蕉沟工业小镇上的标志性建筑之一。正门上方的"全心全意为人民服务"几个大字，便是红色年代的印迹。

图附-35　芭蕉沟矿山博物馆

博物馆建筑面积1000余平方米，设展厅17间。2011年9月23日由嘉阳矿工组成的团队自主建成矿山博物馆开馆；2013年3月19日，作为中国煤炭博物馆四川嘉阳馆完成升级改造。博物馆通过文字、实物、图片、多媒体、模型、雕塑等多种形式，全方位展示南方薄煤层开采的艰辛和嘉阳的悠久历史文化。

（四）实践问答

1.（地理）结合交通、地理和人文环境，分析芭蕉沟小镇为什么能够被完好保存下来的原因？

2.（历史）矿山博物馆墙上的"全心全意为人民服务"是谁提出来的？

3.（地理）芭蕉沟小镇与四川盆地地形不同，它的地形是？

（五）延伸阅读

人类的文明和地球的环境息息相关，煤炭的形成是地球地质结构不断变化的结果，煤炭的开采又是人类文明进程迈进的结果。说到煤炭，先得从煤炭形成的源头说起。地球的年龄已有46亿年，地球经历了石炭二叠世、侏罗白垩纪和第三纪，这些时期的茂密植物经过不断生长、倒伏、腐烂，形成了厚厚的腐殖物煤泥，泥炭层随着地壳运动被深埋地下，在温度和压力的作用下，经过亿万年的漫长演变生成了煤炭。也就是说现在我们肉眼看到的每一块煤炭，至少都是200万年至3亿多年前的"老古董"，由于煤炭形成时间非常长，因此煤炭跟石油一样都属于不可再生资源。

矿山博物馆中展出宝石是因为宝石也像煤炭一样，是地球地质变化的产物，如果把地质变化的过程看做是一条主线，那么煤炭和前面说到的沉积岩、硅化木，以及这里宝石都是地质变化产生的不同的分支。宝石之所以如此珍贵和稀有，是因为宝石除了要和煤炭一样的亿万年的形成时间以外，还需要有苛刻的形成环境。

比如展厅里的水晶，它的生长环境必须是在地底下或岩洞中，需要有丰富的地下水来源，地下水又多含有饱和的二氧化硅，同时此中的压力约需在大气压力下的2～3倍，温度则需长期保持在550～600 ℃。而在自然界，由于水质、温度、压力等的条件一直在变化当中，很难得达到理想状况，因此，水晶的形成通常都需要相当长的地质年龄。所以天然水晶才如此珍贵。

（六）延伸问答

1.（地理）请形象的解读"方解石"名称的由来？
2.（地理）像煤一样不可再生资源有哪些？请列举3种以上。
3.（历史）父母一辈口中所说的"三转一响"指的是什么？

七、芭马峡研学介绍

（一）研学地点

芭马峡是嘉阳煤矿1930年代—1950年代的芭沟往返马庙运煤道路。受流水下蚀形成的峡谷内，空气湿润、负氧离子丰富，适合桫椤树和娃娃鱼的生长。

（二）研学任务

相关学科：历史、物理。

学习主题：游览芭蕉沟矿业小镇，参观矿山博物馆。

学习目标：1. 观察芭蕉沟的建筑特色风貌。

2. 从芭蕉沟地形分析这里成煤的原因。

3. 通过参观矿山博物馆，了解嘉阳人文和抗战历史。

（三）研学内容

芭马峡全长6.5千米，峡谷东北端连接芭蕉沟小镇，西南端连接马庙桫椤湖，故取名芭马峡。峡谷内两旁均呈悬崖峭壁，溪沟贯流，生长着数万株桫椤树，竹木成林，鸟语花香，空气清新，生态环境绝佳，峡谷内分布着一批现代工业遗址，以及数十处天然和人工景观，最适宜游人徒步探险、骑自行车、坐电瓶车游览观光。

图附-36 芭马峡研学场景

  芭马峡不仅风景优美，它也曾是抗战运煤的生命线。1938年，嘉阳煤矿从河南焦作内迁到芭蕉沟，芭蕉沟开采出来的优质煤炭是冶炼钢铁的绝佳能源。为了支援抗战，嘉阳煤矿的先辈一路披荆斩棘，奋力前行，在高山深谷中，开辟出了一条煤炭运输线。所以嘉阳煤矿最初的煤炭并不是靠小火车运输的，而是骡马驮运和人工背、挑以及靠轻便铁轨从芭沟经芭马峡人工推送至马边河上船。运往重庆冶炼钢铁，铸造枪炮，支援抗日战争。因马边河下游于1958年修建水电站，阻断了嘉阳煤矿运煤水路，于是修建芭石铁路，才有了如今的嘉阳小火车。马边河也从水流湍急的河流变成了平静而美丽的人工湖——桫椤湖。坐嘉阳小火车游桫椤湖形成的旅游环线成就了今天的嘉阳桫椤湖景区。

  芭马峡峡谷的深度大于宽度，谷坡陡峻。一般发育在构造运动抬升和谷坡由坚硬岩石组成的地段。当地面隆起速度和下切作用协调时，形成了峡谷。这些坚硬的石头经过亿万年的风化和雨水的侵蚀，才形成今天的模样，而这个过程还在继续。

  这里可以看到成片的国家一级保护植物桫椤树。犍为县共生长着53万株桫椤树，是目前全世界发现的最大的桫椤树种群，所以被国家授予"中国桫椤树之乡"。桫椤，别名蛇木，属于蕨类植物，有"蕨类植物之王"的赞誉，被称为植物界的"活化石"。桫椤是能长成大树的蕨类植物，又称"树蕨"。桫椤的茎直立、中空，似笔筒，叶螺旋状排列于茎顶端，是人类已经发现唯一的木本蕨类植物。桫椤树是地球大毁灭时期唯一幸存下来的蕨类植物，生长于林下或溪边阴地，喜欢温暖潮湿的气候。在距今约 1.8 亿年前，桫椤曾是地球上最繁盛的植物，比恐龙早出现 1.5 亿年，在恐龙时代一些食素的恐龙就是以它为生。它与恐龙一样，同属"爬行动物"时代的两大标志。桫椤只有根、茎、叶，没有花也不结果实和种子。那它是怎样繁殖后代呢？在它的叶片背面有许多孢子囊群，看起来像一个个黄色小点，里面长着许多孢子，它们就是靠这些孢子繁衍后代的。孢子成熟后随风飘散，落到适合生长的土壤里长成一棵新的桫椤。桫椤树一年 4 次抽梢，四季常青。在桫椤湖景区有双生、三头、四头、五头、八头桫椤，有高达 11.3 米的桫椤王，这是在国内绝无仅有的。佛家人把桫椤奉为神树，他们说桫椤叶子背面的紫色斑点放大一万倍就是一尊弥勒佛像。传说佛教始祖释迦牟尼 80 岁之时，就涅槃在桫椤双生树下。因此，桫椤与佛有着不解之缘。

（四）实践问答

1．（地理）芭蕉沟 V 字形的山涧是哪种流水作用形成的？
2．（地理）芭蕉沟对面的白石岩外形是受到什么作用形成的？
3．（生物）桫椤树属于哪种繁殖类型？它需要怎样的生长环境？

八、探究习题

请根据学到的知识结合自己的实践活动，完成下列探究习题。

（一）填空题

1．嘉阳煤矿首任董事长是 翁文灏 ；首任总经理是：孙越崎 ；首任矿长是 汤子珍 。

2．嘉阳煤矿于 1938 年建矿，至今累计开采原煤 4000 万吨。为支援 抗日战争 和 中华人民共和国建设 输送了宝贵的能源。

3．嘉阳小火车芭石铁路修建于 1958 年，全长 19.84 千米，单程需要 70 分钟，最高处与最低处海拔相差 238 米。全程一共有 8 个站点，5 条隧道。

4．芭石铁路拥有全世界最陡的铁路坡度，它的相对坡度是 36.14 ‰。

5. 嘉阳小火车属于窄轨火车，它的铁路轨距为 762 毫米，而国家标准铁路轨距为 1435 毫米。

6. 蒸汽机的发明者是 瓦特 ，蒸汽火车的发明者是 史蒂芬孙 。

7. 出于地形限制及便于观光游览，嘉阳小火车时速通常保持在 20 公里/小时。

8. 黄村井开采出来的煤炭叫作 K3 煤，这种煤炭的发热量可达 7000 大卡。抗战时期，黄村井开采出的优质煤源源不断运送到成都、重庆、宜宾等地用于 冶炼钢铁 ，制造枪支弹药，支援抗战，所以也被称作" 保钢煤 "。

9. 煤炭是古代植物埋藏在地下经历了复杂的生物化学和物理化学变化逐渐形成的 固体可燃性 矿物。主要由植物遗体经生物化学作用，埋藏后再经地质作用转变而成，俗称煤炭。煤炭被人们誉为黑色的金子，工业的食粮。

10. 黄村井的垂直深度为 46 米，是全国唯一真实体验的观光煤矿。

11. 芭蕉沟小镇建筑风格主要有3种： 川南民居 风格、 仿英国式 风格和 仿苏联式 风格。

12. 桫椤树是一种 蕨 类植物，曾经是地球上最繁盛的植物，距今大概有 1亿 年的历史，曾与 恐龙 同年代，它是国家 一 级保护植物，有着" 植物活化石 "之称。

13. 坛罐窑水电站修建于 1958 年，又名 大马 水电站。它长 275 米，高 54 米。

14. 水力发电是将水的 势能 转化为 机械能 再转换为 电能 的过程。

15. 犍为县的县花是 茉莉花 。

16. 犍为种植茉莉花历史悠久，距今已有 300 多年历史。

17. 犍为茉莉花及茉莉花茶被中国农业部认证为 无公害 产品。

18. 冲泡茉莉花茶通常采用" 盖碗 "作为冲泡器具，也被称作"三才杯"。

19. 节孝牌坊是古时经官府奏准为表彰 节妇孝女 而立的牌坊，流行于 宋代 而盛于 清朝 ，源于古代大都市的 里坊 制度。

20. 沉犀节孝牌坊建于 1802 年，历经 8 年完工，距今已有 200 多年的历史。

（二）问答题

1. 什么是矿山公园？
2. 煤炭是什么？
3. 抗日战争时期，嘉阳煤矿生产的煤炭主要用途是什么？
4. 蒸汽火车的家乡在哪里？是谁发明了蒸汽火车？
5. 蒸汽火车的工作原理是什么？
6. 娃娃鱼是什么动物？
7. 桫椤树是什么植物？它依靠什么来繁殖？

（三）主题报告（选择一个完成）

1. 铁路运输发展历程。
2. 煤炭的形成和合理开发。
3. 嘉阳小火车的运行现状和发展方向。
4. 国家保护动植物你知道哪些？对它们有什么了解？
5. 水力发电的概况以及发展。
6. 学生也可自行根据兴趣，结合本次活动，自定主题完成探究报告。

案例六　武汉周黑鸭品牌工业文化研学项目

武汉学知研究院

一、课程方案基本信息

（一）活动场所：湖北周黑鸭食品工业园
（二）目标群体：小学高段

二、课程背景分析

（一）指导思想与理论依据

教育部关于《大中小学劳动教育指导纲要（试行）》中提出，劳动教育是新时代党对教育的新要求，是中国特色社会主义教育制度的重要内容，是全面发展教育体系的重要组成部分，是大中小学必须开展的教育活动。为落实指导纲要的精神，充分发挥劳动教育充分发挥"社会大课堂"在学生健康成长过程中的重要作用，推进素质教育向纵深发展，特制定"武汉黑鸭香满城——工业文化探索"课程。该课程的设计根据学校现状，基于学生学习与发展的需求，结合劳动实践课程，充分利用食品生产基地，推进素质教育。通过实践活动的实施，帮助学生获得知识、提高能力，满足学生个性发展。

（二）课程资源背景

武汉作为中原重镇、九省通衢之地，承载融合了多元的文化，也包含了多元的饮食文化。在休闲卤制品行业，"周黑鸭"一直是一个独树一帜的存在，它以"入口微甜爽辣，吃后回味悠长有点甜"的独特口味赢得了广大消费者的认同，"周黑鸭"也成为了武汉市唯一荣获中国驰名商标的食品加工类商标品牌。随着技术的不断更新，"周黑鸭"的生产技术逐渐从人工操作发展成自动化生产，"质量第一，信誉至上，保持特色，持续发展"的经营理念使"周黑鸭"保持着创始者的初心，引领行业潮流。湖北周黑鸭食品工业园（二期）位于湖北省武汉市东西湖区走马岭汇通大道8-1号，占地面积约60亩地，其中生产车间面积近37亩，于2016年正式建成投产，园区加工能力达5万吨。工业园内拥有各类主题展区，外形卡通活泼，生产环节相较一期车间发生了翻天覆地的变化，实现了传统的依赖人工操作向自动化升级的大迈进。在这里，学生可以最直观的观察周黑鸭的生产过程，了解智能化的流水线作业，感受工业科技的进步。

（三）学生背景

学生对"周黑鸭"有一定的了解，但仅限于日常生活饮食中，在认知水平上对食品生产、工业科技的了解都比较浅显，未从感性认知上升到理性认知；通过此次活动让学生形成全面认识，通过动手实操，感受工业科技的进步和工匠精神。

三、目标课程及重难点

知识目标：了解周黑鸭的生产流程；参观周黑鸭智趣馆，了解周黑鸭企业文化和企业历史。

能力目标：通过为周黑鸭设计外包装的活动，培养学生创造力和表达能力。

情感态度价值观目标：学生直观观察食品的生产过程，了解智能化流水线作业，感受工业科技的进步和工匠精神。

重点：了解周黑鸭在武汉的地位，工业生产的过程，能够进行创意包装设计。

难点：参访过程中的组织与效果，创意包装设计与有效发布。

四、教学流程

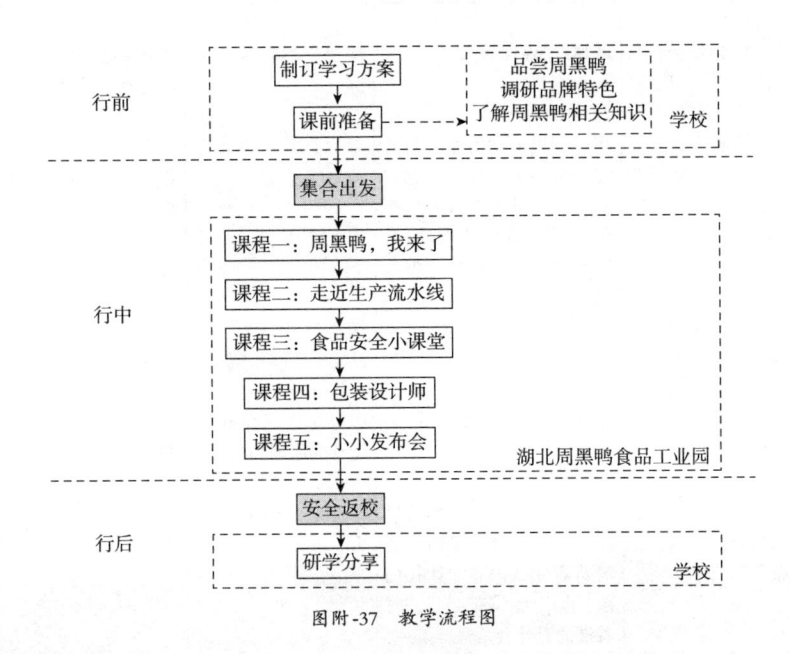

```
行前    ┌─────────────────┐  ┌──────────────────┐
        │ 制订学习方案    │  │ 品尝周黑鸭       │
        │     ↓           │→ │ 调研品牌特色     │  学校
        │ 课前准备        │  │ 了解周黑鸭相关知识│
        └─────────────────┘  └──────────────────┘
                 ↓
            ┌────────┐
            │ 集合出发│
            └────────┘
                 ↓
行中    ┌─────────────────────────┐
        │ 课程一：周黑鸭，我来了  │
        │       ↓                 │
        │ 课程二：走近生产流水线  │
        │       ↓                 │
        │ 课程三：食品安全小课堂  │
        │       ↓                 │
        │ 课程四：包装设计师      │
        │       ↓                 │
        │ 课程五：小小发布会      │
        └─────────────────────────┘  湖北周黑鸭食品工业园
                 ↓
            ┌────────┐
            │ 安全返校│
            └────────┘
                 ↓
行后    ┌─────────────────────────┐
        │ 研学分享                │  学校
        └─────────────────────────┘
```

图附-37　教学流程图

五、教学过程

表附-5　教学过程表

教师活动	学生活动	设计意图	学习成果
1. 行前 ① 制定学习安排、流程、师资的工作重点和分工 ② 引导学生课前准备	1. 自行品尝周黑鸭产品，总结其口味特色 2. 提前分好小组，抽选商圈，前往"周黑鸭""紫燕百味鸡""精武鸭脖"等同类卤制品门店，固定时间内观察进店购买产品的人数，并随机采访买家选择这家品牌的主要原因及最喜欢的产品是什么 3. 在家长的协助下查找资料，简单了解周黑鸭的发展历史与工业文化	使学生对此工业文化探索课程的前因后果有充分了解，做好充足的准备以保障课程顺利实施	使学生明白安排此次课程的意义主要在于了解周黑鸭企业文化和历史，了解食品的生产过程

（续表）

教师活动	学生活动	设计意图	学习成果
2. 行中 ① 带领学生学习《课程一：周黑鸭，我来了》	参观周黑鸭智趣馆	探秘周黑鸭味道之谜	了解周黑鸭的企业文化和经营理念
② 带领学生学习《课程二：走近生产流水线》	在车间里寻找答案：看看符合食品卫生标准究竟有多严格，员工在食品生产车间应该遵循什么原则，周黑鸭的气调包装是怎么回事	学生直观观察食品的生产过程	了解智能化流水线作业、食品卫生标准
③ 带领学生学习《课程三：食品安全小课堂》。	聆听食品专家小课堂	知道病从口入，食品安全不容小觑	了解食品安全的重要性
④ 带领学生学习《课程四：包装设计师》。	创意设计产品包装	引导学生了解包装设计的原理和技巧	了解产品包装的重要性，培养学生的创造力
⑤ 带领学生学习《课程五：小小发布会》。	设计是能让产品升华的过程，你想在设计里面告诉消费者什么内容，让我们来一场小型发布会吧，看看谁的设计会是最佳	锻炼学生的表达能力	学生自己设计完成的伴手礼包装袋
3. 行后 组织学生开展研学分享	1. 讨论：周黑鸭风靡武汉的主要原因是什么 2. 评选出最有创意的设计作品，分享设计理念	学生通过思考和评价，巩固食品生产、包装设计知识	在反思的过程中，进一步感受工业科技的进步和工匠精神

六、评价与反思

本次活动整体较为完整，既有课前准备，又设置了湖北周黑鸭食品工业园参观环节、创意设计环节和展示环节，传授学生食品生产的知识，指导学生设计产品包装，使学生在动手实践和成果展示中感受食品生产和包装设计的乐趣，达到理论与实践的统一；再通过自我反思与评价，巩固学习成果，进一步感受工业科技的进步和工匠精神。

七、学生学习成果、作品
（学习体会、活动现场照片、绘本等）

图附-38　同学们参观车间

图附-39　研学活动现场

图附-40　同学们热情地参与活动讨论

案例七　春伦茉莉花文创园工业文化研学介绍

一、研学背景

春伦茉莉花茶文创园位于福州南台岛，由文化博物馆、传统工艺展示与体验区、茉莉花育种资源圃、茶创意品茗体验区等组成，占地面积约 40 亩。景区内拥有大量的人文旅游资源和自然生态资源，是一个集文化、创意、休闲、体验、娱乐为一体的国家 AAA 级旅游景区。景区设计融入中国古典园林造园理念，情景再现福州文化、茉莉情缘，表达茉莉花"融合"的哲学思想。设计结合福州深厚的文化底蕴，通过对基地现状的合理规划，演绎千年茉莉花"远道而来""宿根闽都""芯心相窨""香飘四海" 4 个主题。园区以"文化创新化，遗产活态化，体验多样化"为核心特色，结合文化遗产的保护与开发，全方位演绎茉莉情缘，集文化体验、文化博览、传统种植、遗产旅游、商务会议、创意办公等功能于一体。春伦文创园以福州茉莉花茶为载体，深耕传统文化，培养文化自信，当中华优秀传统文化的传播者，是商务部外援培训基地、南南合作基地和中联部对外交流基地，已成为中国茶文化的宣传窗口，向全世界展示中国茶的魅力所在。

茶业是中国历史悠久的传统产业，在当代通过引入现代技术而焕发着新的生命力，是中国优秀工业文化的重要载体。通过参加春伦茉莉花文创园工业文化研学，学生不仅能够体悟到古往今来劳动人民的勤劳和智慧，传承中国传统劳动精神，还能够了解创新研发对于一个企业、一个行业发展的重要性，并且触发对传统部门如何进行科技创新、如何与现代社会相兼容等问题的全新思考。

茶业既是中国传统行业，也是一个高度全球化的经济部门。本次研学旨在以茶为线索，加强学生对古代与现代、中国与世界、经济与文化等不同层次的关联认知，形成连贯的、综合的历史思维。

二、课程对象

高一、高二学生。

三、研学目标

（一）价值体认：学生通过研学，了解茶叶的历史，自觉传承中国传统优秀文化，培养学生爱家乡、爱国家的情怀，坚定中华民族自信和文化自信。

（二）责任担当：学生通过研习茶艺，品茶、评茶，引导学生提升自己的思想境界，在生活学习中，以严格遵守纪律和法律法规，不断提高自己的修养，自觉担负起福州茉莉花茶文化传承的责任。

（三）问题解决：学生通过研学，理解茶叶文化。了解茶叶的来源，通过亲身体验采茶、炒茶、压制茶等茶工艺制作，从而达到以自身体验的数据成果解决研学前的问题。了解茶业的基本情况，参加职业体验活动，激发兴趣专长。具有初步的职业规划意识和能力。

（四）创意物化：通过茶文化的体验，能够简单分辨不同茶叶的种类，提高品茗趣味，学习茶叶保存与制作的小知识。体验茉莉花茶窨制工艺，传承非物质文化遗产。

四、研学活动案例

（一）研学旅行前的准备

1. 进行研学旅行前的团队建设和出行守则的制定。
2. 要求学生了解中国茶文化和福州茉莉花茶文化。
3. 提出供学生参考的探究问题：
（1）简述中国茶业和福州茉莉花茶发展的历史。
（2）为什么说茶文化是值得传承的中华优秀传统文化？
（3）探究茶叶贸易与全球化之间的关系。
（4）调查中国茶业及世界茶业发展的现状。

（5）为茶业的现代化发展之路提出一些可行的建议。
（6）请写下从这次研学旅行中得到的感想和感悟。
（二）研学旅行中的课程
项目① 游览茉莉花资源圃，认识茉莉花品种
活动一开始，向学生介绍茉莉花茶和福州种植茉莉花的历史。茉莉花茶，又被称作茉莉香片，是将茶叶和茉莉鲜花进行拼和、窨制，使茶叶吸收花香而成的茶叶，茶香与茉莉花香交互融合，是中国茶中的名品。早在2000年前的西汉，茉莉花就从遥远的古罗马，经海上丝绸之路来到福州。由于福州独特的地理和良好的气候，茉莉花从此在福州落地生根，并被广泛种植。茉莉花也作为福州的市花，广受福州人民的喜爱。之后，带领学生漫步花圃，亲临自然，介绍绒茉莉、千重茉莉、台湾单瓣等茉莉花品种并传授茉莉花采摘的相关知识，丰富学生的自然知识。以具体事例，突出采摘之不易，茶农之艰辛，引导学生尊重劳动和劳动者。

项目② 参观福州茉莉花茶传统工艺体验与展示区，了解茉莉花茶制作工艺
介绍福州茉莉花茶的制造和行业发展历史，参观福州茉莉花茶传统工艺体验与展示区，了解茉莉花茶制作工艺。福州人制作茉莉花茶的工艺始于明朝，闻名于世。福州茉莉花茶由茶坯和茉莉鲜花窨制而成，目前世界上只有中国可以窨制茉莉花茶，整套茉莉花茶制作流程可以简单概括为"窨制花茶七条椅，平抖蹚拜烘窨提"。福州茉莉花茶窨制工艺，于2014年被列入国家级非物质文化遗产之一。通过对制茶工具的认识和体验，感受古代劳动者的智慧，激发学生对工具创新和技术创新的想象力，丰富他们的阅历和见解。

项目③ 参观茉莉花茶文化博物馆，品茗茶香
了解茉莉花茶复兴史、参观历代茶具展，厘清茉莉花茶行业发展的历史脉络，并与所

图附-41 参与研学活动的师生们聆听讲解

学的历史知识相结合，尝试知识的扩展迁移，利用已学的历史知识来加深对茶文化的认识并解决茶业相关的历史问题，如茶文化的内涵与价值、茶叶加工与出口、中国茶业发展与全球化等。通过亲自体验，认识各种茶类、品茗不同滋味口感的春伦茶，提高品茗的品

图附-42　背景知识介绍

味与茶文化的修养，培养对茶叶的热爱。了解茉莉花的综合创意利用和不同于传统形式的茶叶产品，参观运用于茶园和茶厂管理的实时屏幕，拓展对茶叶部门的一般认识。

（三）研学旅行后的评价与反思

1. 参观结束后，教师启发学生：从古老的传统制作工艺到现代化的管理手段和生产模式，茉莉花茶产业，正随着机械化和信息化技术的运用、随着现代企业管理手段的升级，焕发出崭新的光彩。实时更新的电子屏幕展示着茶园、茶叶生产车间和实验室内的基本情况，能够帮助企业更好地协调和管理各个部门。根据市场需求创新的速泡产品，迎合了现代人的消费习惯，也是传统行业在社会主义市场经济的新环境下积极求变的体现。

2. 进行研学的评价与反思：学生通过小组讨论、填写评价表、提交报告等方式，进行总结评价。在报告中，应体现对研学旅行前提出的问题的解答，切实地以"研"与"学"结合的形式达成学习目标，将研学旅行中零碎的思考与感性的认识上升为理性的论述，内化知识与修养。

图附-43　参与研学活动师生合影

图书在版编目(CIP)数据

工业文化研学：国家创新体系的视角 / 严鹏等著
． — 上海：上海社会科学院出版社，2022
 ISBN 978 - 7 - 5520 - 3964 - 1

Ⅰ．①工…　Ⅱ．①严…　Ⅲ．①工业—文化研究—中国
Ⅳ．①F42 - 05

中国版本图书馆 CIP 数据核字(2022)第 174087 号

工业文化研学：国家创新体系的视角

严　鹏　陈文佳　刘　玥　秦梦瑶　著
责任编辑：章斯睿
封面设计：黄婧昉
出版发行：上海社会科学院出版社
　　　　　上海顺昌路 622 号　邮编 200025
　　　　　电话总机 021 - 63315947　销售热线 021 - 53063735
　　　　　http://www.sassp.cn　E-mail：sassp@sassp.cn
照　　排：南京理工出版信息技术有限公司
印　　刷：上海新文印刷厂有限公司
开　　本：710 毫米×970 毫米　1/16
印　　张：15
字　　数：228 千
版　　次：2022 年 11 月第 1 版　2022 年 11 月第 1 次印刷

ISBN 978 - 7 - 5520 - 3964 - 1/F·718　　　　　　定价：78.00 元

版权所有　翻印必究